Kompendien
für Studium, Praxis und Fortbildung

Jens Löcher

Grundsicherungsrecht |
Sozialhilferecht

– Fälle und Lösungen –

4. Auflage

Die Deutsche Nationalbibliothek verzeichnet diese Publikation in
der Deutschen Nationalbibliografie; detaillierte bibliografische
Daten sind im Internet über http://dnb.d-nb.de abrufbar.

ISBN 978-3-8329-6266-1 (Print)
ISBN 978-3-8452-7503-1 (ePDF)

4. Auflage 2018
© Nomos Verlagsgesellschaft, Baden-Baden 2018. Gedruckt in Deutschland. Alle Rechte, auch
die des Nachdrucks von Auszügen, der fotomechanischen Wiedergabe und der Übersetzung,
vorbehalten. Gedruckt auf alterungsbeständigem Papier.

Vorwort

Dieses Buch verfolgt nur ein einziges Ziel: Es will diejenigen, die sich auf eine schriftliche Prüfung aus dem SGB II (Grundsicherung für Arbeitsuchende, „Hartz IV") oder SGB XII (Sozialhilferecht) vorbereiten, unterstützen. Klausuren, ausführliche Klausurlösungsvorschläge und umfassende Hinweise zur Klausurtechnik sollen nicht nur Wissen vermitteln und vertiefen, sondern auch dazu beitragen, die Technik des Klausurenschreibens zu verbessern und typische Fehler zu vermeiden.

Der erste Teil des Buches enthält 25 Klausuren, die überwiegend bereits Gegenstand von schriftlichen Prüfungen gewesen sind. Elf Klausuren haben ihren Schwerpunkt im SGB XII, dreizehn im SGB II und eine Klausur - zur Abgrenzung von einem weiteren wichtigen fürsorgerechtlichen Leistungssystem - im AsylbLG. Die Klausuren decken regelmäßig wiederkehrende Prüfungsbereiche ab, können sich aber nicht auf sämtliche klausurrelevanten Themen erstrecken.

Ausführliche Lösungsvorschläge zu diesen Klausuren sollen einerseits dazu beitragen, dass bereits erworbenes Wissen gefestigt und vertieft wird, andererseits verschaffen sie die Möglichkeit, das eigene Wissen selbstkritisch zu hinterfragen und Bereiche aufzudecken, in denen noch Lücken bestehen, so dass man Anhaltspunkte hat, um sich vertiefter einzuarbeiten. Wer bereit ist, die Klausuren ernsthaft zu bearbeiten und anschließend selbstkritisch seine gefundenen Lösungen mit den Lösungsvorschlägen zu vergleichen, wird nicht nur einen Zugewinn an Wissen erlangen, sondern auch sein „klausurtechnisches Handwerkszeug" verbessern. Nicht zu unterschätzen ist ein weiterer Effekt: Übung schafft Selbstvertrauen und Selbstsicherheit und vermindert zugleich Prüfungsangst.

Derjenige, der jedoch dazu neigt, nach der Lektüre des Sachverhaltes unmittelbar den abgedruckten Lösungsvorschlag zu lesen und „Hätte ich auch so gemacht" zu denken, sollte sich auf andere Weise als durch dieses Buch auf seine bevorstehende Prüfung vorbereiten, da er einem Selbstbetrug unterliegt. Er erwirbt zwar auch Selbstvertrauen und Selbstsicherheit, diese sind jedoch nicht durch eigenes Denken, Reflektieren und Arbeiten erprobt, bestätigt und „redlich erworben", sondern in aller Regel Ausdruck von Selbstüberschätzung.

Im zweiten Teil des Buches finden sich zahlreiche Ratschläge für das Klausurenschreiben. Hier wird nicht nur beschrieben, was man tun, sondern auch, was man beim Abfassen einer Klausur tunlichst unterlassen sollte, um keine Zeit zu vergeuden und um den Korrektor nicht unabsichtlich gegen sich einzunehmen. Die Ratschläge und Warnungen sind das Spiegelbild meiner mehr als zwanzigjährigen Erfahrung als Korrektor von Klausuren.

Ein Ratschlag vorweg: Gehen Sie im besten Sinne positiv mit dem Buch um. Lassen Sie sich keinesfalls entmutigen, wenn Sie beim Durcharbeiten des Lösungsvorschlags feststellen, dass Sie Fehler gemacht haben oder materiell-rechtliche Lücken aufweisen. Freuen Sie sich vielmehr über das, was bereits gut gelungen ist und darüber, dass Sie nun wissen, wo Sie weiteres Wissen erwerben müssen. Schieben Sie nicht auf, sich in diese Bereiche vertieft einzuarbeiten, sondern erledigen Sie es sofort und lösen Sie den Fall anschließend noch einmal. Sie werden den Erfolg, den Sie nun haben werden, genießen und motiviert bleiben, die weiteren Klausuren zu bearbeiten.

Die Lösung der Fälle basiert grundsätzlich auf dem Rechtsstand 2017. Da kurz vor der Drucklegung die ab Januar 2018 geltenden Regelbedarfe veröffentlicht wurden, wurden diese ebenfalls in die Klausuren und Lösungen eingearbeitet.

Über Anregungen für zukünftige Klausurschwerpunkte, die in einer Neuauflage berücksichtigt werden sollten, bin ich dankbar.

Wiesbaden, im Oktober 2017

Prof. Dr. jur. Jens Löcher

Inhaltsverzeichnis

A. Ansprüche auf Leistungen

I. Einführung

Leistungen zum Lebensunterhalt dienen innerhalb des Fürsorgerechts dazu, ihren Empfängern die notwendigen Mittel zu verschaffen, damit sie insbesondere in Bezug auf Unterkunft, Ernährung, Kleidung, Körperpflege und persönliche Bedürfnisse des täglichen Lebens ein menschenwürdiges Leben führen können. Um dieses Ziel zu erreichen, hat der Gesetzgeber nicht nur ein einziges, sondern mehrere Leistungsgesetze geschaffen, die sich an unterschiedliche Personenkreise richten.

Vereinfachend betrachtet stellt das Zweite Buch des Sozialgesetzbuchs (**SGB II**, Grundsicherung für Arbeitsuchende) das Leistungsrecht für **Erwerbsfähige** und mit ihnen **zusammenlebende Angehörige** dar, das **AsylbLG** sichert den Lebensunterhalt von Asylbewerbern und anderen Ausländern, die über **kein gesichertes Aufenthaltsrecht** in der Bundesrepublik verfügen; die §§ 19, 41 ff. Zwölftes Buch Sozialgesetzbuch (**SGB XII**) richten sich an **ältere** sowie an **dauerhaft voll erwerbsgeminderte Personen**. Daneben finden sich Sonderregelungen im Bundesversorgungsgesetz (**§§ 25 ff. BVG**) z.B. für Personen, deren Notlage in einem Zusammenhang mit militärischen oder militärähnlichen Dienstverrichtungen, **Kriegseinwirkung** oder Kriegsgefangenschaft stehen. Als **unterstes Netz** innerhalb des Fürsorgerechts, das diejenigen auffängt, deren Lebensunterhalt nicht durch eines der anderen Fürsorgesysteme sichergestellt wird, dient die **Hilfe zum Lebensunterhalt** nach §§ 19 Abs. 1, 27 ff. SGB XII. Diese Leistung kann beispielsweise Ausländer auffangen, die nach § 7 Abs. 1 S. 2 Nr. 1 SGB II von Leistungen der Grundsicherung für Arbeitsuchende ausgeschlossen sind (BSG 3.12.2015, B 4 AS 44/15 R; BSG 20.01.2016, B 14 AS 35/15 R).

Die unterschiedlichen Leistungssysteme fußen zum Teil auf denselben Strukturprinzipien. So verfolgen sie beispielsweise das Ziel, den Leistungsempfängern ein menschenwürdiges Leben zu ermöglichen, außerdem begründen sie individuelle, einklagbare Leistungsansprüche. Dass Antragsteller vorhandenes Einkommen und Vermögen zu verbrauchen und vorrangige Leistungsquellen auszuschöpfen haben (Nachrangprinzip), bevor Leistungen erbracht werden, gehört ebenso zu den Gemeinsamkeiten. Daneben finden sich jedoch auch gravierende Unterschiede insbesondere in Bezug auf den Umfang der einzusetzenden Eigenmittel, die Methode der Leistungsberechnung, die Art und den Umfang von Sozialleistungen und Mitwirkungsobliegenheiten sowie das anzuwendende Verfahrensrecht. So nimmt der Gesetzgeber beispielsweise alleine im SGB II, nicht jedoch in anderen Fürsorgegesetzen einen angemessenen Pkw (Wert bis zu 7.500 Euro) von der Vermögensberücksichtigung aus (§ 12 Abs. 3 S. 1 Nr. 2 SGB II). Bei älteren und bei dauerhaft voll erwerbsgeminderten Menschen, deren Leistungsansprüche sich nach dem SGB XII richten, geht der Gesetzgeber bislang trotz der gerade bei diesem Personenkreis häufiger anzutreffenden Mobilitätsschwierigkeiten, die ihnen Arztbesuche, Einkäufe u.s.w. schwermachen können, nicht von einer Schutzwürdigkeit eines Pkw aus. Dasselbe gilt für Leistungsberechtigte nach dem BVG und AsylbLG. Die Privilegierung von SGB II-Leistungsempfängern wird insbesondere deshalb als gerechtfertigt angesehen, weil diese einen Pkw in aller Regel im Zusammenhang mit einer angestrebten Erwerbstätigkeit benötigten und ihre – durch den Gesetzgeber erhoffte – nur kurzzeitige Hilfebedürftigkeit nicht zu einem „wirtschaftlichen Ausverkauf" führen soll. Das BVerfG erachtet die Ungleichbehandlung bei der Berücksichtigung von Einkommen und Vermögen für sachlich gerechtfertigt und erkennt keinen Verstoß gegen den Grundsatz der Gleichbehandlung des Art. 3 Abs. 1 GG (BVerfG 27.07.2016, 1 BvR 371/11, Rn. 74).

Die Konkurrenz zwischen den verschiedenen Leistungssystemen hat der Gesetzgeber so aufgelöst, dass Leistungen nach dem AsylbLG und dem BVG Vorrang gegenüber Leistungen nach SGB II und SGB XII haben. Das Konkurrenzverhältnis zwischen den Fürsorgeleistungen nach SGB II und SGB XII ist so geregelt, dass Leistungen der Grundsicherung im Alter und bei Erwerbsminderung Vorrang vor Leistungen nach dem SGB II haben (§ 21 S. 1 SGB XII, § 5 Abs. 2 S. 2 SGB II). Gegenüber beiden Leistungen nachrangig sind Leistungen der Hilfe zum Lebensunterhalt (§ 19 Abs. 2 S. 2 SGB XII, § 5 Abs. 2 S. 1 SGB II).

II. Lebensunterhaltsleistungen nach dem AsylbLG

Ein Anspruch auf Leistungen zum Lebensunterhalt nach dem AsylbLG setzt neben der Zugehörigkeit zu dem in § 1 AsylbLG aufgeführten Personenkreis – zu dem nicht nur Asylbewerber (§ 1 Abs. 1 Nr. 1 AsylbLG) gehören, sondern auch andere Ausländer, die zwar in der Bundesrepublik Deutschland leben, jedoch über kein gesichertes Aufenthaltsrecht verfügen – voraus, dass ein zu geringes verfügbares Einkommen oder Vermögen im Sinne des § 7 AsylbLG vorhanden ist, um den Lebensunterhalt hieraus sicherzustellen. Umfang und Art der Sozialleistungen nach dem AsylbLG hängen von der Art der Unterbringung – Aufenthalt in einer Aufnahmeeinrichtung, Gemeinschaftsunterkunft oder in einer anderen Unterkunft – und der Dauer des Aufenthaltes in der Bundesrepublik ab. Es gibt zahlreiche Umstände, die zu Einschränkungen eines Leistungsanspruchs führen können (§ 1 Abs. 2 AsylbLG, § 1a AsylbLG, § 11 Abs. 2 AsylbLG).

Während der Unterbringung in Aufnahmeeinrichtungen im Sinne des § 44 Abs. 1 AsylG besteht, sofern die übrigen Leistungsvoraussetzungen erfüllt sind, grundsätzlich ein Anspruch auf Sachleistungen zur Deckung des notwendigen Bedarfs und des notwendigen persönlichen Bedarfs (§ 3 Abs. 1 S. 1 und 2 AsylbLG). Nach Ablauf von spätestens sechs Monaten endet i.d.R. die Unterbringung in der Aufnahmeeinrichtung (§ 47 Abs. 1 S. 1 AsylG), es erfolgt eine Unterbringung in Gemeinschaftsunterkünften oder anderen Unterkünften. Dies gilt allerdings nicht für Ausländer aus einem sicheren Herkunftsstaat im Sinne des § 29a AsylG. Mit der Änderung der Unterbringungsform ändert sich, sofern nicht Ausnahmegründe vorliegen, die Form der Leistung. Anstelle von Sachleistungen werden Geldleistungen erbracht (§ 3 Abs. 2 AsylbLG).

Diejenigen, die sich seit 15 Monaten ohne wesentliche Unterbrechung im Bundesgebiet aufhalten und die die Dauer ihres Aufenthaltes nicht rechtsmissbräuchlich selbst beeinflusst haben, haben Anspruch auf Leistungen entsprechend den Vorschriften des Sozialhilferechts (sog. Analogleistungen), sie erhalten also Leistungen entsprechend §§ 19 Abs. 2, 41 ff. SGB XII, sofern sie älter oder dauerhaft voll erwerbsgemindert sind, im Übrigen Leistungen nach §§ 19 Abs. 1, 27 ff. SGB XII. Leben die Leistungsberechtigten zu diesem Zeitpunkt noch in einer Aufnahmeeinrichtung, so bestimmt die zuständige Behörde die Leistungsform (Sach- oder Geldleistung) auf Grund der örtlichen Umstände; bei einer Unterbringung außerhalb einer Aufnahmeeinrichtung erhalten die Analogleistungsberechtigten grundsätzlich Geldleistungen (vgl. § 10 Abs. 3 SGB XII).

Unbegleitete minderjährige Ausländer werden nach § 42a Abs. 1 SGB VIII durch das Jugendamt vorläufig in Obhut genommen. Ihr Lebensunterhaltsbedarf wird durch das Jugendamt sichergestellt (§ 42 Abs. 2 S. 3 SGB VIII).

Die Behörden, die zur Ausführung der Vorschriften des AsylbLG zuständig sind, werden durch das jeweilige Landesrecht bestimmt. In der Regel sind dies die kreisfreien Städte und Landkreise.

Fall: Bassam

Bassam, 21 Jahre alt, ist syrischer Staatsangehöriger. Als sein Vater und seine Geschwister aus unbekanntem Grund festgenommen werden, verkauft er seinen Hausrat rasch an einen Nachbarn und flieht mitsamt seinen Ersparnissen und zwei mit Bekleidung gefüllten Koffern aus seiner Heimat. In Deutschland angekommen mietet er zunächst ein Hotelzimmer. Als er nach drei Monaten nur noch über 150 Euro verfügt, zieht er von dort aus, begibt sich zu einer Außenstelle des Bundesamtes für Migration und Flüchtlinge (BAMF) und stellt einen Antrag auf Asyl (§ 14 Abs. 1 AsylG). Bassam wird durch die für die Ausführung des AsylbLG zuständige Behörde in einer Aufnahmeeinrichtung untergebracht (§ 46 AsylG), wo er zur Deckung seines notwendigen Bedarfes Sachleistungen erhält. Da es dem Leistungsträger nicht mit vertretbarem Verwaltungsaufwand möglich ist, die notwendigen persönlichen Bedarfe ebenfalls durch Sachleistungen sicherzustellen, erhält Bassam einen Barbetrag in Höhe von 143 Euro pro Monat ausgezahlt. Nach wenigen Tagen erhält Bassam eine Bescheinigung über die befristete Aufenthaltsgestattung.

Bassam empfindet die Unterbringung in einem Vierbettzimmer gemeinsam mit drei anderen Asylbewerbern, mit denen er sich eine Dusche und eine Toilette teilen soll, als menschenverachtend. Er hat durch soziale Medien erfahren, dass viele Asylbewerber in Hotels wohnten und möchte gerne ebenfalls dort untergebracht werden. Dass ihm mitgeteilt wurde, dass in der Einrichtung die Unterbringung Alleinstehender in Vier-Bett-Zimmern üblich sei und eine andere Unterbringung aufgrund der hohen Belegungsquote ausgeschlossen sei, entschuldige die menschenunwürdige Behandlung nicht, argumentiert Bassam.

Aufgabe

Hat Bassam einen Anspruch auf die von ihm begehrten Leistungen bzw. Leistungsformen?

Lösungsvorschlag

Aufgrund Bassams Status als Asylantragsteller könnten sich seine Leistungsansprüche nach dem AsylbLG richten.

Hierzu ist Voraussetzung, dass er zu dem nach § 1 AsylbLG leistungsberechtigten Personenkreis gehört. Infolge des Asylantrags hat Bassam eine Bescheinigung über die Aufenthaltsgestattung (§ 55 Abs. 1 AsylG; § 63 Abs. 1 S. 1 AsylbLG) erhalten. Durch den Besitz der Aufenthaltsgestattung zählt er nun nach § 1 Abs. 1 Nr. 1 AsylbLG zum leistungsberechtigten Personenkreis des AsylbLG.

Es sind keine Anhaltspunkte erkennbar, die das Ende der Leistungsberechtigung i.S.d. § 1 Abs. 3 AsylbLG, einen Ausschluss oder eine Beschränkung des Anspruchs auf Leistungen (§ 1a AsylbLG, § 5 Abs. 4 S. 2 AsylblG, § 11 Abs. 2 AsylbLG, § 14 AsylbLG) begründen könnten. Damit richtet sich ein etwaiger Anspruch auf Lebensunterhaltsleistungen nach dem AsylbLG, Leistungen nach dem SGB II oder SGB XII sind indes nach § 7 Abs. 1 S. 2 Nr. 3 SGB II bzw. § 23 Abs. 2 SGB XII ausgeschlossen.

Dass Bassam über 150 Euro Bargeld verfügt, schließt einen etwaigen Anspruch nicht aus. Zwar hat ein Leistungsberechtigter nach § 7 Abs. 1 S. 1 AsylbLG verfügbares Einkommen und Vermögen aufzubrauchen, bevor er Leistungen nach dem AsylbLG erhalten kann. § 7 Abs. 5 AsylbLG nimmt von dieser Verpflichtung jedoch einen Freibetrag in Höhe von 200 Euro aus, sofern es sich um Vermögen handelt. Da Bassam bereits zum Zeitpunkt des Beginns des Bedarfszeitraums – der Aufnahme in der Aufnahmeeinrichtung – über den Barbetrag verfügte, handelt es sich dabei um Vermögen. Die Höhe des Barbetrags übersteigt den Freibetrag nicht, so dass Bassam den Geldbetrag nicht vor einer Inanspruchnahme von Leistungen nach dem AsylbLG für seinen Lebensunterhalt verwenden muss.

Während der Unterbringung in der Aufnahmeeinrichtung hat Bassam Anspruch auf Grundleistungen nach Maßgabe des § 3 Abs. 1 AsylbLG. Hierzu gehören Leistungen zur Sicherstellung des notwendigen Bedarfs, der Ernährung, Unterkunft, Heizung, Kleidung, Gesundheitspflege und Gebrauchs- und Verbrauchsgüter des Haushalts umfasst, sowie Leistungen zur Sicherstellung des notwendigen persönlichen Bedarfs. Der notwendige Bedarf wird nach § 3 Abs. 1 S. 2 AsylbLG zwingend durch Sachleistungen erbracht. Anhaltspunkte für Ausnahmetatbestände des § 3 Abs. 1 S. 3 und 4 AsylbLG sind nicht erkennbar.

Der Unterkunftsbedarf ist somit zwingend – wie in Bassams Fall geschehen – durch eine Sachleistung sicherzustellen. Der Gesetzgeber hat zur Gewährleistung des Unterkunftsbedarfs die Schaffung und Unterhaltung von Aufnahmeeinrichtungen vorgesehen (§ 44 Abs. 1 AsylG), Bassam wurde der für ihn nach § 46 AsylG zuständigen Aufnahmeeinrichtung zugewiesen, so dass § 3 Abs. 1 AsylG als Anspruchsgrundlage für eine Unterbringung in einem Hotel ausscheidet.

Ein Anspruch auf eine Unterbringung könnte nach § 3 Abs. 2 S. 4 AsylG in Betracht kommen. Demnach hat die zuständige Behörde ein Ermessen, den Bedarf für Unterkunft durch Geld- oder Sachleistung zu erbringen. Wenn bereits die Leistungsform Geld- oder Sachleistung im Ermessen des Leistungsträgers steht, dann muss dies erst recht für die Form der Sachleistung gelten, so dass Bassam dann einen Anspruch auf Unterbringung in einem Hotelzimmer hätte, wenn insoweit eine Reduzierung des Ermessens auf null eingetreten wäre.

§ 3 Abs. 2 S. 4 AsylbLG setzt jedoch voraus, dass Bassam außerhalb einer Aufnahmeeinrichtung unterzubringen ist. Nach § 47 Abs. 1 S. 1 AsylG besteht für Ausländer, die den Asylantrag bei einer Außenstelle des Bundesamtes zu stellen haben, bis zu sechs Wochen – längstens jedoch bis zu sechs Monaten – die Pflicht, in der für ihre Aufnahme zuständigen Aufnahmeeinrichtung zu wohnen. Bassam hatte den Asylantrag nach § 14 Abs. 1 S. 1 AsylG bei einer *Außenstelle* des Bundesamtes zu stellen, da die Voraussetzungen des § 14 Abs. 2 AsylG, die die Pflicht zur Antragstellung beim *Bundesamt* – und nicht bei einer seiner Außenstellen – begründet hätte, nicht erfüllt sind. Da Bassam seinen Asylantrag bei einer der Außenstellen des Bundesamtes zu stellen hatte, unterfiel er der Wohnpflicht in einer Aufnahmeeinrichtung, so dass sich sein Anspruch auf Grundleistungen nicht aus § 3 Abs. 2 AsylbLG, sondern aus § 3 Abs. 1 AsylbLG ergibt, der eine Unterbringung in anderen Unterkünften nicht vorsieht. Ein Anspruch auf Unterbringung in einem Hotelzimmer lässt sich für Bassam aus § 3 AsylbLG nicht ableiten.

Ein Anspruch auf Unterbringung in einem Hotel könnte sich aus dem Grundrecht auf Sicherstellung der Voraussetzungen eines Lebens, das der Würde des Menschen entspricht (Art. 1 Abs. 1 GG i.V.m. Art. 20 Abs. 1 GG (Sozialstaatsprinzip), ergeben. Ein Rechtsanspruch kann aus diesem Grundrecht nur insoweit abgeleitet werden, als die durch den parlamentarischen Gesetzgeber vorgesehenen Fürsorgeleistungen nicht ausreichen, um die Voraussetzungen eines menschenwürdigen Lebens zu gewährleisten. Konkret müsste die Unterbringung in der für Bassam zuständigen Aufnahmeeinrichtung ein menschenwürdiges Leben nicht ermöglichen. Bei der Beantwortung der Frage, ob ein Aufenthalt in einem Vier-Bett-Zimmer gemeinsam mit drei Fremden geeignet ist, ein der Würde des Menschen gewährleistendes Leben zu ermöglichen, muss berücksichtigt werden, dass der Aufenthalt in einer Aufnahmeeinrichtung nicht zeitlich unbegrenzt, sondern auf einen Zeitraum von bis zu sechs Wochen, längstens jedoch bis zu sechs Monaten ausgerichtet ist (§ 47 Abs. 1 SGB XII). Grundsätzlich erscheint eine Unterbringung mit mehreren Fremden in demselben Zimmer bereits deshalb als nicht geeignet, die Voraussetzungen für ein menschenwürdiges Leben zu sichern, weil eine solche Unterkunft auch bei denjenigen, die in der unteren Einkommensschicht arbeiten, völlig unüblich ist. Selbst ärmere Menschen leben, jedenfalls bezogen auf den hier interessierenden Vergleichsraum Bundesrepublik Deutschland, nur in Ausnahmesituationen (stationärer Aufenthalt in einer Einrichtung, Haft) gemeinsam mit fremden Menschen in ein und demselben Raum. Für eine Person, die sich auf der Flucht aus ihrem Heimatland befindet und um Schutz in einem fremden Staat nachsucht, sind jedoch für einen gewissen Zeitraum Einschränkungen gegenüber dem üblichen Lebensstandard hinzunehmen, insbesondere, wenn es dem Staat bzw. seinen Trägern nicht möglich ist, aufgrund einer hohen Zahl von Schutzsuchenden in vertretbarer Zeit bessere Rahmenbedingungen zu schaffen. Ein Leistungsempfänger darf jedoch nicht dauerhaft oder über eine längere Zeit auf solche Unterkunftsbedingungen verwiesen werden. Ein Zeitraum von längstens sechs Monaten erscheint noch hinnehmbar, sofern nicht besondere Umstände, die in der Person des Betroffenen oder den äußeren Umständen liegen, eine kürzere Aufenthaltsdauer erforderlich machen. Für eine besondere Situation, die eine andere Unterbringung erforderlich machte, sind jedoch in Bezug auf Bassam keine Anhaltspunkte erkennbar.

Bassam hat damit keinen Anspruch auf Sicherstellung seines Unterkunftsbedarfs durch Zurverfügungstellung eines Hotelzimmers bzw. Übernahme der entsprechenden Kosten.

III. Lebensunterhaltsleistungen der Grundsicherung im Alter und bei Erwerbsminderung

Anspruchsgrundlage für Lebensunterhaltsleistungen der Grundsicherung im Alter und bei Erwerbsminderung ist § 19 Abs. 2 SGB XII i.V.m. § 41 SGB XII. Leistungen der Grundsicherung im Alter und bei Erwerbsminderung sind gegenüber Leistungen nach anderen Hilfesystemen vorrangig (§ 19 Abs. 2 S. 3 SGB XII, § 23 Abs. 2 SGB XII, § 5 Abs. 2 SGB II, § 19 Abs. 1 S. 2 Halbsatz 2 SGB II).

Einen Anspruch hat eine **ältere** (vgl. die Tabelle des § 41 Abs. 2 S. 2 SGB XII: Älter ist eine Person, wenn sie mindestens – je nach Geburtsjahr – 65 bis 67 Jahre alt ist) oder **dauerhaft voll erwerbsgeminderte Person** im Sinne des gesetzlichen Rentenversicherungsrechts, die ihren gewöhnlichen Aufenthalt (§ 30 Abs. 3 S. 2 SGB I) im Inland hat und nicht in der Lage ist, ihren nach § 42 SGB XII zu ermittelnden Lebensunterhaltsbedarf aus eigenem Einkommen und Vermögen sowie dem Überschusseinkommen und -vermögen des Mitglieds seiner Einsatzgemeinschaft – d.h.

ihres Ehepartners, Lebenspartners oder Partners einer ehe- oder lebenspartner-
schaftlichen Gemeinschaft, § 43 Abs. 1 S. 2 SGB XII – sicherzustellen (§ 19 Abs. 2
SGB XII i.V.m. § 41 Abs. 1 SGB XII).

Vereinfacht lässt sich die Anspruchsprüfung wie folgt darstellen:

Summe der Bedarfe zum Lebensunterhalt	Anspruch auf Leistungen der Grundsicherung im Alter und bei Erwerbsminderung
	Summe aus Einkommen und Vermögen

Von Ansprüchen ausgeschlossen sind diejenigen, die ihre Bedürftigkeit in den letzten zehn Jahren vorsätzlich oder grob fahrlässig selbst herbeigeführt haben (§ 41
Abs. 4 SGB XII) oder deren unterhaltspflichtige Kinder oder Eltern über ein Jahres-
einkommen in Höhe von mindestens 100.000 Euro verfügen (§ 43 Abs. 5 S. 6
SGB XII).

Bis zum 31.12.2015 gehörte der Leistungsantrag zu den in § 41 Abs. 1 SGB XII aufgezählten Anspruchsvoraussetzungen. Seit 1.1.2016[1] bestimmt der Antrag lediglich
den Leistungsbeginn (§ 44 Abs. 2 S. 1 SGB XII).

Zu den wichtigsten Strukturprinzipien des Sozialhilferechts gehören

- die Aufgabe, den Leistungsempfängern ein Leben zu ermöglichen, das der **Würde des Menschen** entspricht (§ 1 S. 1 SGB XII),
- der **Nachranggrundsatz**, nach dem nur derjenige einen Anspruch auf Leistungen
  hat, der seinen Lebensunterhaltsbedarf nicht – insbesondere durch Einsatz von
  Einkommen und Vermögen – sicherstellen kann,
- der **Vorrang von Geldleistungen** gegenüber Sach- und Dienstleistungen (§ 10
  Abs. 3 SGB XII),
- ein begrenztes **Wunschrecht** hinsichtlich der Gestaltung der Leistung (§ 9 Abs. 2
  SGB XII),
- das **Bedarfsdeckungsprinzip**, nach dem ein nicht sichergestellter Lebensunterhaltsbedarf durch Sozialhilfeleistungen vollständig zu sichern ist,
- der Grundsatz, dass derjenige, der die Anspruchsvoraussetzungen erfüllt, einen
  einklagbaren Rechtsanspruch auf Sozialhilfeleistungen hat, sofern nicht ausnahmsweise nur ein Anspruch auf pflichtgemäße Ermessensentscheidung besteht (§ 17 Abs. 1 S. 1 SGB XII),
- die **Unpfändbarkeit und Nichtübertragbarkeit** von Sozialhilfeansprüchen (§ 17
  Abs. 1 S. 2 SGB XII).

---

1 Gesetz zur Änderung des Zwölften Buches Sozialgesetzbuch und weiterer Vorschriften v. 21.12.2015,
   BGBl. I S. 2557 (Nr. 55).

Die Verpflichtung zur Schaffung der Voraussetzungen für ein menschenwürdiges Leben hat Vorrang vor allen anderen, das Sozialhilferecht prägenden Grundsätze. Dies hat zur Folge, dass Leistungen auch dann zu erbringen sind, wenn ein vorrangig Verpflichteter leisten müsste, dies aber (noch) nicht getan hat, oder ein anderer Grund dafür vorliegt, dass ein menschenwürdiges Leben unter Beachtung des Nachranggrundsatzes nicht sichergestellt werden könnte. Zahlreiche Vorschriften verpflichten Sozialhilfeempfänger und Dritte in diesen Fällen zur Erstattung oder zum Ersatz erbrachter Sozialhilfeleistungen, damit der Nachranggrundsatz nachträglich wiederhergestellt wird (z.B. § 19 Abs. 5 SGB XII, § 93 SGB XII, § 94 SGB XII, §§ 103 SGB X, §§ 104 SGB XII).

Anders als bei anderen Sozialhilfeleistungen ist für den Leistungsbeginn nicht die Kenntnisnahme vom Vorliegen der Leistungsvoraussetzungen ausschlaggebend (§ 18 SGB XII), sondern der Erste des Monats, in dem ein Leistungsantrag gestellt wurde (§ 44 Abs. 2 S. 1 SGB XII).

Leistungen werden in der Regel für zwölf Kalendermonate bewilligt (§ 44 Abs. 3 S. 1 SGB XII).

Eine weitere Besonderheit regelt § 43 Abs. 5 SGB XII, nach dem ein Unterhaltsanspruch eines Leistungsberechtigten gegenüber einem Elternteil oder Kinder nicht auf den Sozialhilfeträger übergeht, wenn deren individuelles jährliches Gesamteinkommen i.S.d. § 16 SGB IV unter einem Betrag von 100.000 Euro liegt. Diese Vorschrift begrenzt den nach § 94 Abs. 1 S. 1 SGB XII grundsätzlich vorgesehenen Übergang des bürgerlich-rechtlichen Unterhaltsanspruchs eines Leistungsempfängers gegenüber einem Unterhaltpflichtigen auf den Sozialhilfeträger.

Zuständig zur Erbringung von Leistungen der Grundsicherung im Alter und bei Erwerbsminderung sind die nach dem jeweiligen Landesrecht bestimmten Sozialhilfeträger (§ 46b Abs. 1 SGB XII).[2]

IV. Leistungen der Hilfe zum Lebensunterhalt

Der Anspruch auf Leistungen der Hilfe zum Lebensunterhalt richtet sich nach § 19 Abs. 1 SGB XII i.V.m. §§ 27 ff. SGB XII. Die Leistungen der Hilfe zum Lebensunterhalt sind nachrangig gegenüber Leistungen der Grundsicherung im Alter und bei Erwerbsminderung (§ 19 Abs. 2 S. 3 SGB XII), Leistungen der Grundsicherung für Arbeitsuchende (§ 21 S. 1 SGB XII, § 5 Abs. 2 SGB II) und ebenso gegenüber Leistungen nach dem AsylbLG (§ 23 Abs. 2 SGB XII). Anders formuliert können nur diejenigen Ansprüche auf Leistungen der Hilfe zum Lebensunterhalt haben, die nicht zum leistungsberechtigten Personenkreis des AsylbLG, der Grundsicherung im Alter und bei Erwerbsminderung oder der Grundsicherung für Arbeitsuchende gehören.

Hierzu zählen beispielsweise

- Kinder von Leistungsberechtigten im Sinne des § 41 SGB XII, solange sie das 15. Lebensjahr noch nicht vollendet haben,
- Empfänger von Lebensunterhaltsleistungen, die dauerhaft in einer Einrichtung leben,
- bestimmte Ausländer, die nicht zum Personenkreis des § 1 AsylbLG zählen und denen die Aufnahme einer Erwerbstätigkeit in der Bundesrepublik nicht gestattet ist.

---

2 Beachten Sie allerdings § 46b Abs. 3 S. 2 und 3 SGB XII.

Nur diejenigen Personen, die ihren gewöhnlichen Aufenthalt (d.h. Lebensmittelpunkt, § 30 Abs. 3 S. 2 SGB I) in der Bundesrepublik haben, können Anspruch auf Hilfe zum Lebensunterhalt haben (arg. ex § 24 Abs. 1 SGB XII). Die Anspruchsprüfung erfolgt grundsätzlich ebenso wie bei der Grundsicherung im Alter und bei Erwerbsminderung, so dass die Summe der Lebensunterhaltsbedarfe der Summe aus verfügbarem Einkommen und verwertbarem Vermögen gegenübergestellt wird. Reichen Einkommen und Vermögen nicht zur Sicherstellung des gesamten Lebensunterhaltsbedarfs des Hilfesuchenden, hat er Anspruch auf Hilfe zum Lebensunterhalt. Einkommen und Vermögen des Partners einer Einsatzgemeinschaft (§ 43 Abs. 1 S. 2 SGB XII: Nicht getrenntlebender Ehepartner oder Lebenspartner bzw. Partner einer eheähnlichen oder lebenspartnerschaftsähnlichen Gemeinschaft) werden als Einkommen und Vermögen des Antragstellers berücksichtigt, soweit sie den jeweils eigenen Lebensunterhaltsbedarf übersteigen. Verfügt beispielsweise ein Partner einer eheähnlichen Gemeinschaft über 200 Euro Einkommen mehr, als er zur Sicherstellung seines eigenen Lebensunterhaltsbedarfs benötigt, wird dieser Betrag dem antragstellenden Partner als Einkommen berücksichtigt.

Die allgemeinen sozialhilferechtlichen Strukturprinzipien, die oben dargelegt wurden, gelten auch für die Hilfe zum Lebensunterhalt.

Sachlich zuständig ist nach § 97 Abs. 1 SGB XII i.V.m. § 3 SGB XII der örtliche Träger der Sozialhilfe, d.h. die kreisfreie Stadt oder der Landkreis, sofern der jeweilige Landesgesetzgeber nicht ausnahmsweise die sachliche Zuständigkeit dem überörtlichen Träger der Sozialhilfe (z.B. in Hessen der Landeswohlfahrtsverband, in Brandenburg das Landesamt für Soziales und Versorgung des Landes Brandenburg) übertragen hat. Die örtliche Zuständigkeit des örtlichen Trägers richtet sich grundsätzlich nach dem tatsächlichen Aufenthalt des Leistungsberechtigten (§ 98 Abs. 1 S. 1 SGB XII).[3]

V. Fälle zum SGB XII

1. Fall: Burkhart und Franziska

Burkhart, 61 Jahre alt, ist auf Dauer voll erwerbsgemindert und erhält durch die DRV Baden-Württemberg eine Erwerbsminderungsrente gemäß § 43 Abs. 2 SGB VI. Der Rentenbetrag beläuft sich auf 333,38 Euro, hiervon leitet die DRV Baden-Württemberg jedoch einen Betrag in Höhe von 36,67 Euro als Beitrag zur gesetzlichen Kranken- und Pflegeversicherung einschließlich eines durch Burkharts Krankenkasse erhobenen Zusatzbeitrags an die zum Beitragseinzug zuständige Krankenkasse ab, so dass Burkhart lediglich ein Rentenbetrag in Höhe von 296,71 Euro überwiesen wird.

Daneben bezieht Burkhart aus einem Minijob ein Bruttoeinkommen in Höhe von 310,20 Euro. Da hierauf keine Steuern und keine Sozialversicherungsabgaben anfallen, handelt es sich dabei um den Netto-Auszahlungsbetrag. Mit der Erzielung des Einkommens sind keine finanziellen Aufwendungen („Werbungskosten") verbunden.

Burkhart lebt bereits seit mehreren Jahren mit seiner Lebensgefährtin Franziska zusammen. Franziska wurde 1948 geboren und hat gerade ihren 68. Geburtstag gefeiert. Franziska kümmert sich wann immer sie kann um den Haushalt ihres pflegebedürftigen Vaters Viktor, der in demselben Dorf wohnt und seit 1.1.2017 in den Pflegegrad 2 eingestuft wurde. Burkhart, der früher als Altenpfleger tätig war, übernimmt

---

3 Beachten Sie aber die Sonderregelungen in § 98 Abs. 2 bis 5 SGB XII.

an den Wochentagen dessen Pflege, um seine Lebensgefährtin zu entlasten. Aus Dank hierfür leitet Viktor das Pflegegeld, das er nach § 37 Abs. 1 Nr. 1 SGB XI in Höhe von 316 Euro durch die Pflegekasse erhält, in voller Höhe an Burkhart weiter.

Franziska erhält seit dem Tod ihres Ehemannes eine Witwenrente durch die DRV Bund. Der Auszahlungsbetrag beläuft sich – nach Abzug der Sozialversicherungsbeiträge – auf 404,04 Euro. Nachdem sie durch die DRV Bund die Auskunft erhielt, dass sie ihren Anspruch auf Witwenrente im Falle einer Wiederheirat verlieren würde, kommt für sie eine Hochzeit mit Burkhart nicht in Betracht, obwohl sie ihn sonst sicherlich heiraten würde.

Die Unterkunftskosten für Burkharts und Franziskas gemeinsame Wohnung belaufen sich auf 340 Euro Kaltmiete; sie beruhen auf einem wirksamen Mietvertrag. Für die Wohnung fallen außerdem ein monatlicher Heizungskostenabschlag in Höhe von 40 Euro, Stromkosten in Höhe von 35 Euro/Monat sowie weitere Nebenkosten (Wasser, Abwasser, Schornsteinfeger u.s.w.) in Höhe von 40 Euro/Monat an. Die Wohnung verfügt über angemessenen Hausrat.

Franziska hatte im Jahr 2001 von ihrer Mutter eine 35 cm hohe, vergoldete Uhr geerbt, die ausweislich einer Gravur Franziskas Vorfahren zu deren Hochzeit im Jahr 1802 geschenkt worden war, und die sich seitdem in Familienbesitz befindet. Die Uhr hat einen Sammlerwert von ca. 2.500 Euro. In Franziskas Testament ist verfügt, dass die Uhr nach ihrem Tode ihrem Neffen Hans-Heinrich gehören soll und er dafür Sorge tragen soll, dass die Uhr nach dessen Tod weiterhin in Familienbesitz bleibt.

Die durch den Wohnort festgelegten Richtwerte für eine angemessene Unterkunft betragen für

Wohnungen bis 45 m²	6,90 Euro/m²,
Wohnungen bis einschl. 60 m²	6,50 Euro/m²,
Wohnungen über 60 m²	5,50 Euro/m²,
und beziehen sich auf die jeweilige Kaltmiete.	

Aufgabe I

Burkhart und Franziska glauben, sie hätten nicht genug Geld zum Leben. Bitte prüfen Sie, ob sie Ansprüche auf Leistungen nach dem SGB XII haben.

Bearbeitungshinweise

1. Nebenkosten, Stromkosten und Heizungskosten sind als angemessen zu unterstellen.
2. Die erforderlichen Anträge wurden am 7. August 2017 per Fax gestellt.
3. Gehen Sie davon aus, dass in Baden-Württemberg für eine Person Unterkünfte bis 45 m² als abstrakt angemessen anzusehen sind, für jede weitere Person jeweils zusätzliche 15 m².

Aufgabe II

Bitte bestimmen Sie Leistungsbeginn, die Leistungsdauer und die Art der Leistung (Geld-, Sach-, Dienstleistung).

Aufgabe III

Nehmen Sie an, Franziska hätte eine erwachsene Tochter Antje, die gemeinsam mit ihrem Ehemann in G-Stadt/Bayern lebt. Antje verfügt über ein Bruttoeinkommen in Höhe von 84.000 Euro pro Jahr. Sie zahlt ihrer Mutter keinen Unterhalt, weil sich beide bereits vor Jahren zerstritten haben und sie außerdem nichts von der Notlage ihrer Mutter weiß. Franziska hätte einen Unterhaltsanspruch gegenüber ihrer Tochter in Höhe von monatlich 986 Euro. Wird der Sozialhilfeträger den Unterhaltsanspruch nach § 94 SGB XII geltend machen?

Lösungsvorschlag

Aufgabe I

Burkhart und Franziska machen geltend, nicht „nicht genug Geld zum Leben" zu haben. Legt man diese Erklärung nach dem allgemeinen Wortsinn aus, so ist anzunehmen, dass sie Leistungen für Ernährung, Bekleidung, Unterkunft u.s.w., also Lebensunterhaltsleistungen benötigen. Innerhalb des Leistungskatalogs des Sozialhilferechtes (§ 8 SGB XII) dienen Leistungen der Grundsicherung im Alter und bei Erwerbsminderung (§ 19 Abs. 2 SGB XII i.V.m. §§ 41 ff. SGB XII) sowie Leistungen der Hilfe zum Lebensunterhalt (§§ 19 Abs. 1 SGB XII i.V.m. §§ 27 ff. SGB XII) dazu, Lebensunterhaltsbedarfe zu befriedigen. Es ist daher davon auszugehen, dass Burkhart und Franziska Grundsicherungsleistungen oder Hilfe zum Lebensunterhalt beantragen. Da Ansprüche auf Grundsicherungsleistungen gegenüber Ansprüchen auf Hilfe zum Lebensunterhalt vorrangig sind (§ 19 Abs. 2 S. 3 SGB XII), ist der Antrag (ggf. zunächst) analog § 133 BGB unter Berücksichtigung des Meistbegünstigungsprinzips, nach dem im Zweifel davon auszugehen ist, dass ein Antragsteller das beantragen will, was ihm am meisten nutzt, als Antrag auf Grundsicherungsleistungen auszulegen.

Das Sozialhilferecht ist nicht darauf ausgerichtet, einer *Gruppe* von Hilfebedürftigen – einer Familie, einer eheähnlichen Gemeinschaft, einer Einsatz- oder Einstandsgemeinschaft – die Voraussetzungen eines Lebens zu ermöglichen, das der Würde des Menschen entspricht. Das SGB XII kennt nur Individualansprüche einzelner Hilfebedürftiger und soll die individuellen Bedarfe einzelner Personen sicherstellen (§ 9 SGB XII, § 17 SGB XII), so dass hier zu prüfen ist, ob Burkhart – und separat hiervon, ob Franziska – einen Anspruch auf Leistungen zum Lebensunterhalt nach dem SGB XII hat.

I. Burkhart

Ein Anspruch auf Leistungen der Grundsicherung im Alter und bei Erwerbsminderung setzt nach § 19 Abs. 1 SGB XII i.V.m. § 41 Abs. 1 SGB XII voraus:

1. Zugehörigkeit zum leistungsberechtigten Personenkreis

Burkhart müsste älter oder dauerhaft voll erwerbsgemindert sein.

Burkhart ist nicht „älter", da er mit 61 Jahren die Altersgrenze des § 41 Abs. 2 SGB XII – die nach § 41 Abs. 2 S. 2 und 3 SGB XII bei mindestens 65 Jahren liegt -, nicht erreicht hat. Er könnte trotzdem zum leistungsberechtigten Personenkreis gehören, wenn er dauerhaft voll erwerbsgemindert wäre (§ 41 Abs. 1, 3 SGB XII). Neben der Vollendung des 18. Lebensjahres müsste er hierzu unabhängig von der jeweiligen Arbeitsmarktlage voll erwerbsgemindert im Sinne des § 43 Abs. 2 des Sechsten Buches sein; es müsste unwahrscheinlich sein, dass die volle Erwerbsminderung behoben werden kann. Burkhart erhält eine Rente wegen dauerhafter voller Erwerbsminderung nach § 43 Abs. 2 SGB VI, so dass diese Voraussetzungen erfüllt sind. Er gehört daher zu dem grundsätzlich leistungsberechtigten Personenkreis.

2. Gewöhnlicher Aufenthalt im Inland

Burkhart müsste seinen gewöhnlichen Aufenthalt im Inland haben. Dies hätte er, wenn Umstände vorlägen, die erkennen ließen, dass er sich im Inland nicht nur vorübergehend aufhielte (§ 30 Abs. 3 S. 2 SGB I), mit anderen Worten, wenn sein Lebensmittelpunkt im Inland wäre.

Burkhart lebt gemeinsam mit seiner Freundin in derselben Wohnung in Baden-Württemberg und pflegt in demselben Dorf, in dem beide leben, Franziskas Vater. Es kann unterstellt werden, dass er seiner Erwerbstätigkeit in der Nähe seines Wohnortes nachgeht. Burkharts Lebensmittelpunkt und somit sein gewöhnlicher Aufenthalt befindet sich daher in Baden-Württemberg und damit in der Bundesrepublik Deutschland.

3. Hilfebedürftigkeit

Burkhart wäre hilfebedürftig, wenn er nicht in der Lage wäre, seinen notwendigen Lebensunterhalt durch eigenes Einkommen und Vermögen sowie Einkommen und Vermögen eines Mitglieds seiner Einsatzgemeinschaft zu bestreiten (§ 19 Abs. 2 SGB XII i.V.m. § 41 Abs. 1 SGB XII).

a. Notwendiger Lebensunterhalt

Der notwendige Lebensunterhalt wird bei der Grundsicherung im Alter und Erwerbsminderung durch § 42 SGB XII bestimmt.

Der notwendige Lebensunterhalt umfasst zum einen den durch den Regelsatz ausgedrückten **Regelbedarf** (§ 42 Nummer 1 SGB XII). Die Höhe des Regelsatzes bestimmt sich nach § 8 Regelbedarfsermittlungsgesetz (RBEG) und hängt insbesondere von der familiären Lebenssituation des Betroffenen und, bei Kindern, von deren Alter ab. Da Burkhart gemeinsam mit Franziska – die ebenfalls erwachsen, d.h. älter als 17 Jahre alt, ist – in derselben Wohnung im Sinne des § 42a Abs. 2 S. 2 SGB XII zusammenleben, kommt ein Regelsatz nach der Regelbedarfsstufe 2 in Betracht.

Regelbedarfsstufe 2 setzt jedoch nach § 8 Abs. 1 Nr. 2 RBEG voraus, dass Burkhart mit Franziska in einer Ehe, Lebenspartnerschaft i.S.d. LPartG oder in einer ehe- oder lebenspartnerschaftsähnlichen Gemeinschaft in einer Wohnung zusammenlebt. Da beide nicht verheiratet sind und nicht dasselbe Geschlecht haben – was eine Lebenspartnerschaft bzw. lebenspartnerschaftsähnliche Gemeinschaft ausschließt -, könnten sie in einer eheähnlichen Gemeinschaft leben. Von dieser kann nur dann ausgegangen werden, wenn zwischen beiden ein wechselseitiger Wille erkennbar wäre, für den jeweils anderen Verantwortung zu tragen und für ihn einzustehen. Burkhart und Franziska leben bereits seit mehreren Jahren zusammen und teilen Tisch und Bett miteinander. Die Dauer des Zusammenlebens und die Tiefe der Beziehung sind starke Indizien für den gegenseitigen Willen füreinander einzustehen und für die Bereitschaft zu gegenseitiger Verantwortung. Diese anhand von Indizien unterstellte Bereitschaft wird zudem „in Taten umgesetzt", denn Burkhart pflegt Franziskas Vater, wodurch er zeigt, dass er für sie und ihre persönlichen Angelegenheiten einsteht. Dass Viktor ihm das Pflegegeld weiterleitet, lässt den finanziellen Aspekt gegenüber der mittelbaren Unterstützung seiner Freundin nicht in den Vordergrund treten. Einerseits hat er die Pflege nicht übernommen, um das Pflegegeld zu erhalten, sondern um seine Lebensgefährtin zu entlasten, andererseits besteht zwischen ihm und Viktor kein Vertragsverhältnis, aus dem er zur Pflege verpflichtet wäre; das Pflegegeld wird vielmehr dem Zweck des § 37 SGB XI entsprechend eingesetzt, um die Pflegebereitschaft von Familienangehörigen, Freunden, Nachbarn u.s.w. aufrechtzuerhalten.

Schließlich spricht auch Burkharts und Franziskas gegenseitiger Heiratswillen deutlich für die Bereitschaft, für den jeweils anderen einzustehen, auch wenn sie diese Bereitschaft noch nicht verwirklicht haben.

Als erwachsenem Partner einer eheähnlichen Gemeinschaft, der mit seiner Partnerin in derselben Wohnung lebt, wird für Burkhart im Rahmen der Ermittlung seines Lebensunterhaltsbedarfs ein Regelsatz der Regelbedarfsstufe 2 in Höhe von 368 Euro (ab 1.1.2018 374 Euro) berücksichtigt. Anhaltspunkte für eine abweichende Bemessung des Regelbedarfs (§ 27a Abs. 4 SGB XII) liegen nicht vor.

Ein **Mehrbedarf** nach § 42 Nummer 2 SGB XII i.V.m. § 30 Abs. 1 Nr. 2 SGB XII kommt nicht in Betracht. Zwar ist Burkhart dauerhaft voll erwerbsgemindert, es fehlt jedoch ein Schwerbehindertenausweis (§ 69 SGB IX) mit Merkzeichen G oder a.G bzw. ein entsprechender Bescheid.

Für **andere zusätzliche Bedarfe** im Sinne des § 42 Nummer 2 SGB XII i.V.m. §§ 30 f. SGB XII gibt es keine Anhaltspunkte.

Der Bedarf für Unterkunft und Heizung wird nach § 42 Nummer 4 Buchst. a) SGB XII, § 42a Abs. 1 SGB XII i.V.m. § 35 Abs. 1, 2 und 4 S. 1 SGB XII in tatsächlicher Höhe der Unterkunfts- und Heizungskosten berücksichtigt, soweit diese angemessen sind. Übersteigen die Unterkunftskosten den angemessenen Umfang, so sind sie für i.d.R. längstens sechs Monate als Unterkunftsbedarf anzuerkennen, wenn es den Betroffenen nicht möglich oder nicht zuzumuten ist, die Unterkunftsaufwendungen z.B. durch einen Umzug zu senken (§ 35 Abs. 2 S. 2 SGB XII).

Die Angemessenheit der Unterkunftskosten beurteilt sich hinsichtlich der Kaltmiete nach der **Produkttheorie**. Demnach bestimmt sich die Angemessenheit aus dem Produkt von Wohnfläche und Standard, das sich in der Wohnungsmiete niederschlägt. Ist, wie im vorliegenden Fall, der angemessene Quadratmeterpreis der Kaltmiete in einem Mietpreisspiegel festgehalten, so ist diejenige Kaltmiete abstrakt angemessen, die sich aus dem Produkt der – nach der Anzahl der in der Unterkunft lebenden Personen ergebenden – abstrakt angemessenen Quadratmeterzahl einerseits sowie dem für einfach ausgestatteten, bescheidenen Wohnraum im jeweiligen Bezugsort angemessenen Quadratmeterpreis andererseits ergibt.

Die abstrakt angemessene Unterkunftsgröße richtet sich nach dem landesrechtlichen Wohnbauförderungsrecht. Für zwei Personen ist in dem hier maßgeblichen Landesrecht eine Quadratmeteranzahl von bis zu 60 m² als angemessen, die mit dem für diese Wohnungsgröße angemessenen m²-Preis von 6,50 Euro/m² zu multiplizieren ist. Hieraus ergibt sich ein angemessener Höchstbetrag einer Kaltmiete von 390 Euro. Somit ist die tatsächlich zu entrichtende Kaltmiete in Höhe von 340 Euro angemessen und als Bedarf zu berücksichtigen.

Ob auf dem allgemeinen Wohnungsmarkt für Burkhart und Franziska angemessener Alternativwohnraum überhaupt tatsächlich verfügbar ist und ob für sie ein Umzug zumutbar wäre, ist nur relevant, wenn die tatsächlichen Unterkunftskosten die abstrakt angemessene Höhe übersteigen. Dies ist hier nicht der Fall.

Neben der Kaltmiete fallen Nebenkosten in Höhe von 40 Euro pro Monat an, die als angemessen zu betrachten und damit nach § 42 Nr. 4 Buchst. a) SGB XII, § 42a Abs. 1 SGB XII i.V.m. § 35 Abs. 1 SGB XII ebenfalls als Lebensunterhaltsbedarf zu berücksichtigen sind.

Stromkosten sind durch den Regelbedarf pauschal abgedeckt (§ 27a Abs. 1 S. 1, Abs. 2 S. 1 und Abs. 3 SGB XII; vgl. auch § 6 Abs. 1 Nr. 4 RBEG – Abteilung 4: Energie) und werden daher nicht als Unterkunftskosten berücksichtigt, da sie ansonsten zweifach in die Bedarfsberechnung eingehen würden, was dem Bedarfsdeckungsprinzip widerspräche.

Heizkosten in Höhe von 40 Euro monatlich werden ebenfalls – weil in dieser Höhe angemessen – berücksichtigt (§ 42 Nr. 4 Buchst. a) SGB XII, § 42a Abs. 1 SGB XII i.V.m. § 35 Abs. 4 SGB XII).

Der Unterkunfts- und Heizungskostenbedarf beträgt somit insgesamt 420 Euro pro Monat. Dieser Betrag deckt jedoch nicht nur Burkharts Bedarf, sondern ebenso Franziskas. Nach dem sog. **Kopfzahlverfahren** sind die Kosten deshalb auf sämtliche in der Unterkunft lebende Personen gleichmäßig aufzuteilen, so dass sich für Burkhart – und ebenso für Franziska – ein angemessener Unterkunftsbedarf i.H.v. 210 Euro ergibt.

Es stellt sich die Frage, ob die Beiträge zur gesetzlichen Kranken- und Pflegeversicherung, die auf Burkharts Erwerbsminderungsrente anfallen, als **Bedarfe im Sinne des § 42 Nummer 2 SGB XII i.V.m. § 32 SGB XII** zu berücksichtigen sind. § 32 SGB XII erfasst jedoch nur diejenigen Kranken- und Pflegeversicherungsbeiträge, die nicht als gesetzliche Pflichtbeiträge nach § 82 Abs. 2 Nr. 2 SGB XII vom Einkommen abzusetzen sind. Da es sich bei den Sozialversicherungsbeiträgen mangels anderer Angaben um Pflichtbeiträge nach § 5 Abs. 1 Nr. 11 SGB V bzw. § 20 Abs. 1 S. 2 Nr. 11 SGB XI handelt, die nach § 82 Abs. 2 Nr. 1 SGB XII vom Bruttorentenbetrag abzusetzen sind, erfolgt keine Berücksichtigung als Bedarf, da die Beiträge zu Gunsten Burkharts andernfalls doppelt – einmal bedarfserhöhend und einmal einkommenssenkend – berücksichtigt würden.

Anhaltspunkte für **weitere zusätzliche Bedarfe** bestehen nicht.

Burkharts **Gesamtbedarf** im Sinne des § 43a Abs. 1 SGB XII beträgt (368 Euro zzgl 210 Euro =) 578 Euro (ab 1.1.2018 584 Euro).

b. Einkommen und Vermögen

Fraglich ist, ob Burkhart über genügend Einkommen und Vermögen verfügt, um seinen Lebensunterhaltsbedarf aus eigener Kraft zu decken. Hierbei würde ihm nach § 43 Abs. 1 S. 1 SGB XII ggf. auch Überschusseinkommen oder -vermögen der Franziska – also Einkommen oder Vermögen der Franziska, das deren eigenen Lebensunterhaltsbedarf übersteigt – als Einkommen oder Vermögen angerechnet.

Das zu berücksichtigende Einkommen wird nach Maßgabe der §§ 82 ff. SGB XII i.V.m. §§ 1 ff. VO zu § 82 SGB XII ermittelt, verfügbares Vermögen nach Maßgabe der §§ 90 f. SGB XII i.V.m. §§ 1 ff. VO zu § 90 Abs. 2 Nr. 9 SGB XII. Hieraus ergibt sich, dass vorhandene Geldbeträge und -werte zunächst danach zu untersuchen sind, ob es sich um Einkommen oder Vermögen handelt.

Einkommen sind Geld oder Geldeswert, die im Laufe des Bedarfszeitraums zufließen, sofern der Gesetzgeber nicht etwas Anderes geregelt hat **(modifizierte Zuflusstheorie)**. Der Bedarfszeitraum beginnt nach § 44 Abs. 2 S. 1 SGB XII mit dem Ersten des Antragsmonats. Da Burkharts Antrag am 7. August 2017 gestellt wurde, beginnt der Bedarfszeitraum am 1. August 2017 mit der Folge, dass Geld oder Geldeswert, die ab diesem Zeitpunkt zufließen, grundsätzlich als Einkommen zu berücksichtigen sind.

Burkhart fließt monatlich Erwerbsminderungsrente aus der gesetzlichen Rentenversicherung zu, so dass es sich hierbei grundsätzlich um Einkommen handelt. Allerdings könnte die Ausnahmeregelung des § 83 Abs. 1 SGB XII einsetzen, nach der Leistungen, die auf Grund öffentlich-rechtlicher Vorschriften zu einem ausdrücklich genannten Zweck erbracht werden, nur soweit als Einkommen zu berücksichtigen sind, als die Sozialhilfe im Einzelfall demselben Zweck dient. Zwar wird die Erwerbsminderungsrente aufgrund einer öffentlich-rechtlichen Vorschrift erbracht – § 43 SGB VI ermächtigt alleine Träger staatlicher Gewalt zur Erbringung von Sozialleistungen –, das Sechste Buch des Sozialgesetzbuchs verbindet mit der Erwerbsminderungsrente jedoch keinen besonderen Zweck, so dass sie als zweckneutral anzusehen ist[4], so dass die tatbestandlichen Voraussetzungen des § 83 Abs. 1 SGB XII nicht vollständig erfüllt sind.

Selbst wenn man Renten nach § 43 SGB VI mit der Begründung als zweckbestimmt erachtete, dass der Zweck einer Erwerbsminderung allgemein bekannt sei, scheiterte hieran die Einkommensberücksichtigung nicht. Erwerbsminderungsrenten dienen nach dieser Sichtweise dazu, den Lebensunterhalt der Leistungsempfänger nach dem Eintritt einer Erwerbsminderung jedenfalls teilweise sicherzustellen. Hierin überschneidet sich der Zweck dieser Rente mit den Lebensunterhaltsleistungen nach dem SGB XII mit der Folge, dass § 83 Abs. 1 SGB XII eine Einkommensberücksichtigung anordnete.

Die Berücksichtigung als Einkommen wird auch nicht durch § 82 Abs. 1 S. 1 SGB XII ausgeschlossen, da die Rente wegen voller Erwerbsminderung nach dem Sechsten Buch Sozialgesetzbuch erbracht wird und weder nach dem BVG noch nach einem die entsprechende Anwendung des BVG anordnenden Gesetz oder nach dem Bundesentschädigungsgesetz.

Die Höhe des zu berücksichtigenden Einkommens könnte jedoch durch Absetzungspositionen beeinflusst werden. § 82 Abs. 2 Nr. 2 SGB XII bestimmt Pflichtbeiträge zur Sozialversicherung als Absetzungsposition. Burkhart hat Beiträge zur gesetzlichen Kranken- und Pflegeversicherung in Höhe von 36,67 Euro selbst zu tragen, sie wurden bereits durch die DRV Baden-Württemberg an die zuständige Krankenkasse abgeführt.[5] Damit ist der Rentenzahlbetrag in Höhe von 296,71 Euro als Einkommen anzusehen.

Darüber hinaus fließen Burkhart während des Bedarfszeitraums Einkünfte aus einem Minijob in Höhe von 310,20 Euro zu. Diese sind durch den Gesetzgeber nicht von der Einkommensberücksichtigung ausgenommen worden, Absetzungspositionen nach § 82 Abs. 2 SGB XII sind in diesem Betrag bereits berücksichtigt; Absetzungen nach § 82 Abs. 2 Nr. 4 SGB XII i.V.m. § 3 Abs. 4 VO zu § 82 SGB XII scheiden ohnehin aus, da Burkhart keine Aufwendungen zur Erzielung des Erwerbseinkommens hat.

Nach § 82 Abs. 3 SGB XII ist jedoch als Arbeitsanreiz ein Absetzungsbetrag in Höhe von 30 vom Hundert des Einkommens aus Erwerbstätigkeit, jedoch höchstens 50 vom Hundert der Regelbedarfsstufe 1 zu berücksichtigen. 30 vom Hundert des Einkommens aus dem Minijob betragen 93,06 Euro. Diese übersteigen 50 vom Hundert der Regelbedarfsstufe 1 in Höhe von (409 Euro : 2 =) 204,50 Euro (ab 1.1.2018 416

---

4 Hierzu von Koppenfeld-Spies in Knickrehm/Kreikebohm/Waltermann, § 83 SGB XII Rn. 4 f.

5 Es kann offenbleiben, ob § 82 Abs. 2 Nr. 2 SGB XII überhaupt auf Renten aus der gesetzlichen Rentenversicherung anzuwenden ist oder ob nach dem Zuflussprinzip unmittelbar auf die Nettorente abzustellen ist. § 82 Abs. 2 Nr. 2 SGB XII setzt ebenso wie dessen Nr. 1 voraus, dass die Berechnung des zu berücksichtigenden Einkommens mit dem Bruttoeinkommen beginnt, obwohl die Zuflusstheorie nur das tatsächlich Zugeflossene – also das Nettoeinkommen – als Einkommen definiert. Im Bereich des Erwerbseinkommens Beschäftigter wird dieser Widerspruch durch § 3 Abs. 3 S. 1 VO zu § 82 SGB XII aufgelöst, nach dem bei der Berechnung der Einkünfte aus nichtselbständiger Arbeit von den monatlichen Bruttoeinnahmen auszugehen ist – die dann nach Maßgabe des § 82 Abs. 2 SGB XII um Absetzungspositionen bereinigt werden –, für Renteneinkünfte fehlt eine entsprechende Regelung.

Euro : 2 = 208 Euro) nicht, so dass das zu berücksichtigende Einkommen aus Erwerbstätigkeit um 93,06 Euro auf 217,14 Euro zu vermindern ist.

Burkhart fließt während des Bedarfszeitraums darüber hinaus das durch Viktor weitergeleitete Pflegegeld in Höhe von 316 Euro zu. Dieses ist jedoch nach § 13 Abs. 5 S. 1 SGB XI von der Einkommensberücksichtigung freigestellt. § 13 Abs. 5 S. 1 SGB XI ist nicht nur auf die anspruchsberechtigten Pflegebedürftigen anzuwenden, sondern auch auf diejenigen, an die das Pflegegeld zur Aufrechterhaltung deren Pflegebereitschaft weitergeleitet wird, da dieser Zweck andernfalls bei nicht berufsmäßig Pflegenden, die staatliche Transferleistungen erhalten, nicht erreicht werden könnte.

Burkhart verfügt damit über ein Gesamteinkommen in Höhe von 513,85 Euro.

c. Vermögen (§ 90 SGB XII)

Vermögen umfasst Geldbeträge oder Geldeswert, die bereits zum Beginn des Bedarfszeitraums – hier 1. August 2017 – bereits vorhanden waren.

Burkhart verfügte zu diesem Zeitpunkt über angemessenen Hausrat, der nach § 90 Abs. 2 Nr. 4 SGB XII von der Berücksichtigung als Vermögen ausgenommen ist.

Burkhart verfügt somit nicht über verwertbares Vermögen.

d. Gegenüberstellung Lebensunterhaltsbedarf/Einkommen und Vermögen

Burkharts Bedarf in Höhe von 578 Euro (ab 1.1.2018 584 Euro) ist durch sein Einkommen in Höhe von 513,85 Euro nicht sichergestellt. Burkhart hat daher – unter der Maßgabe, dass Franziska nicht über Einkommen oder Vermögen verfügt, das ihren eigenen Lebensunterhaltsbedarf übersteigt und ihm nach § 43 Abs. 1 SGB XII zugerechnet wird – einen Anspruch auf Leistungen der Grundsicherung im Alter und bei Erwerbsminderung in Höhe von (578 Euro abzgl. 513,85 Euro =) 64,15 Euro (ab 1.1.2018 584 Euro abzgl. 513,85 Euro = 70,15 Euro).

Der Anspruch richtet sich gegen den nach § SGB XII i.V.m. 46b SGB XII zuständigen Sozialhilfeträger.

II. Franziska

Für Franziska kommen aufgrund des geltend gemachten Bedarfs zum Lebensunterhalt ebenfalls Leistungen der Grundsicherung im Alter und bei Erwerbsminderung in Betracht.

1. Leistungsberechtigter Personenkreis

Franziska ist im Jahr 1948 geboren. Die in diesem Jahr Geborenen erreichen die Altersgrenze gemäß § 41 Abs. 2 S. 3 SGB XII mit 65 Jahren und zwei Monaten. Da Franziska bereits 68 Jahre alt ist, gehört sie wegen des Überschreitens der (nach § 41 Abs. 2 S. 2 SGB XII höchsten) Altersgrenze von 67 Jahren dem wegen Alters leistungsberechtigten Personenkreis an.

2. Gewöhnlicher Aufenthalt im Inland

Franziska lebt mit ihrem Partner, mit dem sie eine eheähnliche Gemeinschaft bildet (s.o.) in Baden-Württemberg und somit im Inland, so dass dort auch ihr Lebensmittelpunkt und gewöhnlicher Aufenthalt liegt.

3. Hilfebedürftigkeit

a. Lebensunterhaltsbedarf

Franziskas Lebensunterhaltsbedarf setzt sich aus einem Regelbedarf der Regelbedarfsstufe 2 in Höhe von 368 Euro (ab 1.1.2018 374 Euro) und einem Unterkunftsbedarf in Höhe von 210 Euro (s.o.)[6] zusammen. Da für weitere zum Lebensunterhalt gehören Bedarfe keine Anhaltspunkte vorliegen, beträgt ihr Gesamtbedarf im Sinne des § 43a Abs. 1 SGB XII 578 Euro (ab 1.1.2018 584 Euro).

b. Einkommen

Franziska verfügt über 404,04 Euro Einkommen, das ihr als Witwenrente im Laufe des mit dem 1. August 2017 beginnenden Bedarfszeitraums zufließt. Gesetzliche Ausnahmetatbestände, die eine Berücksichtigung als Einkommen ausschließen würden, sind nicht erfüllt, insbesondere handelt es sich bei der Witwenrente weder um eine Rente nach dem BVG oder einem auf das BVG verweisenden Gesetze noch um eine öffentlich-rechtliche Leistung mit ausdrücklicher Zweckbestimmung i.S.d. § 83 Abs. 1 SGB XII. Die Sozialversicherungsbeiträge sind bereits berücksichtigt, weitere Absetzungspositionen i.S.d. § 82 Abs. 2 SGB XII fallen nicht an. Renten begründen keine Absetzungspositionen nach § 82 Abs. 3 SGB XII, da sie nicht unmittelbar aus einer Erwerbstätigkeit stammen und das Ziel des § 82 Abs. 3 SGB XII, einen Arbeitsanreiz zu schaffen, durch eine Absetzung vom Einkommen nicht erfüllt werden kann.

c. Vermögen

Neben dem – im Sinne des § 90 Abs. 2 Nr. 4 SGB XII angemessenen und deshalb nicht einsetzbaren – Hausrat verfügt Franziska zu Beginn des Bedarfszeitraums am 1. August 2017 über eine antike Uhr im Wert von 2.500 Euro, die sie geerbt hat. Diese Uhr könnte nach § 90 Abs. 2 Nr. 6 SGB XII von einer Verwertung geschützt sein, wenn es sich um ein Familien- oder Erbstück handelte, dessen Veräußerung für Franziska oder ihre Familie eine besondere Härte bedeuten würde. Eine besondere Härte geht weit über das hinaus, was man üblicherweise bei der Veräußerung eines „lieb und teuer" gewordenen Gegenstandes erleidet. Die Veräußerung eines Gegenstandes, der sich seit mehr als 200 Jahren im Familienbesitz befindet und nach dem eigenen Tod in der Familie bleiben soll, geht weit über das Verlustempfinden hinaus, das mit der Veräußerung von sonstigem Eigentum verbunden ist. Die besondere und bereits seit langer Zeit bestehende familiäre Beziehung zu dem Gegenstand lässt es als unzumutbar erscheinen, ein „Versilbern" zu verlangen, bevor Franziska Sozialhilfeleistungen erhalten kann. Somit darf die Sozialhilfeleistung nicht von der Verwertung der Uhr abhängig gemacht werden.

Franziska verfügt kein verwertbares Vermögen.

Franziska hat somit einen Anspruch auf Leistungen der Grundsicherung im Alter und bei Erwerbsminderung in Höhe von monatlich (578,00 Euro abzgl. 404,04 Euro =) 173,96 Euro (ab 1.1.2018 584 Euro abzgl. 404,04 Euro = 179,96 Euro), der sich gegen den nach § 3 SGB XII i.V.m. § 46b SGB XII zuständigen Sozialhilfeträger richtet.

Franziska verfügt somit weder über Überschusseinkommen noch über Überschussvermögen, das Burkhart nach § 43 Abs. 1 S. 2 SGB XII als Mitglied ihrer Einsatzgemeinschaft zugerechnet und dessen Anspruchshöhe vermindern würde.

Aufgabe II

1. Leistungsbeginn

Die Leistungen sind nach § 18 Abs. 1 SGB XII i.V.m. § 44 Abs. 2 S. 1 SGB XII ab dem Ersten des Antragsmonats, d.h. hier ab 1. August 2017, zu erbringen.

6　An dieser Stelle darf ausnahmsweise ein Ergebnis aus der Anspruchsprüfung einer anderen Person – hier des Burkhart – übertragen werden, ohne eine separate Prüfung vorzunehmen, da bei Burkharts Prüfung bereits auf den Bedarf der Franziska Bezug genommen worden war.

2. Leistungsdauer

Die Leistung wird nach § 44 Abs. 3 S. 1 SGB XII in der Regel für eine Dauer von 12 Monaten bewilligt, d.h. vom 1. August 2017 bis zum 31. Juli 2018. Es sind keine Anhaltspunkte ersichtlich, die eine hiervon abweichende Bestimmung des Leistungszeitraums erforderlich machten.

3. Form der Leistung

Leistungen werden grundsätzlich in Form von Dienst-, Sach- oder Geldleistungen erbracht (§ 10 Abs. 1 SGB XII). In Hinblick auf den geltend gemachten Bedarf kommen alleine Sach- oder Geldleistungen in Betracht, von denen nach § 10 Abs. 3 SGB XII Geldleistungen Vorrang haben. Da die Voraussetzungen für eine ausnahmsweise zu gewährende Sachleistung nicht erfüllt sind, werden die B und F zustehenden Leistungen als Geldleistungen erbracht.

Aufgabe III

Grundsätzlich gehen bürgerlich-rechtliche Unterhaltsansprüche nach § 94 Abs. 1 S. 1 SGB XII kraft Gesetzes – d.h. ohne dass der Erlass eines Verwaltungsaktes erforderlich wäre, der den Anspruchsübergang regelte – auf den Sozialhilfeträger über, soweit dieser Leistungen erbracht hat.

Dieser Übergang ist jedoch nach § 94 Abs. 1 S. 3 Hs. 2 SGB XII ausgeschlossen, wenn es sich um einen Hilfebedürftigen nach dem 4. Kapitel, also einem Empfänger von Grundsicherungsleistungen im Alter und bei Erwerbsminderung handelt und es sich zudem um einen Anspruch gegenüber einem Elternteil oder – wie hier – gegenüber einem Kind des Leistungsberechtigten handelt. Somit findet kein Übergang von Franziskas Unterhaltsanspruch auf den Sozialhilfeträger statt.

Das Sozialamt ist nicht berechtigt, Franziska aufzufordern, ihren Unterhaltsanspruch gegenüber ihrer Tochter im Rahmen der Selbsthilfe geltend zu machen, weil Unterhaltsansprüche gegenüber einem Kind unberücksichtigt bleiben, sofern deren jährliches Gesamteinkommen – wie hier – unter 100.000 Euro liegt (§ 43 Abs. 3 S. 1 SGB XII).

2. Fall: Maria Mankell

Maria Mankell, 73 Jahre alt (geb. 1944), begibt sich am 22. September 2017 zu dem zuständigen Sozialhilfeträger ihres Wohnortes X-Stadt in Nordrhein-Westfalen. Sie bezieht seit mehreren Jahren Leistungen der Grundsicherung im Alter und bei Erwerbsminderung in Höhe von zurzeit 305,95 Euro. Dieser Leistungsbetrag resultiert aus den folgenden Bedarfen, Einkommen und Vermögen:

- Regelbedarf als Alleinstehende mit eigenem Haushalt: 409 Euro
- Unterkunftsbedarf: 400 Euro Kaltmiete, von denen der Sozialhilfeträger nur einen Betrag in Höhe von 325 Euro als angemessene Kaltmiete berücksichtigt. Maria fängt die Differenz von 75 Euro durch ihren Regelbedarf auf, so dass keine Mietschulden entstehen. Die für Heizung und Nebenkosten – außer Strom – anfallenden Kosten in Höhe von 100 Euro/Monat werden durch das Sozialamt in voller Höhe berücksichtigt.
- Witwenrente in Höhe von 590 Euro brutto. Von diesem Betrag behält die DRV Hessen monatlich 8,2 % Pflichtbeiträge zur gesetzlichen Krankenversicherung

(48,38 Euro) sowie 2,3 % Pflichtbeiträge zur gesetzlichen Pflegeversicherung (13,57 Euro) ein und führt diese an die zuständige Krankenkasse ab.

■ Sparbuch mit einem Guthaben in Höhe von 1.800 Euro.

Maria wird bei ihrem Besuch von ihrem langjährigen Freund, dem 84jährigen Wolf Hagen begleitet. Beide sind zwar ein Paar, sind aus Bequemlichkeit aber bislang nicht zusammengezogen. Beide überlegen bereits seit einiger Zeit, ob sie diesen Zustand nicht ändern sollten, da sie ohnehin miteinander alt werden und die letzten Jahre ihres Lebens zusammen verbringen wollen. Bei einem Zusammenziehen würden sie auch ihre getrennten Girokonten auflösen und ein gemeinsames Girokonto einrichten. Maria fragt den Sachbearbeiter des Sozialhilfeträgers, ob sich das Zusammenziehen auf ihren Sozialhilfeanspruch auswirken würde. Es wäre möglich, dass Wolf am 1.12.2017 in ihre Wohnung ziehen würde.

Sachbearbeiter Hartmut Engel prüft anhand Wolfs Angaben, ob dieser bei einem Zusammenziehen ab dem 1. Dezember 2017 Sozialhilfeansprüche hätte. Er kommt zu dem Ergebnis, dass Wolf monatlich über 280 Euro mehr Einkommen verfügte, als er für seinen eigenen notwendigen Lebensunterhalt benötigte und selbst somit keinen Anspruch auf Sozialhilfe hätte.

Aufgabe I

Bitte erläutern Sie kurz, ob und ggf. welche Auswirkungen der Einzug des Wolf auf die Ansprüche der Maria hätte.

Aufgabe II

Bei ihrer Vorsprache beantragt Maria Leistungen für die Anschaffung eines gebrauchten Herdes. Drei von vier Heizplatten ihres alten Herdes seien irreparabel defekt und die vierte Heizplatte reiche alleine nicht aus, um zwei Speisen – z.B. Fleisch und Gemüse – gleichzeitig zuzubereiten. Maria könnte einen gebrauchten Herd mit einfacher Ausstattung für 200 Euro erwerben. Günstigere Herde sind zurzeit nicht verfügbar. Auf den Hinweis des Sachbearbeiters, dass eventuell Leistungen für die Anschaffung eines Herdes nur darlehensweise bewilligt werden könnten, beantragt Maria – „aber nur, wenn es nicht anders geht" – Leistungen in Form eines Darlehens.

Bearbeitungshinweise

1. In Nordrhein-Westfalen sind folgende Unterkunftsgrößen als abstrakt angemessen festgelegt:
   - Eine Person: 50 m²
   - Zwei Personen: 65 m²
   - Für jede weitere Person zusätzliche 15 m²
2. In X-Stadt gibt es folgende Richtwerte für bescheidene, einfach ausgestattete Unterkünfte:
   - Wohnungen bis einschl. 50 m²: 6,50 €/ m²
   - Wohnungen über 50 m² bis einschl. 65 m²: 6,70 €/ m²
   - Wohnungen über 65 m²: 5,20 €/ m²
3. Unterstellen Sie, dass Maria gegenwärtig Anspruch auf Leistungen der Grundsicherung im Alter in der durch Verwaltungsakt gewährten Höhe von 305,95 Euro hat.
4. Nebenkosten, Stromkosten und Heizungskosten sind als angemessen zu unterstellen.

5. Leistungsdauer und die Art der Leistung (Geld-, Sach-, Dienstleistung) sind nicht zu bestimmen.
6. Auf Fragen der Zuständigkeit ist nicht einzugehen.

Lösungsvorschlag

Aufgabe I

Durch das Zusammenziehen mit Wolf könnten sich Marias Bedarf sowie das zu berücksichtigende Einkommen und Vermögen verändern.

1. Regelbedarf (§ 42 Ziffer 1 SGB XII i.V.m. § 8 RBEG)

Fraglich ist, ob weiterhin von einem Regelbedarf der Regelbedarfsstufe 1 in Höhe von 409 Euro auszugehen wäre, denn diese Regelbedarfsstufe setzt ein Alleinleben voraus. Denkbar wäre jedoch, dass Maria infolge des Zusammenlebens mit Wolf als Partnerin einer eheähnlichen Gemeinschaft anzusehen wäre, so dass sie in Regelbedarfsstufe 2 der Anlage zu § 28 SGB XII einzuordnen wäre.

Die Regelbedarfsstufe 2 setzt nach § 8 Abs. 1 Nr. 2 RBEG eine erwachsene Person voraus, die in einer Wohnung im Sinne des § 42a Abs. 2 S. 2 SGB XII mit einem Ehegatten oder Lebenspartner oder in eheähnlicher oder lebenspartnerschaftsähnlicher Gemeinschaft mit einem Partner zusammenlebt. Maria ist älter als 17 Jahre alt und damit erwachsen und würde mit einer anderen Person zusammenleben. Eine eheähnliche Gemeinschaft setzt jedoch neben einem bloßen Zusammenleben mit einer Person voraus, dass Anhaltspunkte dafür existieren, dass zwischen beiden der wechselseitige Wille besteht, Verantwortung für den jeweils anderen zu tragen und für diesen einzustehen. Maria und Wolf sind bereits seit mehreren Jahren ein Paar. Mit dem Zusammenziehen bestärken sie das dauerhafte Teilen von Tisch und Bett. Ihr Plan, miteinander alt werden und die letzten Jahre ihres Lebens miteinander verbringen zu wollen, zuletzt das beabsichtigte gemeinsame Girokonto zeigen, dass sich die Beziehung der beiden nicht in einem miteinander in derselben Wohnung Leben und Wirtschaften beschränkt, sondern dem einer Ehe ohne Trauschein gleicht, die von einer derart intensiven Bindung geprägt ist, dass unterstellt werden kann, dass sie sich in einer Notlage wechselseitig nicht „im Stich lassen" würden. Zwischen Maria und Wolf bestünde daher eine eheähnliche Gemeinschaft.

Marias Regelbedarf verringerte sich also durch Wolfs Einzug von 409 Euro monatlich (Regelbedarfsstufe 1) auf 368 Euro monatlich (Regelbedarfsstufe 2)

2. Unterkunfts- und Heizungsbedarf (§ 42 Nr. 4 Buchst. a) SGB XII, § 42a Abs. 1 SGB XII i.V.m. § 35 SGB XII)

Da die Unterkunft nunmehr den Unterkunftsbedarf für zwei Personen befriedigte, änderte sich die abstrakt angemessene Quadratmeteranzahl und der hierfür abstrakt angemessene Mietzins. Die Höhe des abstrakt angemessenen Unterkunftsbedarfs würde nunmehr nach der Produkttheorie 6,70 Euro x 65, also 435,50 Euro betragen. Die tatsächlichen Unterkunftskosten in Höhe von 400 Euro wären daher nunmehr angemessen und würden in voller Höhe berücksichtigt. Hinzu kämen weiterhin die Heizungs- und Nebenkosten in Höhe von 100 Euro.

Allerdings würden bei Maria nach dem Kopfzahlverfahren nun nur noch die Hälfte der Unterkunftskosten berücksichtigt, d.h. (400 Euro zzgl. 100 Euro = 500 Euro; 50 % von 500 Euro = 250 Euro) ein Betrag von 250 Euro.

3. Gesamtbedarf

Marias gesamter Bedarf zum Lebensunterhalt – also die Summe der nach § 42 Nummer 1 bis 4 anzuerkennenden monatlichen Bedarfe (§ 43a Abs. 1 SGB XII) – beliefe sich auf (368 Euro + 200 Euro + 50 Euro) 618 Euro.

4. Einkommen

Marias eigenes berücksichtigungsfähiges Einkommen beliefe sich weiterhin auf 528,05 Euro und würde ihren Lebensunterhaltsbedarf in Höhe von 618 Euro nicht sicherstellen. Nach § 43 Abs. 1 SGB XII würde Maria Wolfs Überschusseinkommen in Höhe von 280 Euro über § 43 Abs. 1 S. 2 SGB XII zugerechnet, so dass ein Einkommen in Höhe von 808,05 Euro zu berücksichtigen wäre.

5. Vermögen

Der nach § 90 Abs. 2 Nr. 9 SGB XII i.V.m. § 1 Nr. 2 VO zu § 90 Abs. 2 Nr. 9 SGB XII vor einer Verwertung geschützte geringfügige Geldbetrag erhöhte sich um 5.000 Euro auf insgesamt 10.000 Euro. Dies hätte aber hinsichtlich Marias Anspruch keine Auswirkungen, da sich ihr Vermögen auf 1.800 Euro beläuft und damit bereits bei der Ermittlung ihres gegenwärtigen Anspruchs nicht berücksichtigt wurde.

Ergebnis

Marias Bedarf zum Lebensunterhalt in Höhe von 618 Euro würde durch ihr eigenes Einkommen in Höhe von 528,05 Euro und das ihr nach § 43 Abs. 1 S. 2 SGB XII zugerechnete Einkommen des Wolf in Höhe von 280 Euro sichergestellt.

Würde Wolf in Marias Wohnung einziehen, so würde Maria ihren Anspruch auf Leistungen der Grundsicherung im Alter und bei Erwerbsminderung (§ 19 Abs. 2 SGB XII i.V.m. § 41 SGB XII) verlieren. (Ab 1.1.2018 beträgt Marias Regelbedarf in der Regelbedarfsstufe 2 374 Euro, so dass sich ihr Gesamtbedarf auf 624 Euro beläuft. Abzüglich des Einkommens in Höhe von 528,05 Euro verbleibt ein durch eigene Mittel nicht sichergestellter Bedarf in Höhe von 95,95 Euro. Dieser Restbedarf wird jedoch durch Wolfs Überschusseinkommen in Höhe von 280 Euro befriedigt. Maria hat somit keinen Anspruch auf Leistungen der Grundsicherung im Alter und bei Erwerbsminderung.)

Aufgabe II

Ein Herd gehört grundsätzlich zum notwendigen Lebensunterhalt im Sinne des § 27a Abs. 1 S. 1 SGB XII, § 5 Abs. 1 RBEG (Hausrat, Haushaltsgeräte), so dass die Kosten der Anschaffung grundsätzlich aus dem Regelbedarf entnommen werden müssen (§ 27a Abs. 2 S. 1, Abs. 3 SGB XII).

Ausnahmsweise würden die Kosten der Anschaffung berücksichtigt, wenn es sich um eine Erstausstattung für die Wohnung einschließlich Haushaltsgeräten im Sinne des § 31 Abs. 1 Nr. 1 SGB XII handelte. Wie die Gesetzesbegründung zeigt, hatte der Gesetzgeber Fälle vor Augen, in denen eine veränderte Lebenssituation eine neue Bedarfssituation geschaffen hat, wie es nach einem Wohnungsbrand oder nach der Entlassung aus einer Justizvollzugsanstalt der Fall sein kann. Maria ist mit keiner vergleichbaren Veränderung der Lebenssituation konfrontiert. Eine vergleichbare Lebenssituation läge beispielsweise vor, wenn Maria umziehen würde und ihr – anders als in der früheren Wohnung – durch den Vermieter keine Einbauküche mehr zur Verfügung gestellt würde. Hier handelt es sich vielmehr um eine Ersatzbeschaffung eines vorhandenen, nur noch eingeschränkt funktionstüchtigen Gerätes. Ersatzbeschaffungen zählen zu denjenigen Bedarfen, die der Gesetzgeber dem Regelbedarf zugeordnet hat, so dass sie durch Ansparungen aus dem Regelbedarf finanziert werden müssen.

Damit kommen einmalige Leistungen im Sinne des § 31 Abs. 1 Nr. 1 SGB XII nicht in Betracht.

Maria könnte jedoch nach § 42 Nr. 5 SGB XII i.V.m. § 37 Abs. 1 SGB XII einen Anspruch auf ein ergänzendes Darlehen zur Anschaffung eines Herdes haben.

Hierzu müsste es sich um einen von den Regelbedarfen umfassten und nach den Umständen des Einzelfalles unabweisbar gebotenen Bedarf handeln, der auf keine andere Weise gedeckt werden könnte. Den erforderlichen Antrag hat Maria gestellt, auch handelt es sich um einen von den Regelbedarfen umfassten Bedarf (siehe oben).

Unabweisbar geboten wäre der Bedarf, wenn er aktuell gedeckt werden müsste, um dem Hilfeempfänger ein menschenwürdiges Leben zu ermöglichen. Eine einzige funktionstüchtige Herdplatte genügt den Anforderungen an ein Leben, das der Würde des Menschen entspricht, nicht. Auch Personen, die ohne staatliche Transferleistungen zu erhalten in der unteren Einkommensschicht leben, werden in aller Regel nicht nur eine einzige Speise warm zubereiten, wenn Sie ihr Mittagessen selbst zubereiten, sondern mindestens zwei Speisen gleichzeitig erhitzen. Damit gehört ein Herd, bei dem mindestens zwei Herdplatten funktionstüchtig sind, zu dem, was das soziokulturelle Existenzminimum ausmacht.

Ein Anspruch auf eine darlehensweise Gewährung von 200 Euro bzw. eine pflichtgemäße Ermessensentscheidung scheitert aber daran, dass der Bedarf nicht „auf keine andere Weise gedeckt" werden kann. Maria könnte den Bedarf durch einen Rückgriff auf ihr Schonvermögen in Höhe von 1 800 Euro befriedigen, so dass ein Anspruch ausscheidet.

3. Fall: Heiko und Maike

Heiko und Maike, jeweils 81 Jahre alt, leben bereits seit mehr als 20 Jahren zusammen. Heikos Altersrente übersteigt seinen monatlichen Lebensunterhaltsbedarf um 350,22 Euro, so dass er keinen Anspruch auf Leistungen der Grundsicherung im Alter und bei Erwerbsminderung hat.

Maikes Altersrente reicht nicht aus, um ihren monatlichen Lebensunterhaltsbedarf sicherzustellen. Sie benötigt für ein menschenwürdiges Leben 622,12 Euro im Monat, verfügt jedoch lediglich über eine Nettorente in Höhe von 244,88 Euro. Da ihr das Überschusseinkommen des Heiko nach § 27 Abs. 2 S. 2 SGB XII zugerechnet wird, erhält sie gegenwärtig Leistungen der Grundsicherung im Alter und bei Erwerbsminderung in Höhe von 27,02 Euro.

Nachdem Maike zu ihrer 600 km entfernt lebenden Schwester gefahren ist, um diese nach einem Unfall zu pflegen, packt auch Heiko seine Koffer, hebt die gerade seinem Girokonto gutgeschriebene Altersrente vollständig ab und fliegt für vier Wochen auf die Insel Mallorca, um endlich wieder einmal Urlaub zu machen.

Maike kehrt kurz darauf nach Hause zurück, da sie sich mit ihrer Schwester bereits nach drei Tagen zerstritten hat. Hier stellt sie fest, dass nicht nur Heiko, sondern auch dessen Altersrente verschwunden sind. Da sie kein Geld mehr hat, um Lebensmittel einzukaufen, begibt sie sich zum Sozialamt, wo ihr sofort vorschussweise 200 Euro ausgezahlt werden. Darüber hinausgehende Leistungen lehnt Maike ab, so dass einige Tage darauf ein Leistungsbescheid über Leistungen der Grundsicherung im Alter und bei Erwerbsminderung in Höhe von 200 Euro ergeht.

Aufgabe

Ist Heiko verpflichtet, dem Sozialhilfeträger die an Maike erbrachte Sozialhilfeleistungen in Höhe von 200 Euro zu ersetzen? Unterstellen Sie bei Ihrer Lösung die Rechtmäßigkeit dieser Leistungen.

Lösungsvorschlag

Der Gesetzgeber unterstellt in § 43 Abs. 1 S. 2 SGB XII eine funktionierende Einsatzgemeinschaft, innerhalb derer die Partner der Einsatzgemeinschaft das vorhandene Einkommen und Vermögen miteinander verwenden bzw. Überschusseinkommen und -vermögen denjenigen zur Verfügung stellen, die es benötigen. Funktioniert die Einsatzgemeinschaft nicht, hat derjenige, dessen Lebensunterhaltsbedarf aus diesem Grund nicht sichergestellt ist, einen Anspruch auf Leistungen der Grundsicherung im Alter und bei Erwerbsminderung.

Der Nachranggrundsatz wird in diesem Fall durch § 19 Abs. 5 SGB XII nachträglich wiederhergestellt.[7] Demnach hat derjenige, dem die Aufbringung der Mittel aus Einkommen und Vermögen zur Sicherstellung des sozialhilferechtlich relevanten Bedarfs möglich ist, dem gleichwohl leistenden Sozialhilfeträger die Aufwendungen in diesem Umfang zu ersetzen. Der Ersatzanspruch beschränkt sich auf rechtmäßig erbrachte Sozialhilfeleistungen.

Da es Heiko möglich war, Maikes Lebensunterhaltsbedarf in Höhe von 200 Euro aus seinem Überschusseinkommen sicherzustellen, ist er dem Sozialhilfeträger zur Erstattung der rechtmäßig an Maike erbrachten Sozialhilfeleistungen in Höhe von 200 Euro verpflichtet.

4. Fall: Annette und Hedwig

Annette, 41 Jahre, erhält seit fünf Jahren eine Rente wegen voller Erwerbsminderung nach § 43 Abs. 2 SGB VI durch die Deutsche Rentenversicherung Bund (DRV Bund). Die Rente beläuft sich derzeit auf 342,40 Euro monatlich (Nettorente, d.h. bereits nach Abzug der Sozialversicherungsbeiträge, Steuern fallen keine an). Dass sich die krankheitsbedingte Beeinträchtigung ihrer Erwerbsfähigkeit zukünftig verändern könnte, ist nicht absehbar.

Annettes Tochter Hedwig ist 7 Jahre alt. Ihr Erzeuger Thomas zahlt keinen Unterhalt mehr, da er zurzeit weder über Erwerbseinkünfte noch über Vermögen verfügt. Annette erhält als gesetzliche Vertreterin für Hedwig Leistungen nach dem Unterhaltsvorschussgesetz (UVG). Der Regelbetrag nach dem UVG beläuft sich auf 393 Euro, hiervon wurde das Kindergeld in Höhe von 192 Euro als Einkommen abgezogen, so dass Annette für Hedwig UVG-Leistungen in Höhe von 201 Euro überwiesen erhält.

Annette geht an ihrem hessischen Wohnort einem Minijob nach, für den sie im Monat 100 Euro erhält. Es erfolgen keine Abzüge für Sozialversicherungsbeiträge und Steuern.

Über weitere Einkünfte verfügt die Familie nicht. Nennenswertes Vermögen existiert ebenso wenig. Allerdings hat Hedwig zu ihrer Geburt durch ihre Großmutter ein

---

7   Hierzu Gesamtkommentar SRB/Ehmann, § 19 SGB XII Rn. 21; JurisPK-SGB XII/Coseriu, § 19 Rn. 38.

Sparbuch geschenkt erhalten, auf dem sich gegenwärtig ein Guthaben in Höhe von 2.801,54 Euro befindet.

Annette lebt mit ihrer Tochter in einer 4-Zimmer-Wohnung, für die mietvertraglich eine Kaltmiete in Höhe von 420 Euro geschuldet ist. Daneben sind monatlich 50 Euro Heizkostenabschlag, 30 Euro Wasser- und Abwassergebühren sowie 40 Euro Stromkostenabschlag an die jeweiligen Versorgungsunternehmen sowie 40 Euro weitere, durch den Vermieter umgelegte Nebenkosten (Schornsteinfeger u.s.w.) zu bezahlen.

Der Vermieter fordert zudem 400 Euro Schadensersatz für eine durch Hedwig in der Wohnung zerstörte Fensterscheibe. Hedwig hatte in ihrem Kinderzimmer mit einem Tennisball gespielt, wodurch die Scheibe einen Sprung bekommen hatte.

Aufgabe

Haben Annette und Hedwig Ansprüche auf Lebensunterhaltsleistungen nach dem SGB XII, ggf. ab welchem Zeitpunkt?

Arbeitshinweise

1. Auf Bildungs- und Teilhabebedarfe ist nicht einzugehen.
2. Die gesamten Unterkunftskosten sind als angemessen anzusehen.
3. Annette reicht am 24. August 2017 für sich und ihre Tochter Leistungsanträge auf SGB V-Leistungen bei einem gesetzlichen Krankenversicherungsträger (Barmer Ersatzkasse) ein. Während eines Beratungsgespräches, das sich auf eine eventuelle kieferorthopädische Behandlung bei Hedwig bezieht, weist der Sachbearbeiter der Krankenkasse Annette darauf hin, dass sie angesichts ihrer geringen Einkünfte einmal versuchen sollte, einen Sozialhilfeantrag zu stellen. Der Sachbearbeiter nimmt auf Bitten der Hedwig den entsprechenden Antrag sofort zur Niederschrift auf und leitet ihn an den zuständigen Sozialhilfeträger weiter, wo er am 1. September 2017 eingeht.
4. Auf Fragen der Zuständigkeit ist nicht einzugehen.

Lösungsvorschlag

Als Anspruchsgrundlage für sozialhilferechtliche Leistungen zum Lebensunterhalt kommen § 19 Abs. 1 SGB XII i.V.m. §§ 27 ff. SGB XII oder § 19 Abs. 2 SGB XII i.V.m. §§ 41 ff. SGB XII in Betracht; Leistungen der Grundsicherung im Alter und bei Erwerbsminderung haben Vorrang vor Leistungen der Hilfe zum Lebensunterhalt (§ 19 Abs. 2 S. 2 SGB XII). Da Sozialhilfeansprüche Individualansprüche sind, hat die Prüfung für jede Person separat zu erfolgen.

I. Annette

Annette könnte einen Anspruch auf Lebensunterhaltsleistungen nach § 19 Abs. 2 SGB XII i.V.m. §§ 41 ff. SGB XII haben. Hierzu müsste sie zum leistungsberechtigten Personenkreis des § 41 SGB XII gehören, ihren gewöhnlichen Aufenthalt in der Bundesrepublik haben, hilfebedürftig sein und die Tatbestandsvoraussetzungen für einen Leistungsausschluss nicht erfüllen.

1. Leistungsberechtigter Personenkreis

Zum leistungsberechtigten Personenkreis gehören nach § 41 Abs. 1 SGB XII ältere Menschen und dauerhaft voll erwerbsgeminderte Menschen.

a. Ältere Menschen

Wegen Alters leistungsberechtigt ist, wer die Altersgrenze, die nach § 41 Abs. 2 S. 2 und 3 SGB XII je nach Geburtsjahr zwischen dem vollendeten 65. und 67. Lebensjahr liegt, erreicht hat (§ 41 Abs. 2 S. 1 SGB XII). Annette ist 41 Jahre alt und zählt somit nicht zum Kreis der wegen Alters leistungsberechtigten Personen.

b. Dauerhafte volle Erwerbsminderung

Annette könnte gleichwohl zum leistungsberechtigten Personenkreis gehören, wenn sie dauerhaft erwerbsgemindert wäre (§ 41 Abs. 1 SGB XII). Hierzu müsste sie das 18. Lebensjahr vollendet haben, und unabhängig von der jeweiligen Arbeitsmarktlage voll erwerbsgemindert im Sinne des § 43 Abs. 2 SGB VI sein. Darüber hinaus müsste es unwahrscheinlich sein, dass die volle Erwerbsminderung behoben werden kann. Annette ist 41 Jahre alt und erhält eine Rente wegen einer dauerhaften Erwerbsminderung nach § 43 Abs. 2 SGB VI, so dass sie zum leistungsberechtigten Personenkreis des § 41 Abs. 1 SGB XII zählt.

2. Gewöhnlicher Aufenthalt im Inland

Annettes gewöhnlicher Aufenthalt müsste im Inland liegen. Den gewöhnlichen Aufenthalt hat eine Person nach der Legaldefinition des § 30 Abs. 3 S. 2 SGB I dort, wo Umstände darauf schließen lassen, dass sie sich dort nicht nur vorübergehend aufhält. Mit anderen Worten formuliert hängt der gewöhnliche Aufenthalt vom Lebensmittelpunkt des Betroffenen ab, der u.a. durch die familiäre und soziale Anbindung, den Ort der Unterkunft und den Ort der Berufstätigkeit geprägt sein kann. Annettes Leben wird durch ihre Tochter, mit der sie in derselben Wohnung in Hessen lebt, und durch ihre Berufstätigkeit, die sie an ihrem Wohnort ausübt, bestimmt. Damit ist ihr Wohnort, der in Hessen und damit im Inland liegt, ihr Lebensmittelpunkt.

3. Hilfebedürftigkeit

Ein Anspruch auf Leistungen der Grundsicherung im Alter und bei Erwerbsminderung setzt zudem voraus, dass der Anspruchsteller nicht in der Lage ist, seinen Lebensunterhalt aus Einkommen und Vermögen zu bestreiten, d.h. dass er hilfebedürftig ist. Lebt der Anspruchsteller in einer Einsatzgemeinschaft im Sinne des § 43 Abs. 1 S. 2 SGB XII, so sind neben seinem eigenen Einkommen und Vermögen auch Überschusseinkommen und -vermögen des Partners der Einsatzgemeinschaft zu berücksichtigen.

a. Lebensunterhalt

Die Höhe des für den Lebensunterhalt Erforderlichen wird bei älteren und dauerhaft voll erwerbsgeminderten Menschen durch 42 SGB XII festgelegt. § 42 SGB XII verweist im Großen und Ganzen auf die Vorschrift zur Bemessung des notwendigen Lebensunterhaltes der Hilfe zum Lebensunterhalt nach §§ 27 ff. SGB XII.

aa. Regelbedarf

Der Regelbedarf umfasst den für die Gewährleistung eines menschenwürdigen Lebens erforderlichen Bedarf an Ernährung, Kleidung, Körperpflege, Hausrat, Haushaltsenergie (Strom)[8] und persönlichen Bedürfnissen des täglichen Lebens. Zur Deckung des Regelbedarfs werden, wenn Leistungsberechtigte außerhalb einer stationären Einrichtung leben, monatliche Pauschalbeträge (Regelsätze) gewährt, über deren Verwendung die Leistungsberechtigten eigenverantwortlich entscheiden (§ 27a Abs. 3 SGB XII). § 42 Nr. 1 SGB XII verweist hinsichtlich der Höhe des Regelsatzes

---

8   Nicht vom Regelbedarf umfasst ist der Strombedarf, der für das Betreiben einer Heizung und die dezentrale Erzeugung von Warmwasser erforderlich ist. Stromkosten, die im Zusammenhang mit dem Betreiben der Heizungsanlage entstehen, zählen zum Heizbedarf (§ 35 Abs. 4 SGB XII). Stromkosten für das Betreiben eines Warmwasserboilers, Durchlauferhitzers o.Ä. werden durch einen Mehrbedarf (§ 30 Abs. 7 SGB XII) gedeckt.

auf die Anlage zu § 28 SGB XII. Da Annette erwachsen, d.h. volljährig ist und ohne Partner in einer Wohnung im Sinne des § 42a Abs. 2 S. 2 SGB XII lebt, ist sie in die Regelbedarfsstufe 1 der Anlage zu § 28 SGB XII einzuordnen, so dass für sie ein Betrag in Höhe von **409 Euro** (ab 1.1.2018 416 Euro) pro Monat zu berücksichtigen ist.

bb. Zusätzliche Bedarfe

Nach § 42 Nr. 2 SGB XII sind zudem die zusätzlichen Bedarfe nach dem Zweiten Abschnitt des Dritten Kapitels, d.h. der §§ 30 bis 33 SGB XII zu berücksichtigen.

Für Annette kommen Mehrbedarfe nach §§ 42 Nr. 2 i.V.m. 30 SGB XII in Betracht.

Ein Mehrbedarf nach § 30 Abs. 1 Nr. 2 SGB XII scheidet aus. Annette ist zwar dauerhaft voll erwerbsgemindert, verfügt jedoch nicht über einen Ausweis nach § 69 Abs. 4 SGB IX (Schwerbehindertenausweis) mit eingetragenem Merkzeichen G oder entsprechenden Verwaltungsakt.

Annette lebt mit ihrer siebenjährigen Tochter zusammen und sorgt alleine für deren Pflege und Erziehung, so dass ein Mehrbedarf wegen Alleinerziehung (§ 30 Abs. 3 SGB XII) zu berücksichtigen ist. Die Höhe des Mehrbedarfs hängt von Alter und Anzahl der Kinder ab. Bei Alleinerziehung eines Kindes, das das siebte Lebensjahr vollendet hat, beläuft sich der Mehrbedarf nach § 30 Abs. 3 Nr. 2 SGB XII auf 12 vom Hundert der Regelbedarfsstufe 1 (409 Euro; ab 1.1.2018 416 Euro), d.h. auf **49,08 Euro** (ab 1.1.2018 49,92 Euro). Die Höchstgrenze von 60 vom Hundert der Regelbedarfsstufe 1 ist somit ebenso wenig überschritten wie die des § 30 Abs. 6 SGB XII.

cc. Bedarfe für Unterkunft und Heizung

Da Annette außerhalb einer stationären Einrichtung lebt, werden die Bedarfe für Unterkunft und Heizung nach Maßgabe der § 42 Nr. 4 Buchst. a) SGB XII, § 42a Abs. 1 SGB XII i.V.m. § 35 SGB XII berücksichtigt. Hierbei sind Kaltmiete, Stromkosten, Heizkosten und sonstige Nebenkosten getrennt voneinander zu betrachten. Grundsätzlich werden die tatsächlichen Aufwendungen berücksichtigt, soweit sie angemessen sind (§ 35 Abs. 1 S. 1, Abs. 2 S. 1 u. 2 SGB XII). Die Kaltmiete ist zu berücksichtigen, da sie angemessen ist.

Stromkosten werden hingegen nicht berücksichtigt, da es Aufgabe des Regelbedarfs ist, diese sicherzustellen, so dass sie durch den Regelsatz abgegolten (§ 27a Abs. 1 S. 1 SGB XII) sind.

Die übrigen Nebenkosten werden in dem Umfang übernommen, in dem ein Vermieter zivilrechtlich berechtigt ist, Nebenkosten auf Mieter umzulegen. Es besteht kein Anhaltspunkt dafür, dass die Nebenkosten für Schornsteinfeger u.s.w. zivilrechtlich nicht auf einen Mieter umgelegt werden dürften. Daher ist der Betrag in Höhe von 40 Euro zu berücksichtigen. Ein berechtigter Anspruch auf Schadensersatz kann den Nebenkosten im Sinne des § 35 Abs. 1 SGB XII nicht zugeordnet werden. Dies ist nicht anders, wenn, wie hier, der Schadensersatzanspruch im Zusammenhang mit dem Mietverhältnis entstanden ist.

Der Gesamtbedarf für Unterkunft und Heizung beträgt damit 540 Euro.

Da der angemietete Wohnraum nicht alleine den Unterkunftsbedarf der Annette, sondern auch einer weiteren Person befriedigt, werden die angemessenen Unterkunftskosten als Bedarf gleichmäßig auf beide aufgeteilt. Eine gleichmäßige Aufteilung erfolgt auch dann, wenn Erwachsene gemeinsam mit Minderjährigen in derselben Unterkunft leben. Annettes Unterkunfts- und Heizungsbedarf beträgt damit **270 Euro**.

Anhaltspunkte für weitere Bedarfe zum Lebensunterhalt sind nicht ersichtlich. Somit beträgt Annettes **Gesamtbedarf** (409 Euro zzgl. 49,08 Euro zzgl. 270 Euro; vgl. § 43a Abs. 1 SGB XII) zum Lebensunterhalt **728,08 Euro** (ab 1.1.2018 735,92).

Hilfebedürftig wäre Annette dann, wenn Sie aus eigenem Einkommen und Vermögen sowie dem ggf. ihr von einem Partner einer Einsatzgemeinschaft zugerechneten Überschusseinkommen und -vermögen nicht in der Lage wäre, ihren Lebensunterhaltsbedarf ganz oder teilweise zu befriedigen.

b. Einkommen

Einkommen wird, sofern der Gesetzgeber keine hiervon abweichende Regelung getroffenen hat, als Geld oder Geldeswert definiert, das der nachfragenden Person während des Bedarfszeitraums zufließt (§ 82 Abs. 1 S. 1 SGB XII; **modifiziertes Zuflussprinzip**).

Der Bedarfszeitraum beginnt nach § 44 Abs. 2 S. 1 SGB XII mit dem Ersten des Monats der Antragstellung. Annette stellte einen Antrag auf Sozialhilfe am 24. August 2017. Zur Wirksamkeit eines Antrags gehört unter anderem dessen Zugang beim Adressaten, der hier erst am 2. September 2017 erfolgt ist.

Fraglich ist, ob der zur Niederschrift bei der Krankenkasse gegebene Antrag einem Zugang beim zuständigen Sozialhilfeträger gleichgestellt ist. Dies wäre nach § 18 Abs. 2 S. 2 SGB XII der Fall, wenn Annette den Antrag bei einem nicht zuständigen Sozialhilfeträger oder einer nicht zuständigen Gemeinde gestellt hätte, da der Gesetzgeber hier die durch den Antrag vermittelte Kenntnis von den Voraussetzungen der Sozialhilfeleistung dem zuständigen Sozialhilfeträger zurechnete. Annette stellte den Antrag jedoch bei einem Sozialversicherungsträger und nicht bei einem Sozialhilfeträger oder einer Gemeinde.

Allerdings sind nach § 16 Abs. 2 S. 1 SGB I Anträge, die bei einem unzuständigen Sozialleistungsträger – eine Krankenkasse ist nach §§ 12, 21 SGB I Sozialleistungsträger – gestellt werden, unverzüglich an den zuständigen Leistungsträger – Sozialhilfeträger sind nach §§ 12, 28 SGB XII Leistungsträger – weiterzuleiten. Wird der Antrag weitergeleitet und ist die Sozialleistung von einem Antrag abhängig, fingiert § 16 Abs. 2 S. 2 SGB I den Eingang des Antrags als zu dem Zeitpunkt, zu dem er bei dem unzuständigen Leistungsträger gestellt wurde. Auch wenn Sozialhilfeleistungen grundsätzlich nicht antragsabhängig sind, sondern nach dem Kenntnisgrundsatz erbracht werden, schließt dies die Anwendbarkeit des § 16 Abs. 2 S. 2 SGB I nicht aus, da es nicht Zweck des Gesetzes ist, Leistungsberechtigten von Sozialhilfeleistungen diese für sie günstige Rechtsfolge zu versagen. Unter Anwendung von § 16 Abs. 2 S. 2 SGB I könnte der Bedarfszeitraum damit am Ersten des Antragsmonats, d.h. am 1. August 2017 beginnen und nach § 44 Abs. 3 S. 1 SGB XII am 31. Juli 2018 enden.

Fraglich ist jedoch, ob § 18 SGB XII als lex specialis gegenüber § 16 SGB I anzusehen ist und somit die allgemeinere Vorschrift mit der Folge verdrängt, dass der Antrag bei der Krankenkasse keine rechtlichen Auswirkungen in Hinblick auf den Leistungsbeginn und Beginn des Bedarfszeitraums hätte. Hiergegen spricht jedoch, dass sowohl § 16 SGB I als auch § 18 SGB XII einen niedrigschwelligen Zugang zu Sozialleistungen schaffen wollen. Der Gesetzgeber hatte bei der Schaffung des § 18 SGB XII nicht beabsichtigt, den durch § 16 SGB I erreichten niedrigschwelligen Zugang zu Sozialleistungen zu erschweren. Vielmehr sollte eine zusätzliche Erleichterung für die grundsätzlich antragsunabhängigen Sozialhilfeleistungen geschaffen werden. Es wäre widersinnig, aus der Kombination zweier Vorschriften, die beide einen niedrigschwelligen Zugang zu Sozialleistungen erreichen wollen, eine höhere

Hürde des Zugangs zu konstruieren. Damit ist § 16 SGB I auch im Sozialhilferecht anwendbar. Der Bedarfszeitraum beginnt mit dem 1. August 2017, so dass Geld oder Geldeswert, die ab diesem Zeitpunkt bis zum Ablauf des 31. Juli 2018 der Annette zufließen, grundsätzlich als Einkommen im Sinne des § 82 SGB XII anzusehen sind.

Annette bezieht monatlich **342,40 Euro Rente** aus der gesetzlichen Rentenversicherung. Da ihr dieser Betrag auch im Laufe des Monats August und damit nach dem Beginn des Bedarfszeitraums zufließt, stellt er Einkommen im Sinne des § 82 Abs. 1 S. 1 SGB XII dar.

Die Einkommensberücksichtigung ist nicht ausgeschlossen. Renten aus der gesetzlichen Rentenversicherung stellen keine Grundrenten nach dem Bundesversorgungsgesetz (BVG) i.S.d. § 82 Abs. 1 S. 1 SGB XII dar und ebenso wenig zu einem ausdrücklich genannten Zweck erbrachte, öffentlich-rechtliche Leistungen gemäß § 83 Abs. 1 SGB XII. Zwar handelt es sich bei § 43 SGB VI um eine öffentlich-rechtliche Vorschrift, da sie alleine Träger öffentlicher Gewalt zur Gewährung einer Rente wegen Erwerbsminderung ermächtigt, eine ausdrückliche Zweckbestimmung fehlt jedoch im SGB VI.

Absetzungsbeträge nach § 82 Abs. 2 Nr. 1 und 2 SGB XII sind bereits berücksichtigt worden, die Rentenhöhe stellt die Nettorente dar. Anhaltspunkte für weitere Absetzungspositionen nach § 82 Abs. 2 und 3 SGB XII, §§ 3 ff. VO zu § 82 SGB XII[9] sind nicht zu erkennen.

Damit verfügt Annette über Einkommen in Höhe von **342,40 Euro**.

Annettes Einkommen erhöht sich um **100 Euro Arbeitsentgelt**, das ihr ebenfalls monatlich und damit auch im August zufließt. Annette bezieht das Arbeitsentgelt aus einem Minijob einkommensteuer- und sozialversicherungsbeitragsfrei, Absetzungspositionen im Sinne des § 82 Abs. 2 Nr. 1 und 2 SGB XII fallen nicht an.

Nach § 82 Abs. 2 Nr. 4 SGB XII i.V.m. § 3 Abs. 4 VO zu § 82 SGB XII sind mit der Erzielung des Einkommens aus Erwerbstätigkeit verbundene Ausgaben abzusetzen. Hierzu gehören u.a. notwendige Aufwendungen für Arbeitsmittel, die nach § 3 Abs. 5 VO zu § 82 SGB XII pauschal mit 5,20 Euro pro Monat bewertet werden können, sofern nicht im Einzelfall höhere Aufwendungen nachgewiesen werden. Darüber, ob Annettes Erwerbstätigkeit mit notwendigen Aufwendungen für Arbeitsmittel verbunden ist, ist nichts bekannt, so dass für eine Gewährung der Pauschale die für eine pflichtgemäße Ermessensentscheidung erforderlichen Tatsachen fehlen.

Da das Einkommen aus einer Erwerbstätigkeit stammt, ist vom Einkommen als **Arbeitsanreiz** eine Absetzungsposition nach § 82 Abs. 3 S. 1 SGB XII abzuziehen. Demnach ist ein Betrag in Höhe von 30 vom Hundert des (Brutto-)Einkommens zu berücksichtigen, allerdings nicht mehr als 50 vom Hundert des Regelbedarfs nach der Regelbedarfsstufe 1, d.h. nicht mehr als 204,50 Euro. Der konkret berechnete Absetzungsbetrag beläuft sich auf 30 Euro. Er liegt damit unter der Höchstgrenze und vermindert das zu berücksichtigende Einkommen auf **70 Euro**.

Als Annettes Einkommen kommt des Weiteren das monatlich für Hedwig geleistete **Kindergeld in Höhe von 192 Euro** (ab 1.1.2018 194 Euro) in Betracht, da es Annette zufließt. Nach § 82 Abs. 1 S. 3 SGB XII ist das Kindergeld entgegen dem tatsächlichen Zufluss dem minderjährigen Kind als Einkommen zuzurechnen, soweit das Kindergeld beim Kind zur Bedarfsdeckung – mit Ausnahme der Bedarfe für Bildung und

---

9   BGBl. I 1962, S. 692.

Teilhabe, § 34 SGB XII – benötigt wird. Ein kursorischer Vergleich des Lebensunterhaltsbedarfs der Hedwig – Regelbedarf nach Regelbedarfsstufe 5 in Höhe von 291 Euro (ab 1.1.2018 296 Euro) zzgl. Unterkunfts- und Heizungsbedarf in Höhe von 270 Euro = 561 Euro (ab 1.1.2018 563 Euro) – und dem Einkommen des Kindes – Unterhaltsvorschuss in Höhe von 201 Euro (infolge der Kindergelderhöhung um 2 Euro wird der Unterhaltsvorschuss ab 1.1.2018 199 Euro betragen) – verdeutlicht, dass Hedwig das Kindergeld in voller Höhe zum Lebensunterhalt benötigt, so dass es ihr vorbehaltlich einer späteren konkreten Prüfung ihr und nicht Annette als Einkommen zugerechnet wird.

Annette fließt außerdem die monatliche **Unterhaltsvorschussleistung** nach § 2 UVG in Höhe von 201 Euro (ab 1.1.2018 199 Euro) zu. Anspruchsberechtigt ist nach § 1 UVG jedoch das Kind Hedwig, so dass die Sozialleistung Annette lediglich in ihrer Funktion als gesetzliche Vertreterin der Hedwig (§§ 1626, 1629 BGB) zufließt, ohne dass ihr der Wert der Zahlung zukommen soll. Die UVG-Leistung stellt somit kein Einkommen der Annette dar.

Annette verfügt über ein **zu berücksichtigendes monatliches Einkommen** in Höhe von (342,40 Euro zzgl. 70 Euro) **412,40 Euro.**

Vermögen sind Geld oder Geldwerte, die bereits zum Zeitpunkt des Beginns des Bedarfszeitraums vorhanden sind. Annette verfügt über kein nennenswertes Vermögen.

Gehörte jemand zu Annettes Einsatzgemeinschaft, so wäre dessen Einkommen und Vermögen, das dessen eigenen Lebensunterhaltsbedarf überstiege (Überschusseinkommen bzw. -vermögen) Annettes Einkommen und Vermögen zuzurechnen. Zur Einsatzgemeinschaft eines Leistungsberechtigten nach § 41 SGB XII zählt nach § 43 Abs. 1 SGB XII dessen nicht getrenntlebender Ehegatte oder Lebenspartner sowie der Partner einer eheähnlichen oder lebenspartnerschaftsähnlichen Gemeinschaft. Annette lebt alleine mit ihrer Tochter zusammen, die ihr gegenüber somit kein Partner einer Einsatzgemeinschaft ist.

Zwischenergebnis

Annettes Lebensunterhaltsbedarf beläuft sich auf 728,08 Euro (ab 1.1.2018 735,92 Euro). Dieser Bedarf wird – vorbehaltlich der konkreten Prüfung des einkommensrechtlichen Schicksals des Kindergeldes – in Höhe von 412,40 Euro durch eigenes Einkommen sichergestellt, so dass ein ungedeckter Lebensunterhaltsbedarf in Höhe von 315,68 Euro (ab 1.1.2018 323,52 Euro) verbleibt. Da keine Anhaltspunkte dafür vorliegen, dass Annette ihre Bedürftigkeit während der letzten 10 Jahre vorsätzlich oder grob fahrlässig herbeigeführt hat und damit kein Ausschlussgrund nach § 41 Abs. 4 SGB XII ersichtlich ist, hat sie ab 1. August 2017 einen Anspruch auf Leistungen der Grundsicherung im Alter und bei Erwerbsminderung in Höhe von monatlich 315,68 Euro (ab 1.1.2018 323,52 Euro).

II. Hedwig

Ansprüche auf Leistungen der Grundsicherung im Alter und bei Erwerbsminderung kommen nicht in Betracht, da Hedwig aufgrund ihres Alters nicht zum leistungsberechtigten Personenkreis gehört. Um dauerhaft erwerbsgemindert zu sein, müsste Hedwig das 18. Lebensjahr vollendet haben (§ 41 Abs. 3 SGB XII), um älter zu sein, mindestens das 65. Lebensjahr. Hedwig ist jedoch erst sieben Jahre alt. Ansprüche auf Arbeitslosengeld II sind infolge ihres Alters ebenso ausgeschlossen – hierzu müsste sie nach § 7 Abs. 1 S. 1 Nr. 1 SGB II das 15. Lebensjahr vollendet haben – wie Ansprüche auf Sozialgeld. Sozialgeld wird nur demjenigen gewährt, der mit einem Erwerbsfähigen in Bedarfsgemeinschaft lebt (§ 19 Abs. 1 S. 2 SGB II). Annette ist nicht erwerbsfähig.

Hedwig könnte einen Anspruch auf Lebensunterhaltsleistungen nach § 19 Abs. 1 SGB XII i.V.m. §§ 27 ff. SGB XII haben. Hierzu ist Voraussetzung, dass sie nicht oder nicht ausreichend in der Lage ist, ihren Lebensunterhaltsbedarf aus eigenen Kräften und Mitteln und den ihr zugerechneten Einkommen und/oder Vermögen der Mitglieder ihrer Einsatzgemeinschaft sicherzustellen, sie außerdem ihren gewöhnlichen Aufenthalt im Inland hat und keinen Leistungsausschlussgrund erfüllt.

1. Lebensunterhalt

Der Lebensunterhaltsbedarf bestimmt sich, da Hedwig nicht in einer stationären Einrichtung lebt, nach § 27a SGB XII.

a. Regelbedarf

Hedwigs Regelsatz beträgt nach § 27a SGB XII, § 28 SGB XII i.V.m. Anlage zu § 28 SGB XII, § 8 Abs. 1 Nr. 5 RBEG **291 Euro** (ab 1.1.2018 296 Euro), da Hedwig als Siebenjährige in die Regelbedarfsstufe 5 einzuordnen ist.

b. Zusätzliche Bedarfe

Es bestehen keine Anhaltspunkte für zusätzliche Bedarfe, z.B. für Mehrbedarfe oder einmalige Bedarfe.

c. Bildung und Teilhabe

Hierauf war nicht einzugehen.

d. Unterkunft und Heizung

Der Bedarf für Unterkunft und Heizung beläuft sich – Prüfung oben – auf **270 Euro**.

Hedwigs Gesamtbedarf zum Lebensunterhalt beläuft sich somit auf **561 Euro** (ab 1.1.2018 566 Euro).

e. Schadensersatzanspruch des Vermieters

Ein Schadensersatzanspruch zählt auch bei Leistungsberechtigten der Hilfe zum Lebensunterhalt nicht zu den berücksichtigungsfähigen Bedarfen.

2. Einkommen

Hedwig fließen **UVG-Leistungen in Höhe von 201 Euro** (ab 1.1.2018 199 Euro) zu, da diese für sie – wenn auch nicht an sie – erbracht werden. Da dieses Einkommen ihren Lebensunterhaltsbedarf nur teilweise sicherstellt und ein ungedeckter Restbedarf in Höhe von 360 Euro (ab 1.1.2018 367 Euro) verbleibt, ist ihr das **Kindergeld in Höhe von 192 Euro** (ab 1.1.2018 194 Euro) nach § 82 Abs. 1 S. 3 SGB XII vollständig zuzurechnen. Hedwigs Gesamteinkommen beträgt (201 Euro zzgl. 192 Euro; ab 1.1.2018 199 Euro zzgl. 194 Euro) **393 Euro**.

Grundsätzlich gehört Annette als mit Hedwig gemeinsam lebende Mutter zu Hedwigs Einsatzgemeinschaft (§ 27 Abs. 2 S. 3 SGB XII). Da Annette jedoch über kein Überschusseinkommen oder -vermögen verfügt, ist Hedwig weder Einkommen noch Vermögen ihrer Mutter zuzurechnen.

3. Vermögen

Hedwig verfügt über ein Sparbuch mit einem Guthaben in Höhe von 2.801,54 Euro. Da dieser Wert bereits zum Beginn des Bedarfszeitraums (1. August 2016) vorhanden war, handelt es sich um Vermögen im Sinne des § 90 Abs. 1 SGB XII.

Sozialhilfeleistungen dürfen nach § 90 Abs. 2 Nr. 9 SGB XII nicht von der Verwertung kleinerer Barbeträge oder kleinerer sonstiger Geldwerte abhängig gemacht werden. § 1 S. 1 Nr. 2 VO zu § 90 Abs. 2 Nr. 9 SGB XII bestimmt für minderjährige nachfragende Personen die Höhe des kleineren Barbetrages oder sonstigen Geldwertes, wobei die Mitglieder der Einsatzgemeinschaft – hier die Mutter Annette – bei der Höhe des Betrages durch § 1 S. 1 Nr. 1 VO zu § 90 Abs. 2 Nr. 9 SGB XII mitberücksichtigt wird. Demnach beläuft sich der kleinere Barbetrag oder sonstige Geldwert auf die Summe der sich aus § 1 S. 1 Nr. 1 und 2 VO zu § 90 Abs. 2 Nr. 9 SGB XII für Annette ergebenden Beträge von 500 Euro (Hedwig) und 5.000 Euro (Annette). Das Vermögen in Höhe von 2.801,54 Euro liegt unter dem kleineren Barbetrag von 5.500 Euro. Das Sparguthaben ist damit als Vermögen nicht zu berücksichtigen. Weiteres Vermögen ist nicht ersichtlich.

4. Gewöhnlicher Aufenthalt

Obwohl in §§ 19, 27 ff. SGB XII der gewöhnliche Aufenthalt im Inland nicht ausdrücklich zu den Anspruchsvoraussetzungen gehört, zeigt sich dessen Notwendigkeit aus § 24 Abs. 1 SGB XII. Hedwigs Lebensmittelpunkt liegt aufgrund des Zusammenlebens mit ihrer Mutter an deren gewöhnlichem Aufenthaltsort in Hessen und damit im Inland.

5. Ausschlussgründe

Die Voraussetzungen für Ausschlussgründe nach §§ 22 bis 24 SGB XII sind nicht erfüllt. Da Hedwig nicht mit einem erwerbsfähigen Leistungsberechtigten zusammenlebt, kommen auch vorrangige Leistungen nach dem System des SGB II nicht in Betracht (§ 21 SGB XII).

Ergebnis

Hedwigs Bedarf zum Lebensunterhalt in Höhe von 561 Euro (ab 1.1.2018 566 Euro) wird durch Einkommen in Höhe von 393 Euro teilweise gedeckt. Der nicht durch Einkommen sichergestellte Lebensunterhaltsbedarf beläuft sich auf 168 Euro (ab 1.1.2018 173 Euro). Hedwig hat somit einen **Anspruch** auf Hilfe zum Lebensunterhalt nach § 19 Abs. 1 SGB XII i.V.m. §§ 27 ff. SGB XII in Höhe von **168 Euro** (ab 1.1.2018 173 Euro). Der Anspruch beginnt am Tag der Kenntnis der Krankenkasse vom Hilfebedarf, d.h. am 24. August 2017 (§ 18 SGB XII). Eine § 44 Abs. 2 S. 1 SGB XII vergleichbare Vorschrift, die vom Kenntnisgrundsatz abweichend den Ersten des Monats der Antragstellung als Beginn des Bewilligungszeitraums anordnete, existiert nicht. Da Hedwig das Kindergeld neben den UVG-Leistungen vollständig benötigt, um ihren Lebensunterhalt zumindest teilweise sicherzustellen, verbleibt kein Anteil des Kindergeldes, der Annette als Einkommen verbliebe.

5. Fall: Antje, Björn und ihre Vierlinge

Antje und Björn, beide 53 Jahre alt und dauerhaft voll erwerbsgemindert i.S.d. § 43 SGB VI, sind verheiratet, leben in Berlin und haben sich zum späten Elternglück entschieden. Nach einer In-Vitro-Fertilisation kamen am 3. August 2016 zunächst Bastian, dann Ronaldo und Manuel und zuletzt Barbara zur Welt.

Antjes bereinigtes Nettoeinkommen beläuft sich nach Abzug sämtlicher sozialhilferechtlicher Absetzungspositionen auf 950,58 Euro, das des Björn auf 480,20 Euro. Über verwertbares Vermögen verfügen sie nicht. Die Unterkunftskosten betragen einschließlich der berücksichtigungsfähigen Nebenkosten 1.137,48 Euro.

Antje bittet Sie im August 2017 um Auskunft, ob es Sinn macht, für sich und ihre Familie Anträge auf Lebensunterhaltsleistungen nach dem SGB XII zu stellen.

Bearbeitungshinweise

1. Bitte setzen Sie voraus, dass die persönlichen Voraussetzungen für Ansprüche auf Lebensunterhaltsleistungen – Zugehörigkeit zum leistungsberechtigten Personenkreis, gewöhnlicher Aufenthalt im Inland – erfüllt sind.
2. Die Unterkunftskosten sind einschließlich der Nebenkosten als angemessen anzusehen.
3. Antje und Björn entscheiden sich dazu, Antje als Kindergeldberechtigte eintragen zu lassen. Das Kindergeld für die beiden ersten Kinder beträgt jeweils 192 Euro, für das dritte Kind 198 Euro und für das vierte Kind 223 Euro monatlich (ab 1.1.2018 194 Euro, 200 Euro und 225 Euro).
4. Auf etwaige Ansprüche auf Leistungen zur Erstausstattung (31 SGB XII) ist nicht einzugehen.

Lösungsvorschlag

I. Antje

Antje könnte Anspruch auf Grundsicherungsleistungen nach Maßgabe der §§ 19 Abs. 2, 41 SGB XII haben. Nachdem die persönlichen Voraussetzungen des § 41 Abs. 1 SGB XII erfüllt sind, stellt sich die Frage, ob auch die wirtschaftlichen Voraussetzungen erfüllt sind. Hierzu müsste Antje nicht in der Lage sein, durch ihr Einkommen und Vermögen ihren Lebensunterhalt zu gewährleisten. Eine Prüfung des Vermögens scheidet allerdings aus, da sie ebenso wenig wie ihre Familienangehörigen über verwertbares Vermögen verfügt.

1. Lebensunterhalt

Der Lebensunterhaltsbedarf bestimmt sich nach § 42 Nr. 1 SGB XII i.V.m. der Anlage zu § 28 SGB XII. Da Antje erwachsen ist und mit ihrem Ehemann in derselben Wohnung im Sinne des § 42a Abs. 2 S. 2 SGB XII zusammenlebt, ist sie in die Regelbedarfsstufe 2 einzuordnen, so dass der Regelbedarf 368 Euro (ab 1.1.2018 374 Euro) beträgt.

Anhaltspunkte für zusätzliche Bedarfe im Sinne der §§ 30 bis 33 SGB XII sind nicht ersichtlich. Insbesondere hat Antje trotz der dauerhaften vollen Erwerbsminderung keinen Anspruch auf Berücksichtigung eines Mehrbedarfs nach § 30 Abs. 1 Nr. 2 SGB XII, da sie nicht über einen Schwerbehindertenausweis mit Merkzeichen G verfügt.

Der angemessene und damit berücksichtigungsfähige Unterkunfts- und Heizungsbedarf nach § 35 Abs. 1, 4 SGB XII beträgt 1.137,48 Euro. Da diese Kosten nicht nur den Bedarf der Antje, sondern zugleich den der weiteren in der Wohnung lebenden Familienmitglieder sicherstellt, werden sie zu gleichen Teilen auf sämtliche Bewohner aufgeteilt. Antjes Unterkunfts- und Heizungsbedarf beträgt damit (ein Sechstel von 1.137,48 Euro =) 189,58 Euro.

Antjes Gesamtbedarf (§ 43a Abs. 1 SGB XII) bemisst sich auf 557,58 Euro (ab 1.1.2018 563,58 Euro).

2. Einkommen

Geld oder Geldwerte, die während des Bedarfszeitraums zufließen, stellen Einkommen dar, sofern der Gesetzgeber keine andere Regelung vorgenommen hat (modifizierte Zuflusstheorie). Stellte Antje im Monat August 2017 einen Antrag auf Leistungen der Grundsicherung, so würde der Bedarfszeitraum am Ersten des Antragsmonats (§ 44 Abs. 2 S. 1 SGB XII) am 1. August 2017 beginnen. Im August fließt ihr zum einen die Rente aus der gesetzlichen Rentenversicherung in Höhe von 950,58 Euro, zum anderen das Kindergeld für die vier Kinder in Höhe von insgesamt 805 Euro (ab 1.1.2018 813 Euro) zu.

Die Rente aus der gesetzlichen Rentenversicherung wurde durch den Gesetzgeber nicht von der Einkommensberücksichtigung ausgenommen, insbesondere handelt es sich dabei nicht um eine zweckbestimmte Leistung im Sinne des § 83 Abs. 1 SGB XII, die eine Prüfung der Zweckrichtung der Erwerbsminderungsrente erforderlich machte.

Das Kindergeld wird trotz des Zuflusses bei Antje nach § 82 Abs. 1 S. 3 SGB XII dem jeweiligen Kind als Einkommen zugerechnet, sofern das Kind minderjährig ist und soweit es das Kindergeld zum Lebensunterhalt benötigt. Im vorliegenden Fall verfügt keines der minderjährigen Kinder über Geldzuflüsse, die als Einkommen zu berücksichtigen wären. Die Regelbedarfe in der Regelbedarfsstufe 6 in Höhe von 237 Euro (ab 1.1.2018 240 Euro) sind höher als die einzelnen Kindergeldbeträge, so dass bereits bei kursorischer Prüfung erkennbar ist, dass das Kindergeld bei jedem Kind in voller Höhe zur Sicherstellung des Lebensunterhaltsbedarfs erforderlich und somit zuzurechnen ist. Die einzelnen Kindergeldbeträge sind Antje trotz des Zuflusses bei ihr nicht als Einkommen zu berücksichtigen.

Somit verfügt Antje über Einkommen in Höhe von 950,58 Euro. Antje ist in der Lage, ihren Lebensunterhaltsbedarf in Höhe von 557,58 Euro (ab 1.1.2018 563 Euro) durch ihr Einkommen zu gewährleisten und hat aus diesem Grund keinen Anspruch auf Leistungen der Grundsicherung im Alter und bei Erwerbsminderung.

II. Björn

1. Regelbedarf

Björn ist der mit Antje zusammenlebende Ehepartner. Somit wird bei ihm ebenfalls ein Regelbedarf der Regelbedarfsstufe 2 in Höhe von 368 Euro (ab 1.1.2018 374 Euro) berücksichtigt.

2. Unterkunftsbedarf

Wie oben dargelegt, wird bei jeder Person, die in der Unterkunft lebt, ein Anteil der Gesamtunterkunftskosten in Höhe von 189,58 Euro berücksichtigt.

Björns Gesamtbedarf im Sinne des § 43a Abs. 1 SGB XII beträgt somit 557,58 Euro (ab 1.1.2018 563,58 Euro).

3. Einkommen

Björn fließt monatlich eine Rente wegen Erwerbsminderung in Höhe von 480,20 Euro zu. Tatbestände, die eine Berücksichtigung dieses Betrages als Einkommen ausschließen würden, sind nicht erkennbar, Absetzungspositionen des § 82 Abs. 1 SGB XII bereits von der Bruttorente abgezogen. Das berücksichtigungsfähige Einkommen beläuft sich somit auf 480,20 Euro.

Björn ist aus eigenem Einkommen nicht in der Lage, seinen Gesamtbedarf in Höhe von 553,58 Euro (ab 1.1.2018 563,58 Euro) durch sein Einkommen in Höhe von 480,20 Euro vollständig zu decken. Ob Björn einen Anspruch auf Leistungen der Grundsicherung in Höhe der Differenz (77,38 Euro; ab 1.1.2018 83,38 Euro) hat, hängt davon ab, ob und ggf. in welcher Höhe ihm Einkommen eines Mitglieds seiner Einsatzgemeinschaft zugerechnet wird. Zu Björns Einsatzgemeinschaft gehört nach § 43 Abs. 1 SGB XII seine Ehefrau Antje, so dass Björn deren Überschusseinkommen in Höhe von (950,58 Euro Einkommen abzgl. 557,58 Euro Lebensunterhaltsbedarf =) 393 Euro (ab 1.1.2018 387 Euro) zugerechnet wird. Allerdings gehört Antje nach § 27 Abs. 2 S. 3 SGB XII ebenfalls zur Einsatzgemeinschaft der Vierlinge, so dass ihr Überschusseinkommen auch ihnen zuzurechnen ist , sofern deren Lebensunterhaltsbedarf ebenfalls nicht durch eigene Mittel vollständig sichergestellt sein sollte.

Denkbar wäre in einem solchen Fall, Antjes Überschusseinkommen zunächst bei einer Person – beispielsweise Björn – und anschließend nacheinander bei den weiteren Personen der Einsatzgemeinschaft zu berücksichtigen, bis es auf diese Weise „verbraucht" wäre (sog. „Kaskadenmodell"). Da es keine gesetzliche Regelung über die Reihenfolge der Berücksichtigung gibt, müsste sie willkürlich festgelegt werden. Je früher ein potentiell Anspruchsberechtigter in dieser Reihe berücksichtigt würde, desto geringer wären seine Aussichten auf einen Anspruch auf Sozialhilfeleistungen. Je später ein Anspruchsberechtigter berücksichtigt würde, desto besser wären seine Aussichten, da das Überschusseinkommen bereits zu großen Teilen oder sogar vollständig auf die zuvor Berücksichtigten „verbraucht" worden wäre. Björns Anspruch auf Leistungen der Grundsicherung könnte im Ergebnis davon abhängen, ob Antjes Überschusseinkommen zunächst ihm oder zunächst einem oder mehreren Kindern zugerechnet würde. Da das Entstehen seines Leistungsanspruchs damit letztlich vom Zufall abhinge und kein sachlicher Grund im Sinne des Art. 3 Abs. 1 GG dafür spricht, bei ihm oder bei einem der Kinder einen Anspruch entstehen zu lassen, sollte nicht nach dem Kaskadenmodell verfahren werden.

In der Praxis hat sich deshalb stattdessen ein Verfahren durchgesetzt, bei dem das Überschusseinkommen auf sämtliche Mitglieder der Einsatzgemeinschaft aufgeteilt wird. Hierbei sind grundsätzlich zwei Vorgehensweisen denkbar: Entweder teilt man – vergleichbar dem bei den Unterkunftskosten praktizierten Verfahren des Kopfzahlprinzips – das Überschusseinkommen gleichmäßig auf sämtliche Mitglieder der Einsatzgemeinschaft auf, oder man teilt es – ähnlich der nach § 9 Abs. 2 S. 3 SGB II vorgesehenen Berechnung – nach dem Verhältnis des Bedarfs des einzelnen Mitglieds zum Gesamtbedarf sämtlicher Mitglieder der Einsatzgemeinschaft auf. Das erstgenannte Verfahren ist jedenfalls dann sehr umständlich, wenn bei einzelnen Mitgliedern der Anteil am Überschusseinkommen höher als der jeweilige Bedarf ist, denn der nicht „verbrauchte" Anteil müsste dann nach demselben Prinzip auf die restlichen Mitglieder der Einsatzgemeinschaft verteilt werden.

Eine solche Mehrfachberechnung erspart man sich häufig durch das Verhältnisprinzip, da derjenige, der nur einen geringen Bedarf hat – und bei dem deshalb eine höhere Wahrscheinlichkeit besteht, dass durch die Zurechnung des nach dem Kopfzahlverfahren berechneten Einkommens wiederum ein Überschuss verbleiben wird, der auf die übrigen Mitglieder weitergeleitet werden muss -, nur mit einem geringen Anteil an der Einkommensverteilung berücksichtigt wird. Aus diesem Praktikabilitätsgrund erscheint die Verhältnismethode vorzugswürdig.

Ob eine Aufteilung des Überschusseinkommens auf die Vierlinge überhaupt erfolgen muss, steht erst nach der Prüfung ihrer Leistungsansprüche fest.

III. Bastian

Bastian könnte – wie auch seine Geschwister – Anspruch auf Hilfe zum Lebensunterhalt nach § 19 Abs. 1 SGB XII i.V.m. §§ 27 ff. SGB XII haben. Ansprüche auf Grundsicherungsleistungen nach dem SGB II oder SGB XII kommen nicht in Betracht, da diese ein Mindestalter von 15 Jahren (§ 7 Abs. 1 S. 1 Nr. 1 SGB II) bzw. von 18 Jahren (§ 41 Abs. 3 SGB XII) bzw. das Erreichen der Regelaltersgrenze von mindestens 65 Jahren voraussetzen (§ 41 Abs. 2 SGB XII).

1. Lebensunterhalt

Bastians Regelbedarf bemisst sich nach § 27 Abs. 1 SGB XII i.Vm. § 27a Abs. 2, 3 SGB XII i.V.m. der VO zu § 28 SGB XII. Als einjähriges Kind wird er in die Regelbedarfsstufe 6 – leistungsberechtigtes Kind bis zur Vollendung des sechsten Lebensjahres – zugeordnet, der Regelbedarf beträgt 237 Euro (ab 1.1.2018 240 Euro).

Bastians Anteil am Gesamtunterkunftsbedarf beläuft sich auf 189,58 Euro, so dass sich ein Gesamtbedarf in Höhe von 426,58 Euro (ab 1.1.2018 429,58 Euro) ergibt.

2. Einkommen

Bastian verfügt über kein Einkommen. Allerdings wird ihm nach § 82 Abs. 1 S. 3 SGB XII das Kindergeld in Höhe von 192 Euro (ab 1.1.2018 194 Euro) zugerechnet, da er das Kindergeld in dieser benötigt, um seinen Lebensunterhaltsbedarf wenigstens teilweise zu decken.

Bastians ungedeckter Bedarf beträgt somit (426,58 Euro abzgl. 192 Euro) 234,58 Euro (ab 1.1.2018 232,58 Euro).

IV. Ronaldo

Ronaldos Lebensunterhaltsbedarf weicht ebenso wenig wie sein Einkommen von dem des Bastian ab, so dass er ebenfalls einen nicht durch Einkommen gesicherten Lebensunterhaltsbedarf in Höhe von 234,58 Euro (ab 1.1.2018 232,58 Euro) aufweist.

V. Manuel

Manuels Lebensunterhaltsbedarf beträgt ebenfalls 426,58 Euro. Ihm wird das Kindergeld in Höhe von 198 Euro (ab 1.1.2018 200 Euro) nach § 82 Abs. 1 S. 3 SGB XII angerechnet, so dass ein ungedeckter Lebensunterhaltsbedarf in Höhe von 228,58 Euro (ab 1.1.2018 226,58 Euro) verbleibt. Für die in der Praxis gelegentlich anzutreffende Vorgehensweise, das für sämtliche Kinder geleistete Kindergeld zusammenzurechnen, durch die Anzahl der Kinder zu teilen und jedem Kind denselben Anteil am Kindergeld als Einkommen zu berücksichtigen, fehlt eine gesetzliche Grundlage. Da das Kindergeld nach §§ 73 ff. EStG jeweils einem bestimmten Kind zuzuordnen ist, ist es ihm – und nicht auch seinen Geschwistern – nach § 82 Abs. 1 S. 3 SGB XII soweit als Einkommen zuzurechnen, wie es nicht in der Lage ist, mit anderen Mitteln seinen Lebensunterhalt sicherzustellen.

VI. Barbara

Barbaras Lebensunterhaltsbedarf beträgt wie der ihrer Geschwister 426,58 Euro. Das ihr nach § 82 Abs. 1 S. 3 SGB XII zugerechnete Kindergeld beläuft sich auf 223 Euro (ab 1.1.2018 225 Euro), so dass ein ungedeckter Lebensunterhaltsbedarf in Höhe von 203,58 Euro (ab 1.1.2018 201,58 Euro) verbleibt.

VII. Berechnung nach dem Verhältnisprinzip

Die Summe der nicht durch Einkommen und Vermögen sichergestellten Lebensunterhaltsbedarfe beläuft sich auf

- Björn: 77,38 Euro
- Bastian: 234,58 Euro
- Ronaldo: 234,58 Euro
- Manuel: 228,58 Euro
- Barbara: 203,58 Euro =

- Summe: 978,70 Euro (ab 1.1.2018 976,70 Euro)

Antjes Überschusseinkommen in Höhe von 393 Euro (ab 1.1.2018 387 Euro) wird nun auf jeden Leistungsberechtigten entsprechend seines nicht durch Einkommen gedeckten Anteils am ungedeckten Gesamtbedarf sämtlicher Leistungsberechtigten aufgeteilt.

- Für Björn ergibt dies:

$$\frac{393 \text{ Euro} \times 77{,}38 \text{ Euro}}{978{,}70 \text{ Euro}} = 31{,}07 \text{ Euro}[10]$$

- Bastian:

$$\frac{393 \text{ Euro} \times 234{,}58 \text{ Euro}}{978{,}70 \text{ Euro}} = 94{,}19 \text{ Euro}$$

- Ronaldo:

$$\frac{393 \text{ Euro} \times 234{,}58 \text{ Euro}}{978{,}70 \text{ Euro}} = 94{,}19 \text{ Euro}$$

- Manuel:

$$\frac{393 \text{ Euro} \times 228{,}58 \text{ Euro}}{978{,}70 \text{ Euro}} = 91{,}78 \text{ Euro}$$

- Barbara:

$$\frac{393 \text{ Euro} \times 203{,}58 \text{ Euro}}{978{,}70 \text{ Euro}} = 81{,}74 \text{ Euro}$$

Ab 1.1.2018 lauten die unter Zugrundelegung der oben dargelegten Einzelergebnisse folgenden, als Einkommen zu berücksichtigenden Beträge: Björn 33,07 Euro, Basti und Ronaldo jeweils 92,15 Euro, Manuel 89,77 Euro und Barbara 79,87 Euro.). Die sich aus dieser Berechnung ergebenden Teilbeträge sind den jeweiligen Leistungsberechtigten als Einkommen anzurechnen.

Björns ungedeckter Bedarf i.H.v. 77,38 Euro vermindert sich infolge des ihm nach § 43 Abs. 1 SGB XII zugerechneten Anteils am Überschusseinkommen der Antje in

---

10 Das SGB XII kennt keine Vorschrift, die eine Aufrundung von Beträgen erlaubte. Gelegentlich führt die Kumulation mehrerer, nach einer Berechnung nicht aufgerundeter Beträge im Ergebnis dazu, dass das zu verteilende Einkommen nicht vollständig verteilt wird, sondern ein Unterschiedsbetrag von wenigen Cent verbleibt. Eine analoge Heranziehung der Rundungsvorschrift des § 41 Abs. 2 S. 2 SGB II führt im vorliegenden Fall zu keinem befriedigenden Ergebnis, da vier von fünf der berechneten Beträge in der „dritten Zahl nach dem Komma" mit einer Zahl enden, die höher als 4 lautet, so dass nach einer Rundung aller Beträge rein rechnerisch ein Cent zu übertragen wäre, der tatsächlich nicht als Einkommen zur Verfügung steht. Da anzunehmen ist, dass der Gesetzgeber eine vollständige Aufteilung des Überschusseinkommens gewollt hat, bietet es sich an, einem der Betroffenen den Betrag von drei Cent zusätzlich anzurechnen.

Höhe von 31,10 Euro (31,07 Euro zzgl. 3 Cent – siehe Fußnote 10) auf 46,28 Euro. Björn hat einen Anspruch auf Leistungen der Grundsicherung im Alter und bei Erwerbsminderung in Höhe von 46,28 Euro im Monat. Der Anspruch beginnt am Ersten des Monats der Antragstellung (§ 44 Abs. 2 S. 1 SGB XII).

Bastians und Ronaldos ungedeckter Bedarf i.H.v. jeweils 234,58 Euro wird durch den ihnen nach § 27 Abs. 2 S. 2 SGB XII zugerechneten Anteil des Überschusseinkommens ihrer Mutter Antje in Höhe von jeweils 94,19 Euro auf jeweils 140,39 Euro reduziert. Dieser Betrag spiegelt zugleich ihren monatlichen Anspruch auf Hilfe zum Lebensunterhalt wider. Der Anspruch beginnt, anders als bei Björn, nicht mit dem Ersten des Antragsmonats, sondern mit der Kenntnis des Sozialhilfeträgers oder eines der in § 18 Abs. 2 SGB XII aufgeführten Träger vom Vorliegen der Leistungsvoraussetzungen (§ 18 Abs. 1 SGB XII). Dasselbe gilt für Manuels Anspruch, der sich auf (228,58 Euro abzgl. 91,78 Euro) 136,80 Euro beläuft.

Das Barbara angerechnete Überschusseinkommen ihrer Mutter Antje in Höhe von 81,74 Euro vermindert ihren ungedeckten Bedarf in Höhe von 203,58 Euro auf 121,84 Euro. Barbara hat einen Anspruch auf Hilfe zum Lebensunterhalt in Höhe von 121,84 Euro im Monat. Der Leistungsbeginn richtet sich wie bei ihren Brüdern nach dem Kenntnisgrundsatz (§ 18 Abs. 1 SGB XII).

Unter Zugrundelegung der ab 1.1.2018 geltenden Beträge ergeben sich folgende Ansprüche: Björn 83,38 Euro abzgl. 33,03 Euro = 50,35 Euro; Basti und Ronaldo jeweils 232,58 Euro abzgl. 92,15 Euro = 140,43 Euro; Manuel 226,58 Euro abzgl. 89,77 Euro = 136,81 Euro; Barbara 201,58 Euro abzgl. 79,87 Euro = 121,71 Euro. Die Addition der nach dem Verhältnisprinzip berücksichtigten Anteile zeigt, dass 386,97 Euro von den zu verteilenden 387 Euro verteilt wurden. Die Differenz in Höhe von 3 Cent muss nun entsprechend den Ausführungen in Fußnote 10 einem Anspruchsberechtigten als Einkommen zugerechnet werden. Denkbar ist auch, drei Anspruchsberechtigten jeweils 1 Cent zuzurechnen und den Anspruch entsprechend zu mindern.

Björns Bitte um Auskunft ist so zu beantworten, dass es „Sinn macht", so zeitnah wie möglich einen Antrag auf Lebensunterhaltsleistungen für sich und die Kinder Bastian, Ronaldo, Manuel und Barbara zu stellen.

6. Fall: Rüdigers Haushalt

Nach einem fünfjährigen Aufenthalt in der Justizvollzugsanstalt wird der 67jährige Rüdiger aus der Haft entlassen. Sein Bewährungshelfer hat für ihn eine 1-Zimmer-Wohnung angemietet, die über eine Einbauküche einschließlich Herd, Spülmaschine und Kühlschrank verfügt. Rüdiger fehlen Möbel für die Ausstattung des kombinierten Wohn- und Schlafzimmers sowie Elektrogeräte (Mixer, Kaffeemaschine u.s.w.). Sämtliche Möbel, die Rüdiger vor seinem Haftaufenthalt besaß, hat der frühere Vermieter, dem er infolge seiner Haft die Miete schuldig geblieben war, inzwischen versteigert.

1. Hat Rüdiger nach §§ 19 Abs. 2, 41 ff. SGB XII einen Anspruch auf einmalige Leistungen zum Erwerb der Möbel u.s.w.? Unterstellen Sie dabei, dass die persönlichen und wirtschaftlichen Voraussetzungen für einen Anspruch auf Sozialhilfeleistungen erfüllt sind und prüfen Sie nur § 31 SGB XII.

2. Unterstellen Sie, dass Rüdiger einen Anspruch auf Leistungen hat. Darf das Sozialamt zur Gewährung der Leistungen Pauschalbeträge festlegen?

3. Darf der Sozialhilfeträger Rüdiger hinsichtlich des Bettes und der Matratze auf
    ein durch die Stadt geführtes Gebrauchtwarenlager verweisen, das brauchbare
    Sperrmüllmöbel für SGB II- und SGB XII – Leistungsempfänger gegen Berechti-
    gungsschein kostenlos zur Verfügung stellt?

Lösungsvorschlag

1. Da die persönlichen und wirtschaftlichen Voraussetzungen erfüllt sind, bleibt zu
prüfen, ob ein Lebensunterhaltsbedarf nach § 42 Nr. 2 SGB XII i.V.m. § 31 Abs. 1 Nr. 1
SGB XII besteht.

Hierzu müsste es sich um einen Bedarf einer Erstausstattung für Wohnung und
Haushaltsgeräten handeln. Interpretierte man den Begriff „Erstausstattung" nach
seiner grammatikalischen Bedeutung, wäre eine Erstausstattung abzulehnen, denn
Rüdiger verfügte während der Zeit seiner Haft über eine Grundausstattung an erforderlichen Einrichtungsgegenständen (jedenfalls Bett, Stuhl, Tisch). Vor der Haft verfügte er ebenfalls über eine Wohnung, die mit Möbeln ausgestattet war. Auch wenn
über die konkrete Ausstattung nichts bekannt ist, so kann man nach üblichen Umständen („Normalfall") davon ausgehen, dass er über die erforderliche Wohnungsausstattung verfügte, um ein menschenwürdiges Leben führen zu können. Von einer
Erstausstattung in dem Sinne, dass Rüdiger das „erste Mal" Möbel benötigt, kann
daher nicht gesprochen werden.

Betrachtet man jedoch die Gesetzesbegründung (BT-Drs. 15/1514, S. 59), so zeigt
sich, dass der Gesetzgeber gerade den Fall der Erstanmietung nach einer Haft und
ebenso die Situation nach einem Wohnungsbrand als typische Fälle des § 31 Abs. 1
SGB XII bezeichnet hat, die einen Erstausstattungsbedarf auslösen sollten. Dies
zeigt, dass eine enge Wortlautauslegung durch den Gesetzgeber nicht gewollt war.

Damit sind die Voraussetzungen für die Gewährung von Leistungen nach §§ 19
Abs. 2, 41, 42 Nr. 2 SGB XII i.V.m. § 31 Abs. 1 Nr. 1 SGB II erfüllt.

2. Ja, sofern die Pauschbeträge so bemessen sind, dass sie ausreichen, um zumindest gebrauchte Möbel zu erwerben (§ 31 Abs. 2 SGB XII).

3. Nach § 10 Abs. 1 SGB XII gehören auch Sachleistungen – neben Geld- und
Dienstleistungen –, zu denen auch Gutscheine gehören, zu den Leistungsformen der
Sozialhilfe.

Geldleistungen haben allerdings Vorrang vor Gutscheinen, wie sie im Fall des Rüdi-
gers zur Bedarfsdeckung angeboten werden, sofern nicht das SGB XII etwas anderes bestimmt – was hier nicht erfolgt ist – oder der Gutschein das Ziel der Sozialhilfe
erheblich besser – wofür es hier keinen Anhaltspunkt gibt – oder wirtschaftlicher erreicht werden kann, oder – wofür ebenso Anhaltspunkte fehlen – der Betroffene
Sachleistungen wünscht.

Fraglich ist, ob das wichtigste Ziel der Sozialhilfe, d.h. konkret ob die Gewährleistung der Voraussetzungen für ein Leben, das der Würde des Menschen entspricht,
durch den Gutschein für gebrauchte Möbel wirtschaftlicher erreicht werden kann. In
Hinblick auf das Bett ist dies zu bejahen, da auch ein gebrauchtes Bett ein menschenwürdiges Leben ermöglicht. In Bezug auf die Matratze ist dies jedoch nicht der
Fall. Eine durch fremde Menschen benutzte Matratze unterscheidet sich von dem,
was sich jedermann auch in der unteren Einkommensschicht typischerweise leistet,
enorm. Für kurze Zeit – z.B. während eines Urlaubs – ist es nicht unüblich, auf eine
durch fremde Menschen benutzte Matratze zurückzugreifen. Für längere Zeit erscheint es jedoch bereits aufgrund der Körperflüssigkeiten (Schweiß u.s.w.), die

durch die vorherige Benutzung in die Matratze eingedrungen sind, unhygienisch und nicht zumutbar, eine nachfragende Person hierauf zu verweisen.

7. Fall: Der ausgezogene Bernd

Bernd, 78 Jahre, hat sich vor einer Woche dauerhaft, fest und endgültig von seiner Ehefrau getrennt und ist in eine eigene Wohnung gezogen, die über einige Möbel, nicht aber über eine Waschmaschine verfügt. Die Waschmaschine ist bei Bernds Ehefrau geblieben, da sie deren Eigentum war. Bernd erhält durch den zuständigen Sozialhilfeträger bereits seit Renteneintritt Leistungen der Grundsicherung im Alter und bei Erwerbsminderung nach § 19 Abs. 2 SGB XII i.V.m. §§ 41 ff. SGB XII.

Aufgabe 1

Unterstellt, Bernd erfüllt die persönlichen und wirtschaftlichen Voraussetzungen für einen Anspruch auf Leistungen der Grundsicherung im Alter und bei Erwerbsminderung nach § 19 Abs. 2 SGB XII i.V.m. § 41 SGB XII, hat er einen Anspruch auf Leistungen zum Erwerb einer gebrauchten Waschmaschine?

Aufgabe 2

Unterstellen Sie, der Sozialhilfeträger hätte Bernd Sozialleistungen zum Erwerb einer neuen Waschmaschine bewilligt, worauf er sich eine neue Maschine der Marke Magic Washing gekauft hätte. Nach zwei Jahren zeigt sich an Bernds Waschmaschine ein nicht reparabler Defekt. Hat Bernd einen Anspruch auf eine neue Waschmaschine?

Lösungsvorschlag

Aufgabe 1

Leistungen für eine Erstausstattung könnten nach § 42 Nr. 2 SGB XII i.V.m. § 31 Abs. 1 Nr. 1 SGB XII in Betracht kommen. Hierfür ist Voraussetzung, dass sich Bernds Bedarf unter die tatbestandliche Voraussetzung „Erstausstattung für die Wohnung einschließlich Haushaltsgeräte" subsumieren lässt. Zweifellos handelt es sich bei einer Waschmaschine um ein Haushaltsgerät. Fraglich ist jedoch, ob man noch von einer Erstausstattung sprechen kann, wenn wenige Tage vor dem Eintreten der Bedarfssituation eine Waschmaschine zur Verfügung stand. Unter Heranziehung der grammatikalischen Auslegungsmethode, die nach dem Wortsinn eines durch den Gesetzgeber verwendeten Begriffs fragt, müsste man dies wohl ablehnen, denn der Bedarf nach einer Waschmaschine besteht bei Bernd nicht das erste Mal. Zieht man jedoch die Gesetzesbegründung mit in Betracht, so zeigt sich, dass der Gesetzgeber bei der Regelung des § 31 Abs. 1 Nr. 1 SGB XII keineswegs Sachverhalte vor Augen hatte, in denen jemand zur noch nicht über eine Wohnungseinrichtung oder Haushaltsgeräte verfügte, denn in der Gesetzesbegründung werden als Beispiele für den Anwendungsbereich der Norm Lebenssituationen nach einem Wohnungsbrand oder nach einem Haftaufenthalt benannt.

Diese beispielhafte Aufzählung zeigt, dass § 31 Abs. 1 Nr. 1 SGB XII den Zweck verfolgt, eine völlig neue Lebens- und Bedarfssituation eines Menschen aufzufangen, die Folgen für die Wohnungsausstattung einschl. Haushaltsgeräten hatte und die mit der eines Wohnungsbrandes oder einer Haftentlassung vergleichbar ist. Bernd ist in einer völlig neuen Lebenssituation, die sich erheblich von seiner früheren Lebenssituation unterscheidet, und Auswirkungen auf seinen Wohnungsausstattungsbedarf hat. Er kann auf früher verfügbares Möbel u.s.w. dauerhaft nicht mehr zugreifen, da sie für ihn unerreichbar sind. Damit befindet er sich in einer ähnlichen Situation wie nach einem Wohnungsbrand.

Damit handelt es sich nach Sinn und Zweck des § 31 Abs. 1 Nr. 1 SGB XII auch hier um eine Notlage, die zu einer Bedarfsberücksichtigung als Erstausstattung berechtigt. Dass Bernd durch seinen Auszug aus der gemeinsamen Ehewohnung „freiwillig" in diese neue Lebenssituation geraten ist, spielt keine Rolle, da Sozialhilfeleistungen verschuldensunabhängig geleistet werden. Auch derjenige, dem die Hilfsbedürftigkeit zuzurechnen ist, hat gegenüber dem Staat einen Anspruch auf Erfüllung des Grundrechts auf Gewährleistung der Voraussetzungen für ein menschenwürdiges Leben.

Aufgabe 2

Nein. Eine Ersatzbeschaffung ist keine Erstausstattung und mit dieser Situation auch nicht vergleichbar. Der Gesetzgeber hat diese Situation durch Abteilung 5 des § 5 RBEG und § 6 RBEG aufgefangen. Demnach zählen entsprechende Aufwendungen zu den durch den Regelbedarf gedeckten Bedarfen, zu deren Deckung Ansparungen vorgenommen werden sollen. Hätte Bernd keine entsprechenden Ansparungen vorgenommen, so kommt nach Maßgabe des § 37 Abs. 1 SGB XII ein Darlehen in Betracht (siehe hierzu den anschließenden Fall).

Und noch einmal Bernd

Gehen Sie von der im Fall „Der ausgezogene Bernd", Aufgabe 2, geschilderten Lebenssituation aus und unterstellen Sie, dass Bernd bisher keine Ansparungen für Neuanschaffungen u.s.w. vorgenommen hat und deshalb nicht in der Lage ist, den Bedarf in Höhe von 380 Euro für den Erwerb einer günstigen neuen Waschmaschine (oder etwas hochwertigeren, langlebigeren, aber gebrauchten Maschine) zu decken.

Hat Bernd einen Anspruch auf Leistungen? Gehen Sie davon aus, dass der Bedarf nicht anders gedeckt werden kann und erst in ca. 15 Monaten durch Ansparungen finanziert werden könnte.

Lösungsvorschlag

Die Voraussetzungen des § 31 Abs. 1 Nr. 1 SGB XII sind nicht erfüllt (s.o.). Allerdings sind die Voraussetzungen des § 37 Abs. 1 SGB XII erfüllt. Der Bedarf ist von den Regelbedarfen umfasst (s.o.), Bernd ist aber nicht in der Lage, ihn zeitnah selbst zu decken, der Bedarf kann auch nicht auf andere Weise gewährleistet werden.

Der Bedarf ist unabweisbar geboten, wenn er unaufschiebbar ist.

Es ist Bernd nicht zumutbar, 15 Monate lang in ungewaschener Wäsche (einschl. Unterwäsche) zu leben. Ebenso ist es unzumutbar, ihn für diesen langen Zeitraum auf eine Handwäsche im Waschbecken zu verweisen, da eine Waschmaschine auch für einen Einpersonenhaushalt zu demjenigen gehört, das auch in einem Haushalt eines Angehörigen der unteren Einkommensschicht typischerweise vorhanden ist und dessen Fehlen den Betroffenen gegenüber Dritten als arm stigmatisiert. Eine Waschmaschine gehört in der Bundesrepublik des 21. Jahrhunderts zum sozio-kulturellen Existenzminimum, dessen Fehlen nur kurzzeitig zumutbar ist.

Ein Anspruch auf ein ergänzendes Darlehen setzt einen separaten Antrag voraus (§ 37 Abs. 1 SGB XII). Die Entscheidung über den Antrag steht im gebundenen Ermessen des Sozialhilfeträgers („soll"). Es sind keine Anhaltspunkte ersichtlich, die für einen außergewöhnlichen Sachverhalt sprechen würden, der dem Gesetzgeber bei der Schaffung des § 37 Abs. 1 SGB XII nicht vor Augen gestanden hätte. Ganz im Gegenteil handelt es sich um eine Lebenssituation, die sogar Anlass für die Vorschrift gewesen ist. Damit hat Bernd einen Anspruch auf ein ergänzendes Darlehen zur Anschaffung einer Waschmaschine. Das Darlehen kann (Ermessen!) durch Einbehaltungen von Teilbeträgen in Höhe von bis zu 5 % des Regelbedarfs (bei ihm RBS 1, also 409 Euro, d.h. bis zu 20,45 Euro) getilgt werden. Die Entscheidung hierüber wird durch Verwaltungsakt getroffen.

8. Fall: Franziskas Schwangerschaftsausstattung

Franziska ist auf Dauer voll erwerbsgemindert, aber erwerbstätig. Sie erzielt aus ihrer Erwerbstätigkeit monatlich 20 Euro mehr, als sie für ihren monatlich wiederkehrenden, notwendigen Lebensunterhalt benötigt. Franziska ist in der 15. Schwangerschaftswoche schwanger und benötigt eine Schwangerschaftsausstattung, die sie sich aus ihrem Einkommen nicht leisten kann.

Hat Franziska Anspruch auf Leistungen zur Schwangerschaftserstausstattung, ggf. in welcher Höhe? Unterstellen Sie, dass der Sozialhilfeträger in seiner internen Arbeitsanweisung zur Deckung dieses Bedarfs einen Pauschalbetrag in Höhe von 180 Euro festgelegt hat.

Lösungsvorschlag

Franziska könnte einen Anspruch auf Leistungen zur Schwangerschaftserstausstattung nach § 42 Nr. 2 SGB XII i.V.m. § 31 Abs. 1 Nr. 2 SGB XII haben. § 31 Abs. 1 Nr. 2 SGB XII bestimmt, dass Leistungen für Erstausstattungen bei Schwangerschaft gesondert, d.h. neben laufenden Leistungen zum Lebensunterhalt, erbracht werden. Franziska hat jedoch keinen Anspruch auf wiederkehrende Leistungen nach § 19 Abs. 2 SGB XII i.V.m. §§ 41 ff. SGB XII, da sie ihren laufenden Lebensunterhaltsbedarf durch den Einsatz ihres Einkommens vollständig selbst decken kann. Damit scheidet ein Anspruch auf Leistungen für Erstausstattungen bei Schwangerschaft nach § 31 Abs. 1 Nr. 2 SGB XII aus.

Bliebe es bei diesem Ergebnis, müsste Franziska versuchen, ihren besonderen schwangerschaftsbedingten Bedarf durch ihr Überschusseinkommen in Höhe von 20 Euro/Monat sicherzustellen. Unterstellt man mit der Arbeitsanweisung, dass zur Bedarfsdeckung ein Betrag in Höhe von 180 Euro erforderlich ist, müsste Franziska ihr Überschusseinkommen über einen Zeitraum von neun Monaten – das hieße über den Zeitpunkt des Schwangerschaftsendes – ansparen, um den Bedarf decken zu können. Selbst wenn man davon ausgeht, dass der Bedarf peu á peu entsteht und gedeckt werden muss, bliebe der schwangerschaftsbedingte Bedarf jedenfalls teilweise ungedeckt.

Eine teilweise Bedarfsdeckung widerspräche dem sog. Bedarfsdeckungsgrundsatz, nach dem ein sozialhilferechtlich relevanter Bedarf vollständig zu decken ist, da andernfalls das zentrale Ziel der Leistungen nach dem SGB XII, ihrem Empfänger ein Leben zu ermöglichen, das der Würde des Menschen entspricht, verfehlt würde.

Um eine Bedarfslücke zu vermeiden, sieht § 31 Abs. 2 S. 1 SGB XII vor, dass einer nachfragenden Person auch dann, wenn ihr keine Regelsätze zu gewähren sind, für einmalige Bedarfe des § 31 Abs. 1 SGB XII Leistungen zu erbringen sind, sofern sie diese nicht aus eigenen Kräften und Mitteln vollständig decken kann. Da Franziska den Bedarf in Höhe von 180 Euro nur teilweise – in Höhe von 20 Euro – decken kann, hat sie also einen Anspruch auf Leistungen zur Erstausstattung bei Schwangerschaft.

Grundsätzlich werden Leistungen zum Lebensunterhalt nur soweit erbracht, wie es dem Leistungsberechtigten nicht möglich ist, einen Bedarf durch Einkommen und Vermögen selbst zu decken (§ 19 Abs. 1, 27 Abs. 1 SGB XII). Ausgehend von einem Bedarf in Höhe von 180 Euro verbliebe nach Berücksichtigung eines einsetzbaren Einkommens von 20 Euro eine Leistung in Höhe von 160 Euro. § 31 Abs. 2 S. 2 SGB XII bestimmt zur Höhe der Leistung jedoch abweichend hiervon, dass das Einkommen berücksichtigt werden kann, das innerhalb eines Zeitraums von bis zu sechs Monaten nach Ablauf des Monats erworben wird, in dem über die Leistung entschieden wird. Diese Ermessensermächtigung erlaubt also, über die Anrechnung des überschießenden Einkommens zum Zeitpunkt des Verwaltungsakterlasses hinaus eine Berücksichtigung für weitere sechs Monate – und damit insgesamt sieben Monate. Es steht also im Ermessen des Sozialhilfeträgers, Franziskas überschießende monatliche Einkünfte in Höhe von 20 Euro bis zu einer Höhe von (7 x 20 Euro =) 140 Euro leistungsmindernd zu berücksichtigen.

Das Ermessen ist entsprechend dem Zweck der Ermächtigungsnorm auszuüben (§ 39 SGB I). Zweck des § 31 Abs. 2 SGB XII ist es, von demjenigen, der seinen laufenden Lebensunterhalt durch eigene Mittel sicherstellen kann, einen höheren Einkommenseinsatz zu verlangen, als von demjenigen, der hierzu nicht in der Lage ist. Demjenigen, dessen Einkommen nur unwesentlich über dem sozio-kulturellen Existenzminimum liegt, muss bewusst sein, dass er einmalige Bedarfssituationen nur dann ohne staatliche Transferleistung aus eigener Kraft auffangen kann, wenn er aus seinem über dem Existenzminimum liegenden Einkommen Ansparungen vornimmt. Hat er diese nicht vorgenommen, erhält er durch die Berücksichtigung eines bis zu siebenfachen Überschusseinkommens geringere Leistungen, ggf. keine Leistungen. Für die Ermessensbetätigung bedeutet dies, dass bei demjenigen, der trotz des Versuchs Rücklagen zu bilden, nicht in der Lage ist, den einmaligen Bedarf hieraus zu decken, nur Überschusseinkommen über einen Zeitraum von sehr wenigen Monaten – i.d.R. sogar nur eines einzigen Monats – berücksichtigt wird, ebenso bei demjenigen, der das Überschusseinkommen aufgrund besonderer Umstände für sozialhilferechtliche andere Bedarfe einzusetzen hat oder zu Zwecken einsetzt, die auch aus Sicht des die Sozialhilfeleistungen finanzierenden Steuerzahlers akzeptabel sind (z.B. Unterhaltszahlungen im Rahmen der gesetzlichen Unterhaltsverpflichtungen). Bei demjenigen, der keine Ansparungen vorgenommen hat oder bei dem keine besonderen Gründe für einen geringen Berücksichtigungszeitraum vorliegen, wird das Überschusseinkommen über mehrere Monate, wenn nicht sogar für sieben Monate berücksichtigt.

Da keine Gründe bekannt sind, die lediglich einen Einsatz des Überschusseinkommens für einen kurzen Zeitraum rechtfertigte, erscheint es dem Zweck des § 31 Abs. 2 SGB XII zu entsprechen, Franziskas Überschusseinkommen für sieben Monate zu berücksichtigen. Dem Bedarf in Höhe von 180 Euro wird demgemäß Einkommen in Höhe von 140 Euro entgegengesetzt, so dass ein ungedeckter Bedarf – und damit Sozialhilfeanspruch – in Höhe von 40 Euro besteht.

9. Fall: Yannik

Yannik, begeisterter Surfer, hat fast 20 Jahre lang an der Baja California in Mexiko gelebt, um dort seinem Hobby nachzugehen. Seinen Lebensunterhalt verdiente er sich durch Gelegenheitsjobs. Nun treibt ihn die Sehnsucht nach seiner früheren Heimat zurück nach Deutschland, wo er zumindest die nächsten Jahre verbringen will.

Bereits wenige Tage nach seiner Ankunft erleidet er einen schweren Schlaganfall. Nach mehrwöchigem Krankenhausaufenthalt und Ausschöpfung aller medizinischen Rehabilitationsmaßnahmen steht fest, dass Yannik auf Dauer schwerbehindert und voll erwerbsgemindert bleiben wird. Yanniks Bewegungs- und Sprechfähigkeit sind erheblich beeinträchtigt. Das zuständige Betreuungsgericht bestellt einen Betreuer, der Yannik stationär in einem Alten- und Pflegeheim unterbringt, das Vereinbarungen nach §§ 75 ff. SGB XII mit dem zuständigen Sozialhilfeträger geschlossen hat.

Yannik erhält nach § 69 Abs. 5 SGB IX einen Schwerbehindertenausweis (Grad der Behinderung 100), der ihn insbesondere als außergewöhnlich gehbehindert ausweist (Merkzeichen „aG"). Yannik war niemals Versicherter der deutschen Pflegeversicherung und verfügt weder über Einkommen noch über Vermögen, so dass der zuständige Sozialhilfeträger Leistungen der Pflegehilfe nach §§ 19 Abs. 3, 61 ff. SGB XII erbringt.

Die durchschnittlichen angemessenen tatsächlichen Aufwendungen für die Warmmiete eines Einpersonenhaushaltes im Einzugsbereich des zuständigen Sozialhilfeträgers belaufen sich auf 620 Euro. Als Bekleidungsbeihilfe für stationär Untergebrachte hat der Sozialhilfeträger intern eine monatliche Pauschale in Höhe von 41,50 Euro festgelegt.

Aufgabe

Stellen Sie dar, wie sich Yanniks Lebensunterhaltsbedarf nach dem SGB XII zusammensetzt. In welchem Zusammenhang stehen § 27b SGB XII, §§ 41 ff. SGB XII und §§ 75 ff. SGB XII?

Lösungsvorschlag

Der Lebensunterhaltsbedarf bemisst sich bei demjenigen, der sich in einer stationären Einrichtung befindet, nach § 27b Abs. 1 SGB XII. Demnach umfasst der notwendige Lebensunterhalt in Einrichtungen zum einen den **in der Einrichtung tatsächlich erbrachten Lebensunterhalt** und zum anderen den **weiteren notwendigen Lebensunterhalt**. Diese Leistungen sind seit 1. Juli 2017 systematisch nicht mehr, so wie zuvor, der Hilfe zum Lebensunterhalt, sondern der Grundsicherung im Alter und bei Erwerbsminderung zuzuordnen, da § 42 SGB XII, der das Bedarfsspektrum der Grundsicherung im Alter und bei Erwerbsminderung regelt, in Nummer 4 Buchst. b) nunmehr auf § 27b Abs. 1 SGB XII verweist.

1. Tatsächlich erbrachter Lebensunterhalt

Soweit der Gesetzgeber auf den **in der Einrichtung tatsächlich erbrachten Lebensunterhalt** abstellt, nimmt er auf das sozialhilferechtliche Dreiecksverhältnis Bezug. Der Sozialhilfeträger erfüllt den Anspruch des Leistungsberechtigten auf stationäre Leistungen dadurch, dass er durch Verwaltungsakt mit Drittwirkung der Schuld beitritt, die der Leistungsberechtigte durch Beauftragung eines Leistungserbringers – mit dem der Sozialhilfeträger grundsätzlich Verträge nach §§ 75 ff. SGB XII geschlossen haben muss – eingegangen ist.[11] Diese Form der Leistungsgewährung durchbricht den Grundsatz des Vorrangs von Geldleistungen (§ 10 Abs. 3 SGB XII).[12]

Wenn der Sozialhilfeträger aber – jedenfalls, soweit es nicht den weiteren notwendigen Lebensunterhalt betrifft – den Anspruch auf Leistungen durch die von der Einrichtung bereitgestellte Unterkunft und Ernährung erfüllt, stellt sich die Frage, welchen Zweck § 27b Abs. 1 S. 2 SGB XII verfolgt, nach dem der notwendige Lebens-

---

11   Hierzu im Einzelnen BSG, Urt. v. 23.08.2013, B 8 SO 10/12 R.
12   Coseriu in Knickrehm/Kreikebohm/Waltermann, § 27b SGB XII Rn. 2.

unterhalt in stationären Einrichtungen dem Umfang der Leistungen der Grundsicherung nach § 42 Nummer 1, 2 und 4 SGB XII entspricht. Diese Frage lässt sich nur mithilfe des rechtsgeschichtlichen Kontexts beantworten. Vor Inkrafttreten des SGB XII im Jahr 2005 gehörten die in einer Einrichtung erbrachten Lebensunterhaltsleistungen zu den dort erbrachten Leistungen in besonderen Bedarfssituationen (z.B. zu den Leistungen der Eingliederungshilfe oder der Hilfe zur Pflege); beide gemeinsam bildeten eine zusammengehörende Komplexleistung.[13] Dies hatte weitreichende Folgen. So erstreckten sich beispielsweise die Vorschriften zur Einkommensberücksichtigung, die bei besonderen Bedarfssituationen grundsätzlich nicht den Einsatz des gesamten verfügbaren Einkommens zur eigenen Bedarfsdeckung verlangten, sondern nur den Einsatz eines zumutbaren Anteils des über der Einkommensgrenze liegenden Einkommens, auch auf den Anteil der in der Einrichtung erbrachten Gesamtleistung, der sich auf den Lebensunterhalt bezog. Mit dem Inkrafttreten des SGB XII sollte diese einheitliche Leistungserbringung beendet werden. Die in einer Einrichtung erbrachten Lebensunterhaltsleistungen werden nunmehr isoliert von den weiteren, zur Sicherstellung der besonderen Bedarfe erbrachten Leistungen betrachtet. Dies hat u.a. zur Folge, dass die privilegierenden Vorschriften über den Einsatz von Einkommen (§§ 85 ff. SGB XII) hinsichtlich der Lebensunterhaltsleistungen keine Anwendung finden.

Vor diesem Hintergrund ist es ausgeschlossen, § 27b Abs. 1 S. 2 SGB XII so zu verstehen, dass § 42 Nr. 1, 2 und 4 SGB XII eine Leistungsnorm für den individuellen Anspruch des Leistungsberechtigte wäre. Ebenso wenig bestimmt die Vorschrift den Umfang der durch die Einrichtung zu erbringenden Leistungen, da hierzu alleine §§ 75 ff. SGB XII dienen.[14] Die Norm ist vielmehr als Vorschrift zur Berechnung des Anteils der Hilfe zum Lebensunterhalt am sozialhilferechtlichen Gesamtbedarf in einer Einrichtung zu verstehen[15] – der es beispielsweise erleichtert, einen Kostenbeitrag zu berechnen.[16] Der hiernach ermittelte Betrag wird auch als normativer Berechnungsposten unabhängig vom tatsächlichen Wert des in der Einrichtung erbrachten Lebensunterhalts bezeichnet.[17]

2. Weiterer notwendiger Lebensunterhalt

Zum notwendigen Lebensunterhalt in Einrichtungen gehört neben dem dort erbrachten Lebensunterhalt auch der **weitere notwendige Lebensunterhalt**, dessen Umfang sich nach § 27b Abs. 2 SGB XII bestimmt. Dieser umfasst nach dessen Satz 1 insbesondere Kleidung und einen angemessenen Barbetrag zur persönlichen Verfügung.

Als pauschalen Betrag zur Befriedigung des **Bekleidungsbedarfs** erbringt der Sozialhilfeträger monatlich 40,50 Euro. Angesichts des im monatlichen Regelbedarf der Regelbedarfsstufe 1 eingeflossenen Betrages für Bekleidung und Schuhe in Höhe von 36,25 Euro (2017; § 6 Abs. 1 Nr. 1 Abteilung 3 RBEG), der außerhalb von Einrichtungen lebenden Personen ein menschenwürdiges Leben ermöglichen soll, erscheint der durch den Sozialhilfeträger pauschal erbrachte, darüber hinausreichende Betrag nicht auf den ersten Blick unangemessen. Anhaltspunkte für einen höheren Bedarf, der eine höhere Leistungsberechtigung auslösen könnte, fehlen.

---

13 Hierzu Dauber in Mergler/Zink, § 27b SGB XII Rn. 3.
14 Insoweit missverständlich Dauber in Mergler/Zink, § 27b SGB XII Rn. 6.
15 Instruktiv hierzu LSG Baden-Württemberg, Urt. v. 18.04.2012, L 2 SO 5276/10, Rn. 54 f.
16 LSG Bayern, Urt. v, 24.09.2014, L 8 SO 26/14.
17 BSG, Urt. v. 23.08.2013, B 8 SO 17/12 R, Rn. 18.

Der **Barbetrag** dient dazu, persönliche Bedürfnisse, die über den durch die Einrichtung sichergestellten Unterkunfts- und Verpflegungsbedarf hinausgehen[18] – z.b. für Körperpflege, Freizeitbeschäftigung, Schreibwaren, Porto, Zeitungen, Zeitschriften und Bücher, Verkehrsmittel, Genussmittel, kleinere Geschenke, (chemische) Reinigung, Instandhaltung von Schuhen sowie Kleidung und Wäsche in kleinerem Umfang, Hausrat von geringem Anschaffungswert – zu decken, und beträgt bei Erwachsenen nach § 27b Abs. 2 SGB XII mindestens 27 vom Hundert der Regelbedarfsstufe 1, d.h. (27 % von 409 Euro =) 110,43 Euro (ab 1.1.2018 mindestens 112,32 Euro). Anhaltspunkte dafür, dass Yannik einen über diesen Betrag hinausgehenden Bedarf hätte, fehlen ebenso wie für die Annahme anderer, nicht durch die Einrichtung sichergestellter Bedarfe, die nicht durch den Barbetrag und die Bekleidungspauschale zu decken sind – und wegen der fehlenden Verweisung in § 42 SGB XII auf § 27b Abs. 2 SGB XII nicht durch Leistungen der Grundsicherung im Alter und bei Erwerbsminderung, sondern durch Leistungen der Hilfe zum Lebensunterhalt sicherzustellen wären.[19] Trotz der mit der seinen gesundheitlichen Beeinträchtigungen verbundenen Einschränkungen ist nicht davon auszugehen, dass Yannik den Barbetrag nicht oder nur eingeschränkt bestimmungsgemäß verwenden kann, so dass eine Absenkung des Barbetrages nicht in Betracht zu ziehen ist.

3. Leistungen der Grundsicherung im Alter und bei Erwerbsminderung

Die Bedarfsberechnung umfasst neben § 27b SGB XII auch die Prüfung der weiteren Leistungsnormen des SGB XII[20], hier aufgrund des geltend gemachten Bedarfs der Vorschriften der Grundsicherung im Alter und bei Erwerbsminderung.

a) Regelbedarf

Zunächst ist der Regelsatz nach der Anlage zu § 28 SGB XII zu bestimmen (§ 42 Nr. 1 SGB XII). Yannik unterfällt der Regelbedarfsstufe 3. Yanniks Regelbedarf beläuft sich grundsätzlich auf 327 Euro (ab 1.12018 332 Euro). Für einen abweichenden Regelbedarf, der nach § 42 Nr. 1 SGB XII i.V.m. § 27a Abs. 4 SGB XII Anlass für eine hiervon abweichende Regelsatzfestsetzung geben würde, fehlen Anhaltspunkte.

Die im Regelbedarf enthaltenen Bedarfe werden durch die Einrichtung sichergestellt, so dass sie bei Yannik nicht (erneut) berücksichtigt werden.

b) Mehrbedarf

Da Yannik ausweislich des Schwerbehindertenausweises schwerbehindert mit Merkzeichen „aG" ist, wird ein Mehrbedarf in Höhe von 17 vom Hundert der maßgebenden Regelbedarfsstufe (hier 327 Euro, ab 1.1.2018 332 Euro) anerkannt (§ 42 Nr. 2 SGB XII i.V.m. § 30 Abs. 1 SGB XII). Zwar setzt der Wortlaut des § 30 Abs. 1 SGB XII die Zuteilung des Merkzeichens „G" (erheblich gehbehindert) voraus, Yanniks durch das Merkzeichen „aG" ausgewiesene Gehbeeinträchtigung geht aber noch über die Gehbeeinträchtigung hinaus, die zum Merkzeichen „G" berechtigt. Merkzeichen „G" wird nach § 3 Abs. 1 Nr. 7 SchwbAwV zuerkannt, wenn der schwerbehinderte Mensch in seiner Bewegungsfähigkeit im Straßenverkehr erheblich beeinträchtigt im Sinne des § 146 Abs. 1 Satz 1 des Neunten Buches Sozialgesetzbuch oder entsprechender Vorschriften ist, Merkzeichen „aG" erst dann, wenn der schwerbehinderte Mensch außergewöhnlich gehbehindert im Sinne des § 6 Abs. 1 Nr. 14 des Straßen-

---

18 Ehmann/Karmanski/Kuhn-Zuber, Gesamtkommentar SRB/Ehmann, § 27b SGB XII Rn. 8.
19 BSG, Urt. v. 15.11.2012, B 8 SO 25/11 R, Rn. 13; Coseriu zählt z.B. angemessene Kosten für einen Internetanschluss hierzu, sofern die Einrichtung keinen Internetzugang bereitstellt, und verweist hierbei auf den Terminbericht dieser BSG-Entscheidung.
20 LSG Baden-Württemberg, Urt. v. 18.04.2012, L 2 SO 5276/10, Rn. 57.

verkehrsgesetzes oder entsprechender straßenverkehrsrechtlicher Vorschriften ist. Da es der Zweck des § 30 Abs. 1 SGB XII ist, die infolge der eingeschränkten Mobilität entstehenden höheren Kosten bei der Deckung des Lebensunterhaltsbedarfs zu decken, muss der Mehrbedarf erst recht bestehen, wenn die Gehfähigkeit und damit die Mobilität noch stärker eingeschränkt ist.

Da Yannik in Regelbedarfsstufe 3 einzustufen ist, beläuft sich sein Mehrbedarf auf (17 % von 327 Euro =) 55,59 Euro (ab 1.1.2018 17 % von 332 Euro = 56,44 Euro). Dieser Mehrbedarf besteht unabhängig davon, ob sich ein Anspruchsberechtigter in oder außerhalb einer Einrichtung aufhält. Er wird allerdings durch die Einrichtung sichergestellt (§ 27b Abs. 1 S. 2 SGB XII i.V.m. § 42 Nr. 2 SGB XII).

c) Einmalige Bedarfe

Anhaltspunkte für einmalige Bedarfe bestehen nicht.

d) Beiträge für die Kranken- und Pflegeversicherung

Eine Berücksichtigung von Krankenversicherungsbeiträgen nach § 42 Nr. 2 SGB XII i.V.m. § 32 Abs. 1 S. 1 SGB XII setzte voraus, dass Yannik Pflichtversicherter im Sinne des § 5 Abs. 1 Nr. 13 SGB V wäre. Der Eintritt dieser Pflichtversicherung scheitert aber nach § 5 Abs. 8a S. 2 SGB V daran, dass er Empfänger laufender Leistungen der Hilfe zum Lebensunterhalt nach dem Dritten Kapitel des SGB XII ist.

Eine Versicherungspflicht in der gesetzlichen Krankenversicherung nach einer anderen Alternative des § 5 SGB V scheidet ebenfalls aus. Da die Versicherungspflicht in der sozialen Pflegeversicherung grundsätzlich der Versicherungspflicht der gesetzlichen Krankenversicherung folgt (§ 20 Abs. 1 S. 1 SGB XI), besteht dort ebenfalls keine Versicherungspflicht.

Damit fallen weder Beiträge zur gesetzlichen Kranken- noch zur sozialen Pflegeversicherung an, die als Bedarfe im Sinne des § 42 Nr. 2 SGB XII i.V.m. § 32 SGB XII relevant wären.

Für die Absicherung gegen die Folgen einer Krankheit, die für Yannik nach § 264 SGB V erfolgt, fallen keine Beiträge an.

4. Kosten für Unterkunft und Heizung

Für Bewohner von stationären Einrichtungen gelten als Unterkunftskosten die durchschnittlichen angemessenen tatsächlichen Aufwendungen für die Warmmiete eines Einpersonenhaushaltes im Einzugsbereich des zuständigen Sozialhilfeträgers (§ 42 Nr. 4 Buchst. b) SGB XII). Diese belaufen sich im Fall des Yannik auf 620 Euro. Der Unterkunftsbedarf wird aber nach § 27b Abs. 1 S. 2 SGB XII ebenfalls durch die Einrichtung sichergestellt.

5. Ergänzende Darlehen

Anhaltspunkte für die Notwendigkeit eines ergänzenden Darlehens (§ 42 Nr. 5 SGB XII i.V.m. § 37 SGB XII) fehlen.

10. Fall: Gundula

Gundula ist 13 Jahre alt und schwerbehindert. In ihrem Schwerbehindertenausweis ist ein Grad der Behinderung (GdB) von 100 sowie ein Merkzeichen für „außergewöhnliche Gehbehinderung" eingetragen. Gundula leidet unter anderem an Multipler Sklerose in einem fortgeschrittenen Stadium, so dass sie ihre Beine aus eigener Kraft nicht mehr, ihre Arme und Hände nur noch sehr eingeschränkt bewegen kann.

Sie erhält Pflegegeld nach Pflegegrad 3 in Höhe von 545 Euro (§ 37 Abs. 1 S. 2 Nr. 2 SGB XI).

Gundula lebt gemeinsam mit ihren Eltern und ihrer 10-jährigen Schwester Katharina in einer im Erdgeschoss gelegenen Eigentumswohnung, die im Eigentum der Eltern steht. Um ein Mindestmaß an Mobilität zu erreichen, verfügt Gundula seit wenigen Tagen über einen elektrischen Rollstuhl, den die Krankenkasse, bei der sie familienversichert ist, bewilligt hat. Mithilfe des Rollstuhls kann sich Gundula außerhalb des Hauses sehr gut fortbewegen. Innerhalb des Hauses ist dies jedoch nicht möglich, da die Türöffnungen der einzelnen Räume zu schmal sind. Für einen nicht elektrisch betriebenen Rollstuhl wären die Türöffnungen ausreichend, Gundula verfügt jedoch in ihren Armen und Händen nicht mehr über die erforderliche Kraft, um die Räder eines Rollstuhls zu bewegen. Ohne Hilfe kann sich Gundula daher nicht zwischen den einzelnen Räumen der Wohnung bewegen. Ebenso wenig ist es ihr möglich, die Wohnung mit dem elektrischen Rollstuhl selbständig zu verlassen, um Schule oder Freundinnen zu erreichen.

Gundulas Vater Ottfried wendet sich am 12. Januar 2017 an den zuständigen überörtlichen Sozialhilfeträger – Kommunaler Sozialverband Sachsen (KSV) – und beantragt im Namen seiner Tochter Leistungen zur Erweiterung sämtlicher Türzargen (Türrahmen) der Eigentumswohnung und zur Anschaffung neuer Innentüren. Er legt sechs Kostenvoranschläge von Handwerkern vor. Das günstigste Angebot beläuft sich auf 3.000 Euro Gesamtkosten. Zugleich legt er einen Bescheid der Krankenkasse vor, nach dem diese einen entsprechenden Leistungsantrag ablehnt.

Auf die Frage des Sachbearbeiters, warum er mit seiner Familie nicht in eine behindertengerechte Wohnung umziehe, antwortet Ottfried, ein Umzug komme nicht in Betracht. Die Wohnung gehöre ihm und seiner Frau, so dass sie keine Miete zu zahlen hätten, darüber hinaus besuchten die Kinder eine nahegelegene Schule, die Gundula nun mithilfe ihres elektrischen Rollstuhls eigenständig erreichen könne, die Kinder seien sozial in verschiedenen Vereinen integriert und hätten im Ort ihre Freundinnen und Schulkameradinnen, außerdem erledige seine Frau täglich den Haushalt ihrer pflegebedürftigen Eltern, die nur 200 Meter entfernt wohnten, und müsse in kleineren oder größeren Notfällen – die in den letzten Monaten mehrfach aufgetreten seien – rasch helfen können.

Interessehalber habe er sich während der letzten Wochen über Tageszeitungen und verschiedene Internetportale über leerstehende Wohnungen informiert. Im Wohnort der Familie gebe es nur wenige freie Wohnungen, behindertengerecht sei nicht eine einzige.

Der Antrag wird mit der Begründung abgelehnt, das Sozialhilferecht kenne keine Anspruchsgrundlage, die Geldleistungen zum Umbau und zur Verschönerung von Wohnungen – und damit zugleich zur Mehrung des vorhandenen Vermögens – ermögliche. Darüber hinaus sei die Familie zur Selbsthilfe verpflichtet, die durch Umzug in das 45 km entfernt liegende H.-heim verwirklicht werden könne. Dort gebe es, wie ein Blick in die örtliche Tageszeitung zeige, mehrere freistehende behindertengerechte Wohnungen.

Ottfried erhebt im Namen seiner Tochter Widerspruch, der durch Bescheid vom 15.03.2017, der am gleichen Tag zur Post gegeben wird, jedoch erst am 23.03.2017 im Briefkasten der Familie eingeht, zurückgewiesen. Ottfried sendet einen Brief an das zuständige Sozialgericht Dresden, in dem er wörtlich formuliert:

„Hiermit klage ich als Vater Gundulas gegen den beiliegenden Bescheid und Widerspruchsbescheid und bitte das hohe Gericht, meiner armen Tochter abzuhelfen". Es folgt Ottfried' eigenhändige Unterschrift. Bescheid und Widerspruchsbescheid legt Ottfried der Klage in Kopie bei.

Aufgabe

Prüfen Sie die Erfolgsaussichten der Klage.

Bearbeitungshinweise

1. Unterstellen Sie, dass es keinen anderen Sozialleistungsträger gibt, der vorrangig zur Übernahme der Kosten in Höhe von 3.000 Euro verpflichtet sein könnte.
2. Ottfried ist durch seine Ehefrau zur Antragstellung sowie Widerspruchs- und Klageerhebung bevollmächtigt worden.
3. Für die Wohnung fallen monatlich 80 Euro Kosten und Gebühren für Wasser, anteilige hausbezogene Versicherungen und Müllabfuhr sowie 100 Euro Hausgeld, das für anstehende Reparaturen zurückgelegt wird, an. Hinzu kommen Heizungskosten in Höhe von 70 Euro sowie Stromkosten in Höhe von 40 Euro. Sämtliche Kosten sind angemessen.
4. Ottfried verfügt über ein im Sinne des § 82 Abs. 2, 3 SGB XII bereinigtes monatliches Nettoeinkommen in Höhe von 4.000 Euro. Hiervon überweist er seinen Eltern 150 Euro, um deren Sozialhilfebedürftigkeit zu verhindern. Ottfried ist Kindergeldberechtigter, so dass er zudem Kindergeld in Höhe von monatlich 192 Euro (ab 1.1.2018 194 Euro) pro Kind erhält. Weiteres der Familie zuzurechnendes Einkommen existiert nicht. Der Wert der angemessenen Eigentumswohnung beläuft sich auf 100.000 Euro. Ottfried verfügt über einen Pkw im Wert von 6.500 Euro, den er benötigt, um seine Arbeitsstelle zu erreichen. Der Pkw ist mit einer Rampe ausgestattet, über den der Rollstuhl in das Fahrzeuginnere gefahren werden kann.
5. Die Klage geht am 24.04.2017 bei dem zuständigen Sozialgericht ein.

Lösungsvorschlag

Die Klage hätte Aussicht auf Erfolg, wenn sie zulässig und begründet wäre.[21]

I. Zulässigkeit der Klage

1. Statthaftigkeit

Die Klage wäre statthaft, wenn der Gesetzgeber zur Durchsetzung Gundulas Begehren ein Klageverfahren zur Verfügung stellen würde. Gundula möchte, dass die im Zusammenhang mit der Erweiterung der Türrahmen und der Anschaffung neuer Innentüren entstehenden Kosten durch den Sozialhilfeträger übernommen werden. Welche der hierfür denkbaren Klagearten – Leistungsklage oder Verpflichtungsklage – zu erheben ist, hängt davon ab, ob Gundulas Begehren den Erlass eines Verwaltungsaktes voraussetzt. Benötigte Gundula einen Verwaltungsakt, um ihr Ziel zu erreichen, wäre die Verpflichtungsklage (§ 54 Abs. 1 S. 1 Alt. 3 SGG) zu erheben, andernfalls eine Leistungsklage (§ 54 Abs. 5 SGG).

Die hier in Betracht kommenden Leistungen der Eingliederungshilfe für behinderte Menschen nach § 19 Abs. 2 SGB XII i.V.m. §§ 53 ff. SGB XII i.V.m. §§ 6 ff. EinglHV werden durch den überörtlichen Sozialhilfeträger nach Maßgabe der §§ 3, 97 Abs. 2

---

21 Die Erklärung des Ottfried musste nicht dahingehend ausgelegt werden, ob es sich um eine Klage handelt, da die Aufgabenstellung von einer Klage ausgeht. Die Prüfung der Eröffnung des Rechtswegs (§ 51 SGG) war ebenso wenig gefordert, da im Sachverhalt ausgeführt ist, dass die Klage vor dem zuständigen Sozialgericht Dresden erhoben wurde.

SGB XII i.V.m. § 3 Abs. 1 Nr. 1 Gesetz über den Kommunalen Sozialverband Sachsen[22] erbracht. Dieser handelt hierbei als Organ der vollziehenden Gewalt und entscheidet im Einzelfall nach Abschluss eines Verwaltungsverfahrens im Sinne des § 8 SGB X im Rahmen der Leistungsverwaltung durch Verwaltungsakt im Sinne des § 31 SGB X. Somit richtet sich Gundulas Begehren nach ihrem wohlverstandenen Interesse auf den Erlass eines Verwaltungsaktes.

Damit entspricht die in § 54 Abs. 1 S. 1 Alt. 3 SGG vorgesehene Verpflichtungsklage – als sogenannte Versagungsgegenklage, die sich auf die Verpflichtung zum Erlass eines durch die Behörde abgelehnten Verwaltungsaktes richtet – Gundulas Interesse. Die Klage ist statthaft.

2. Klagebefugnis

Nach dem Wortlaut des § 54 Abs. 1 S. 2 Alt. 2 SGG wäre die Klage nur zulässig, wenn Gundula behauptete, durch die Ablehnung des Verwaltungsaktes beschwert zu sein. Genügte jedoch die bloße Behauptung beschwert zu sein, so würde der Zweck des § 54 Abs. 1 S. Alt. 2 SGG, eine inhaltliche Entscheidung über Popularklagen zu verhindern, nicht erfüllt. Jedermann kann ohne Weiteres behaupten, durch die Ablehnung eines Verwaltungsaktes beschwert zu sein, selbst wenn die Regelungsmaterie außerhalb seines Rechtskreises liegt und er sich in Wirklichkeit in fremde Angelegenheit einmischt. Stellte man auf die bloße Behauptung einer Beschwer ab, so öffnete man Popularklagen „Tür und Tor".

Um dem Gesetzeszweck zur Geltung zu verhelfen, wurden verschiedene Theorien entwickelt. Die Möglichkeitstheorie, die bei Verpflichtungsklagen herangezogen wird, bejaht die Klagebefugnis, wenn die *Möglichkeit* besteht, dass der Kläger durch die Ablehnung des Verwaltungsaktes in *eigenen* Rechten verletzt wird. Gundula könnte einen eigenen Rechtsanspruch auf Leistungen zur Erweiterung der Türrahmen und zur Anschaffung neuer Türrahmen nach § 19 Abs. 3 SGB XII i.V.m. §§ 53 ff. SGB XII i.V.m. §§ 6 ff. EinglHV haben. Auch wenn noch nicht feststeht, dass die Ablehnung ihres Antrags ihre eventuell bestehenden Ansprüche aus dieser Anspruchsgrundlage verletzt, so ist eine Verletzung jedenfalls möglich. Die Ablehnung ihres Antrags auf Erlass eines entsprechenden Leistungsverwaltungsaktes ist daher grundsätzlich geeignet, ihre eigenen Rechte zu verletzen. Die Sorge einer Popularklage besteht nicht, Gundula ist klagebefugt.

3. Form

Die Klage ist nach § 90 SGG bei dem zuständigen Gericht der Sozialgerichtsbarkeit schriftlich oder zur Niederschrift des Urkundsbeamten der Geschäftsstelle zu erheben. Gundula hat die Klage, vertreten durch ihren Vater, schriftlich beim zuständigen Sozialgericht erhoben.

4. Inhalt der Klage

§ 92 Abs. 1 S. 1 SGG fordert, dass die Klage den Kläger, den Beklagten und den Gegenstand des Klagebegehrens bezeichnet.

Es ist dem Sachverhalt nicht genau zu entnehmen, ob die Klage den Namen der Klägerin und ihre Adresse beinhaltet, es ist aber davon auszugehen, dass sie sich je-

---

22 Gesetz über den Kommunalen Sozialverband Sachsen vom 14. Juli 2005 (SächsGVBl. S. 167, 171), zuletzt geändert durch Artikel 6 des Gesetzes vom 15. Dezember 2010 (SächsGVBl. S. 387).

denfalls aus den in Kopie beigefügten Unterlagen ergeben.[23] Dies ist für die eindeutige Identifizierung der Klägerin und damit für den durch § 92 Abs. 1 S. 1 SGG verfolgten Zweck ausreichend. Die beigefügten Anlagen entsprechen zugleich § 92 Abs. 1 S. 4 SGG, der verlangt, dass die angefochtene Verfügung und der Widerspruchsbescheid in Abschrift beigefügt werden sollen.

Die Klage benennt die Beklagte nicht ausdrücklich. Nach § 92 Abs. 1 S. 2 SGG genügt jedoch die Angabe der Behörde, die den Bescheid bzw. Widerspruchsbescheid erlassen hat. Die den Ausgangs- und den Widerspruchsbescheid erlassenden Behörden lassen sich ebenfalls zweifelsfrei aus den der Klage beigefügten Anlagen herauslesen, was den Anforderungen des § 92 Abs. 1 SGG genügt.

Nichts anderes gilt für das Klagebegehren. Es ist zu unterstellen, dass sich aus dem Bescheid und dem Widerspruchsbescheid eindeutig ergibt, dass es Gundula darum geht, von der Beklagten Sozialleistungen zur Erweiterung der Türräumen und zur Anschaffung neuer Innentüren in der Wohnung ihrer Eltern zu erhalten.

§ 92 Abs. 1 S. 3 SGG fordert, dass die Klage einen bestimmten Antrag enthalten soll. Die Bitte, Gundula „abzuhelfen", enthält keinen auf den ersten Blick bestimmten Antrag, aus dem sich das Klageziel ohne Weiteres ableiten ließe. Allerdings lässt sich diese Erklärung unter Berücksichtigung des Meistbegünstigungsgrundsatzes alleine so verstehen, dass Gundula die Verpflichtung des Sozialhilfeträgers zur Erbringung von Sozialhilfeleistungen zum oben benannten Zweck begehrt. Selbst wenn Zweifel an dem konkreten Inhalt des Klageantrags bestehen würden, führten diese – auch unter Berücksichtigung des § 92 Abs. 2 SGG – jedenfalls nicht zur Unzulässigkeit der Klage; das Gericht hätte nach § 106 Abs. 1 SGG die Pflicht, auf eine sachdienliche Antragstellung hinzuwirken.

5. Frist

Die Klage ist binnen eines Monats nach Bekanntgabe des Widerspruchsbescheids zu erheben, wobei die Klagefrist mit dessen Bekanntgabe beginnt (§ 87 Abs. 1 S. 1, Abs. 2 SGG). Die Bekanntgabe des Widerspruchsbescheids erfolgte am 23.03.2017, so dass die Klagefrist mit diesem Tag beginnt. Die Klagefrist endet nach § 64 Abs. 2 S. 1 SGG am 23.04.2017. Da es sich bei diesem Tag um einen Sonntag handelt, endet die Klagefrist nach § 64 Abs. 3 SGG stattdessen mit Ablauf des nächsten Werktages, d.h. mit Ablauf des 24.04.2017. Da die Klage an diesem Tag bei dem zuständigen Gericht eingeht, wurde sie fristgemäß erhoben.

6. Prozessfähigkeit

Um prozessfähig zu sein, müsste Gundula das 15. Lebensjahr vollendet haben (§ 71 Abs. 2 SGG i.V.m. § 36 Abs. 1 SGB I). Gundula ist jedoch erst 12 Jahre alt und daher nicht prozessfähig. Sie wird durch ihre Eltern als gesetzliche Vertreter gemeinsam vertreten (§ 1629 Abs. 1 S. 2 Hs. 2 BGB). Ihr Vater Ottfried, der hierzu zugleich durch Gundulas Mutter bevollmächtigt wurde, hat die Klage in Vertretung der Gundula wirksam erhoben.

---

23 Zwar enthält der Sachverhalt keinen ausdrücklichen Hinweis darauf, dass der ablehnende Bescheid und der Widerspruchsbescheid Gundulas Namen und Adresse aufweist, dies ist jedoch anders nicht denkbar, denn die Bescheide wurden schriftlich bekanntgegeben und hätten ohne Namen und Adresse Gundula bzw. ihren Vater nicht erreicht. Es handelt sich also keineswegs um eine Sachverhaltslücke, sondern um eine scheinbare Sachverhaltslücke, die nach dem „Normalfallprinzip" zu schließen ist.

Die Klage ist zulässig.

II. Begründetheit

Die Klage wäre begründet, wenn Gundula einen Anspruch auf Leistungen zur Erweiterung der Türrahmen und Anschaffung neuer Türen in Höhe von 3.000 Euro hätte und die Ablehnung der Kostenübernahme aus diesem Grunde rechtswidrig wäre.

Als **mögliche Anspruchsgrundlage** kommt § 19 Abs. 3 i.V.m. §§ 53 ff. SGB XII in Betracht, da die Erweiterung der Türöffnungen der Herstellung der Möglichkeit einer Teilhabe am gemeinschaftlichen Leben in der Familie und damit auch der Gesellschaft dient. Das Herstellen von „Mobilität" im Sinne des § 61 Abs. 4 i.V.m. Abs. 5 Ziffer 3 SGB XII tritt dem gegenüber in den Hintergrund.

1. Anspruchsberechtigter Personenkreis

Gundula müsste zum anspruchsberechtigten Personenkreis des § 53 Abs. 1 SGB XII gehören. Hierzu müsste sie zunächst an einer Behinderung im Sinne des § 2 Abs. 1 SGB IX i.V.m. §§ 1 ff. EinglHV leiden oder von dieser bedroht sein. § 2 Abs. 1 S. 1 SGB IX enthält eine Legaldefinition des Begriffs Behinderung. Demnach sind Menschen behindert, wenn ihre körperliche Funktion, geistige Fähigkeit oder seelische Gesundheit mit hoher Wahrscheinlichkeit länger als sechs Monate von dem für das Lebensalter typischen Zustand abweichen und daher ihre Teilhabe am Leben in der Gesellschaft beeinträchtigt ist.

Lähmungen in Beinen, Händen und Armen weichen von dem üblichen Gesundheitszustand Dreizehnjähriger ab. Dieser Gesundheitszustand besteht bereits seit der Geburt, wird sich voraussichtlich auch zukünftig nicht verändern und weicht damit für einen längeren Zeitraum als sechs Monate von dem für das Lebensalter typischen Zustand ab.

Aufgrund dieser starken körperlichen Einschränkungen ist es Gundula nicht möglich, sich ohne Hilfe oder Hilfsmittel innerhalb oder außerhalb der Wohnung selbständig fortzubewegen, Schule, Freunde u.s.w. oder auch nur ein anderes Zimmer innerhalb der Wohnung zu erreichen. Ihre Teilhabe am Leben in der Gesellschaft ist beeinträchtigt.

Die Beeinträchtigung am Leben in der Gemeinschaft ist auch im Sinne des § 53 Abs. 1 SGB XII wesentlich, denn ihre Bewegungsfähigkeit ist durch eine Beeinträchtigung des Stütz- und Bewegungssystems in erheblichem Umfang eingeschränkt, so dass die Voraussetzungen des § 1 Nr. 1 EinglHV erfüllt sind.

§ 53 Abs. 1 SGB XII setzt für einen Anspruch auf Leistungen des Weiteren die Aussicht voraus, dass durch die begehrte Eingliederungshilfeleistung die Aufgabe der Eingliederungshilfe erfüllt werden kann. Aufgabe der Eingliederungshilfe ist es unter anderem, die Folgen einer Behinderung zu beseitigen oder zu mildern und den behinderten Menschen in die Gesellschaft einzugliedern (§ 53 Abs. 3 SGB XII). Das selbständige Fortbewegen innerhalb der Wohnung ist alleine durch die begehrte Erweiterung der Türrahmen möglich. Somit besteht nicht nur eine vage Möglichkeit, sondern sogar Gewissheit, dass die begehrte Leistung die infolge der Behinderung bestehenden Grenzen der Fortbewegungsmöglichkeit innerhalb der Wohnung beseitigen und Gundula damit die jederzeitige Erreichbarkeit der anderen Räume und zugleich die Teilhabe am familiären Leben ermöglichen wird. Der Austausch der Türen, die infolge der Verbreiterung des Türrahmens erforderlich ist, zählt hierzu, denn ohne Türen ist ein privates Leben, das auch innerhalb einer Familie erforderlich ist, nicht möglich. Die bisher vorhandenen Türen würden infolge der Verbreiterungsmaßnahmen nicht mehr passen.

2. Leistungsvoraussetzungen

Nach § 54 Abs. 1 S. 1 SGB XII i.V.m. § 55 Nr. 5 SGB IX zählen Hilfen beim Umbau einer Wohnung, die den besonderen Bedürfnissen der behinderten Menschen entspricht, zu den Leistungen der Eingliederungshilfe.

Die elterliche Wohnung entspricht Gundulas besonderen Bedürfnissen, weil dort die familiäre Gemeinschaft der Minderjährigen mit ihren Eltern und ihrer Schwester hergestellt wird und die Wohnung zudem – bis auf die zu engen Türrahmen – keine Barrieren aufweist, die Gundula das Leben in der Wohnung unmöglich oder erschweren würden.

Aus § 4 Abs. 1 SGB IX wird abgeleitet, dass die begehrte Leistung notwendig sein muss, um eines der in § 4 Abs. 1 SGB IX genannten Ziele zu erreichen. Zu diesen Zielen gehört nach Ziffer 4 der Vorschrift, eine möglichst selbständige und selbstbestimmte Lebensführung zu ermöglichen oder zu erleichtern. Notwendig ist die Leistung dann, wenn sie geeignet und unentbehrlich ist, um das Eingliederungsziel zu erreichen.[24] Die Erweiterung der Türrahmen ermöglicht Gundula, sich innerhalb der Wohnung frei zu bewegen. Da hierzu keine zumutbare Alternative erkennbar ist, ist die Erweiterung auch unentbehrlich. Bei einer minderjährigen Hilfesuchenden ist bei der Frage der Zumutbarkeit nicht nur auf sie, sondern auch auf die familiäre Gemeinschaft mit Eltern und minderjährigen Geschwistern abzustellen, zudem ist nach Möglichkeit zu verhindern, dass sie von ihrem sozialen Umfeld getrennt werden (§ 4 Abs. 3 SGB IX, § 16 SGB XII). Ein Umzug in eine andere Wohnung ist innerhalb desselben Ortes nicht möglich, in einen 45 km entfernt liegenden Ort nicht zumutbar. Der Umzug in den durch den Sozialhilfeträger benannten Ort führte zu einer derart großen räumlichen Trennung von ihrer jetzigen Schule, ihrem Freundeskreis und ihren Vereinstätigkeiten, dass es praktisch unmöglich wäre, den Schulbesuch im jetzigen Wohnort fortzusetzen und Freundschaften und Vereinszugehörigkeit aufrechtzuerhalten. Eben dies soll nach § 4 Abs. 3 SGB IX bei der Leistungsgewährung verhindert werden. Unzumutbar erscheint der Umzug zudem, weil er die Haushaltsführung der pflegebedürftigen Großeltern von Gundula erheblich einschränkte und die jederzeitige rasche Erreichbarkeit und Hilfe unmöglich machte.

3. Wirtschaftliche Voraussetzungen

Die wirtschaftlichen Voraussetzungen für Leistungen der Eingliederungshilfe wären erfüllt, soweit es Gundula und ihren Eltern – die zu Gundulas Einsatzgemeinschaft gehören (§ 19 Abs. 3 SGB XII) – nicht zumutbar wäre, die Kosten für die begehrte Eingliederungshilfeleistung aus ihrem Einkommen und Vermögen im Sinne der §§ 82 ff., 85 ff. SGB XII sowie §§ 90 f. SGB XII sicherzustellen.

a) Einkommen

Einkommen sind Geld oder Geldeswerte, die während des Bedarfszeitraums zufließen, sofern der Gesetzgeber keine andere Regelung getroffen hat (modifizierte Zuflusstheorie). Der Bedarfszeitraum beginnt mit dem Tag der Kenntnis des Sozialhilfeträgers davon, dass die Leistungsvoraussetzungen vorliegen (§ 18 Abs. 1 SGB XII). Hierbei ist nicht erforderlich, dass bereits sämtliche, für die Begründung des Anspruchs auf Leistungen erforderlichen Tatsachen bewiesen sind. Es reicht vielmehr aus, dass die Notwendigkeit der Hilfe dargetan oder anders erkennbar ist, so dass der Sozialhilfeträger Kenntnis von Bedarf und Hilfebedürftigkeit hat.[25] Durch Ott-

---

24 BSG, 12.12.2013 - B 8 SO 18/12 R, Rn. 15.
25 Coseriu in Knickrehm/Kreikebohm/Waltermann, § 18 SGB XII Rn. 2.

frieds Vorsprache am 12.01.2017 verfügte der Sozialhilfeträger über diese Kenntnisse, so dass der Bedarfszeitraum an diesem Tag beginnt.

Maßgeblich ist Einkommen der Gundula sowie der Mitglieder ihrer Einsatzgemeinschaft, zu der nach § 19 Abs. 3 SGB XII ihre Eltern gehören.

Im Laufe des Bedarfszeitraums fließt Gundula Pflegegeld zu, das jedoch nach § 13 Abs. 5 S. 1 SGB XI nicht als Einkommen zu berücksichtigen ist.

Ottfried fließt Erwerbseinkommen in Höhe von 4.000 Euro zu, darüber hinaus Kindergeld für zwei Kinder in Höhe von jeweils 192 Euro (ab 1.1.2018 jeweils 194 Euro).

Da keine Ausnahmeregelungen die Heranziehung des Erwerbseinkommens ausschließen und Absetzungspositionen nach § 82 Abs. 2 und 3 SGB XII bereits berücksichtigt wurden, ist insoweit von einem Einkommen in Höhe von 4.000 Euro auszugehen.

Fraglich ist, ob das Ottfried zufließende Kindergeld ebenfalls dessen Einkommen ist. Nach § 82 Abs. 1 S. 3 SGB XII wird Kindergeld trotz des Zuflusses bei einem Elternteil minderjährigen Kindern als Einkommen zugerechnet, soweit diese es zum notwendigen Lebensunterhalt benötigen. Gundula und ihre Schwester machen jedoch keine Leistungen zum Lebensunterhalt geltend, so dass ihnen das Kindergeld nicht zugerechnet wird. Dies entspricht auch Sinn und Zweck des § 82 Abs. 1 S. 3 SGB XII, der auf die Beseitigung der Sozialhilfebedürftigkeit von Kindern in Bezug auf Lebensunterhaltsleistungen abzielt.[26] Das Kindergeld ist damit als Einkommen des Ottfried anzusehen, da es ihm während des Bedarfszeitraums zufließt. Ottfrieds Gesamteinkommen beläuft sich damit auf (4.000 Euro zzgl. 192 Euro zzgl. 192 Euro =) 4.384 Euro (ab 1.1.2018 4.388 Euro).

b) Vermögen

Zum Vermögen zählen Geld oder Geldwerte, die bereits zu Beginn des Bedarfszeitraums vorhanden waren.

Gundula verfügt über kein Vermögen.

Ihre Eltern sind bereits zu Beginn des Bedarfszeitraums Eigentümer der Eigentumswohnung, in der die Familie lebt. Grundsätzlich zählt die Eigentumswohnung damit zum Vermögen im Sinne des § 90 Abs. 1 SGB XII. Die Verwertung dieses Vermögens kann jedoch nach § 90 Abs. 2 Nr. 8 SGB XII nicht verlangt werden, wenn es sich um eine angemessene Wohnung handelt, die durch die nachfragende Person oder ihre Einsatzgemeinschaft ganz oder teilweise bewohnt wird und nach ihrem Tod von ihren Angehörigen bewohnt werden soll. Zweck dieser Vorschrift ist es, den Familienwohnsitz zu erhalten, soweit dieser den räumlichen Lebensmittelpunkt darstellt und das Grundbedürfnis Wohnen nicht unangemessen sicherstellt.[27] Die Eigentumswohnung ist angemessen und wird durch Gundula, ihre Eltern (Einsatzgemeinschaft) und ihre Schwester (weitere Angehörige) bewohnt. Es fehlen Anhaltspunkte dafür, dass die Eigentumswohnung verkauft werden würde, falls Gundula versterben sollte. Ganz im Gegenteil ist davon auszugehen, dass eine Eigentumswohnung durch die Eigentümer auch dann weiterhin bewohnt wird, falls ein Kind oder die Kinder versterben oder selbst aus der Wohnung ausziehen. Damit gehört die Eigentumswohnung zu dem nach § 90 Abs. 2 Nr. 8 SGB XII von einer Verwertungsobliegenheit geschützten Vermögen.

---

26   Hohm in Schellhorn/Schellhorn/Hohm, 18. Aufl. 2010, § 82 SGB XII Rn. 32.
27   Vertiefend hierzu jurisPK-SGB XII/Mecke, § 90 SGB XII Rn. 72 ff.

Des Weiteren zählt der Hausrat zum Vermögen, da er ebenfalls bereits am 12.01.2017 vorhanden ist. Da der Hausrat angemessen ist, ist er nach § 90 Abs. 2 Nr. 4 SGB XII geschützten Vermögen.

Zuletzt ist Ottfried bereits am 12.01.2017 Eigentümer eines Pkw, der einen Wert von 6.500 Euro aufweist, so dass der Pkw als Vermögen anzusehen ist. Anders als im SGB II (dort § 12 Abs. 3 Nr. 2 SGB II) ist ein angemessener Pkw im SGB XII nicht ausdrücklich von der Verwertbarkeit ausgeschlossen.

§ 90 Abs. 3 S. 1 SGB XII verbietet jedoch im Sinne einer Auffangvorschrift, die Sozialhilfeleistung von der Verwertung eines Vermögens abhängig zu machen, soweit die Verwertung für denjenigen, der das Vermögen einzusetzen hat, und für seine Unterhaltsberechtigten eine Härte darstellte. Der unbestimmte Rechtsbegriff der Härte wird für Leistungen nach dem 5. bis 9. Kapitel des SGB XII – somit auch für Leistungen der Eingliederungshilfe für behinderte Menschen – durch § 90 Abs. 3 S. 2 SGB XII konkretisiert, der eine Härte insbesondere darin sieht, soweit eine angemessene Lebensführung wesentlich erschwert würde. Ottfried benötigt den Pkw, um seiner Erwerbstätigkeit nachzugehen, zudem zum Transport des Rollstuhls seiner Tochter. Würde der Pkw veräußert, wäre die finanzielle Lebensgrundlage der Familie zerstört, außerdem die Erweiterung der räumlichen Bewegungsfreiheit seiner behinderten Tochter wesentlich erschwert. Einzubeziehen ist zudem, dass – sofern weiteres verwertbares Vermögen fehlt – nach § 90 Abs. 2 Nr. 9 SGB XII i.V.m. § 1 Nr. 1 und 2 VO zur Durchführung des § 90 Abs. 2 Nr. 9 SGB XII ein Betrag in Höhe von (5.000 Euro zzgl. 5.000 Euro zzgl. 500 Euro zzgl. 500 Euro =) 11.000 Euro als kleinerer Geldwert von der Vermögensberücksichtigung frei ist, so dass die Verwertung des Pkw auch aus diesem Grunde nicht vor einer Inanspruchnahme von Sozialhilfeleistungen erwartet werden dürfte.

Somit ist letztlich kein verwertbares Vermögen vorhanden.

c) Einkommensgrenze (§ 85 Abs. 2 SGB XII)

Die Frage, in welcher Höhe es der Einsatzgemeinschaft zuzumuten ist, das vorhandene Einkommen in Höhe von 4.384 Euro zur Sicherstellung des geltend gemachten Bedarfs einzusetzen, beantworten §§ 85 ff. SGB XII. Grundlegend für die Beurteilung ist zunächst die Einkommensgrenze, an der das vorhandene Einkommen zu messen ist.

Die Einkommensgrenze bestimmt sich nach § 85 Abs. 2 SGB XII, weil die nachfragende Person Gundula minderjährig ist.

Demnach setzt sich die Einkommensgrenze aus bis zu drei Einzelbeträgen zusammen. Zu dem **Grundbetrag** – der sich aus dem Doppelten des Regelbedarfstufe 1 ergibt, d.h. **818 Euro** (ab 1.1.2018 832 Euro) beträgt – sind die angemessenen Unterkunftskosten hinzuzuzählen. Da die Wohnung im Eigentum der Eltern der Gundula steht, fällt keine Kaltmiete an. Die Nebenkosten belaufen sich auf 80 Euro sowie 100 Euro Hausgeld, das für anstehende Reparaturen zurückgelegt wird. Nicht zu berücksichtigen sind allerdings die Heizkosten, da Unterkunftskosten zwar Nebenkosten beinhalten, nicht jedoch – wie ein Blick auf § 35 Abs. 4 SGB XII zeigt – Heizungskosten. Die Stromkosten sind bereits durch den Regelsatz sichergestellt (§ 27a Abs. 1 S. 1 SGB XII). Da sämtliche Kosten als angemessen anzusehen sind, belaufen sich die **angemessenen Unterkunftskosten** damit auf **180 Euro**.

Die für die Unterkunft und Heizung zu berücksichtigenden Kosten sind in einem ersten Schritt auf die Anzahl der in der Unterkunft lebenden Personen aufzuteilen (Kopfzahlverfahren) – hier auf Gundula, ihre Eltern und ihre Schwester. In einem weiteren

Schritt ist der sich ergebende Teilbetrag mit der Anzahl derjenigen Personen zu ver-
vielfachen, für die Familienzuschläge berücksichtigt werden, außerdem für die nachfragende Person selbst[28] und darüber hinaus für weitere Mitglieder der Einsatzgemeinschaft. Damit ist ein Kopfanteil für die nachfragende Person Gundula, beide El-
ternteile sowie ihre Schwester, die von ihren Eltern überwiegend unterhalten wird,
anders formuliert für sämtliche in der Wohnung lebenden Personen zu berücksichtigen. Die Unterkunftskosten werden also in Höhe von 180 Euro zur Einkommensgrenze hinzugerechnet.

In einem letzten Schritt ist zur Einkommensgrenze der Familienzuschlag in Höhe des
auf volle Euro aufgerundeten Betrags von 70 vom Hundert der Regelbedarfsstufe 1
(286,30 Euro, aufgerundet: 287 Euro; ab 1.1.2018 70 vom Hundert von 416 Euro,
aufgerundet = 292 Euro) hinzuzuzählen.

Der **Familienzuschlag** wird für einen Elternteil, das leistungsberechtigte Kind Gundula sowie ihre Brüder berücksichtigt und beläuft sich daher auf (3 x 287 Euro) **861**
Euro (ab 1.1.2018 3 x 292 Euro = 876 Euro).

Die Einkommensgrenze beträgt damit insgesamt (818 Euro zzgl. 180 Euro zzgl. 861
Euro) 1.859 Euro (ab 1.1.2018 1.888 Euro).

Das Einkommen in Höhe von 4.384 Euro (ab 1.1.2018 4.388 Euro) übersteigt die Einkommensgrenze um 2.525 Euro (ab 1.1.2018 2.500 Euro).

d) Angemessenheitsprüfung (§ 87 SGB XII)

Nach § 87 Abs. 1 S. 2 SGB XII sind bei der Bemessung des angemessenen Um-
fangs, in dem aus Einkommen zur Bedarfsdeckung beizutragen ist, insbesondere Art
des Bedarfs, Art und Schwere der Behinderung oder Pflegebedürftigkeit, Dauer und
Höhe der erforderlichen Aufwendungen sowie besondere Belastungen zu berücksichtigen. Dabei zeigt § 87 Abs. 1 S. 3 SGB XII, dass der Gesetzgeber von dem
Grundgedanken ausgegangen ist, dass der angemessene Einsatz eigenen Einkommens umso geringer sein soll, desto gravierender die Behinderung oder Pflegebedürftigkeit ist. Aufgrund der besonders schweren Behinderungsfolgen und Gundulas
Schwerstpflegebedürftigkeit erscheint ein geringerer Anteil als 40 vom Hundert –
konkret: 20 vom Hundert – des über der Einkommensgrenze liegenden Betrages angemessen. Zuvor sollten allerdings die betragsmäßig ausgewiesenen besonderen
Belastungen von dem zu berücksichtigenden Einkommen abgezogen werden, da
eine lediglich prozentuale Berücksichtigung nicht dem Zweck des § 87 Abs. 1 S. 3
SGB XII entspricht, einen angemessenen und möglichen Einsatz von Eigenmitteln
zur Bedarfsdeckung zu verlangen. Den den Großeltern zukommenden Unterhaltsbei-
trag von 150 Euro als besondere Belastung zu berücksichtigen, erscheint auch aus
Sicht des die Sozialhilfeleistungen finanzierenden Steuerzahlers als angemessen, da
dies einerseits einer moralischen Verpflichtung von Kindern gegenüber ihren Eltern
entspricht, andererseits Gundulas Großeltern ohne die Unterstützung sozialhilfebe-
dürftig würden, so dass sie ebenfalls durch aus Steuermitteln finanzierte Sozialhilfeleistungen unterstützt werden müssten. Nach Abzug des Unterhaltsbeitrags verbleibt ein zu berücksichtigendes Einkommen in Höhe von 2.375 Euro (ab 1.1.2018
2.350 Euro).

Damit erscheint es nach § 19 Abs. 3 SGB XII i.V.m. § 87 Abs. 1 SGB XII zumutbar,
dass Gundulas Vater einen Betrag in Höhe von (20 v.H. von 2.375 Euro) 475 Euro (ab

---

28 Hierauf beschränkt sich Gutzler in jurisPK-SGB XII, § 85 SGB XII Rn. 32, 48, übersieht jedoch, dass auch
    der weitere Elternteil berücksichtigt werden muss.

1.1.2018 20 v.H. von 2.350 Euro = 470 Euro) als Eigenanteil an den Kosten der Erweiterung der Türen und der Anschaffung neuer Türen beiträgt.

e) Höherer Einkommenseinsatz wegen langfristiger Nutzung

Nach § 87 Abs. 3 SGB XII kann (Ermessen, § 39 SGB I) die Aufbringung des angemessenen Eigenanteils zur Beschaffung von Bedarfsgegenständen, deren Gebrauch für mindestens ein Jahr bestimmt ist, auch aus dem Einkommen verlangt werden, dass die Mitglieder der Einsatzgemeinschaft innerhalb eines Zeitraums von bis zu drei Monaten nach Ablauf des Monats, in dem über die Leistung entschieden worden ist, erzielen. Fraglich ist, ob es sich bei Türzargen und Türen um Bedarfsgegenstände handelt. Bedarfsgegenstände sind für den individuellen und unmittelbaren Gebrauch durch den Leistungsempfänger bestimmt und unterliegen einer Abnutzung (LPK-SGB XII/Schoch, § 87 Rn. 24). Türzargen und Innentüren nutzen grundsätzlich nicht ab und sind auch nicht für einen individuellen Gebrauch gedacht. Somit handelt es sich nicht um Bedarfsgegenstände. Eine bis zu viermonatige Berücksichtigung des angemessenen Einkommensanteils von 475 Euro (ab 1.1.2018 470 Euro) kommt nicht in Betracht.

Gundula hat somit grundsätzlich Anspruch auf Eingliederungshilfeleistungen in Höhe von (3.000 Euro abzgl. 475 Euro) 2.525 Euro (ab 1.1.2018 3.000 Euro abzgl. 470 Euro = 2.530 Euro).

4. Selbsthilfe durch Umzug

Einem Anspruch auf Eingliederungsleistungen könnte das § 2 Abs. 1 SGB XII entnommene Selbsthilfeprinzip bzw. Subsidiaritätsprinzip entgegenstehen.

a) Umzug in ein Heim

Zunächst stellt sich die Frage, ob Gundulas Anspruch ein möglicher Umzug in ein Pflegeheim entgegensteht. Nach § 13 Abs. 1 S. 1 SGB XII haben ambulante Hilfen allerdings Vorrang gegenüber stationären Leistungen. Dies wäre nur dann ausnahmsweise anders, wenn dem Leistungsberechtigten ein stationärer Aufenthalt zumutbar wäre. Hier wäre aufgrund des Alters des Kindes, der familiären Verhältnisse und der vollständigen Sicherstellung ihrer Bedürfnisse zu Hause ein dauerhafter stationärer Aufenthalt für das Kind unzumutbar.

b) Umzug der Familie in eine andere Stadt

Unter Berücksichtigung der in § 2 Abs. 1 SGB XII und § 9 Abs. 2 S. 1 SGB XII enthaltenen gesetzgeberischen Bewertung – vgl. insoweit auch § 13 Abs. 1 S. 1 SGB XII -, kann ein Sozialhilfeträger nur angemessene Verhaltensweisen verlangen. Aufgrund der persönlichen Lebenssituation der Familie (eigenes Haus, Hilfe, Pflege und Betreuung der in demselben Haus lebenden Eltern bzw. Großeltern, Nähe zum Arbeitsplatz) ist ein Umzug in das 45 km entfernt liegende H.-Heim nicht zumutbar.

Ein Umzug innerhalb desselben Ortes erschiene wohl zumutbar, es lassen sich jedoch insoweit keine behindertengerechten, beziehbaren, d.h. freie Wohnungen finden, so dass ein Umzug faktisch ausscheidet.

5. Ergebnis

Gundula hat Anspruch auf Übernahme der Kosten für die beantragte Verbreiterung der Türzargen und die Anschaffung neuer Innentüren in Höhe von 2.525 Euro (ab 1.1.2018 2.530 Euro). Soweit sie Sozialhilfeleistungen in dieser Höhe begehrt, hat ihr Widerspruch Aussicht auf Erfolg, im Übrigen ist er unbegründet.

11. Fall: Niels Drogenproblem

Niels, 24 Jahre alt, konsumiert seit seinem 16. Lebensjahr regelmäßig Haschisch und Marihuana und finanziert diesen ausschließlich durch Beschaffungskriminalität und Drogenhandel.

Niels ging bislang davon aus, durch Drogenkonsum sein Bewusstsein erweitern zu können und sah deshalb keinen Grund, ihn freiwillig einzustellen. Er lebt in einer Wohngemeinschaft mit anderen Drogenkonsumenten, die ihr Leben ebenso so führen wie er.

Im Juli 2013 wird Niels durch das Landgericht Frankfurt am Main zu einer dreieinhalbjährigen Haftstrafe verurteilt. Während der Haft wird ihm das Angebot gemacht, an einem therapeutischen Gesprächskreis des gemeinnützigen Vereins „Dein neuer Weg" teilzunehmen. Niels nimmt teil, zeigt sich jedoch während der wöchentlich vier- bis fünfstündigen Gesprächsrunden und individuellen Betreuungsstunden zunächst unnahbar, uneinsichtig und arrogant. Im Laufe der Zeit verändert sich sein Verhalten. Langsam erkennt er die Zusammenhänge zwischen Drogenkonsum, Drogenhandel und psychischen Problemen, die in erster Linie auf die mangelnde Anerkennung durch seinen Vater zurückzuführen sind. Schließlich beschließt Niels kurz vor dem Ende der Haft, den Drogenkonsum einzustellen. Als er schließlich im Januar 2017 aus der Haft entlassen wird, sieht er die dringende Notwendigkeit, weiterhin durch den Betreuungsverein, der seine Dienste auch außerhalb der Justizvollzugsanstalt anbietet, betreut zu werden. Diese dringende Notwendigkeit bestätigt auch ein auf drogenabhängige Patienten spezialisierter Allgemeinarzt, an den sich Niels wendet, in einer ausführlichen schriftlichen Stellungnahme. Ohne professionelle Unterstützung und Rückhalt, so führt die Stellungnahme aus, werde Niels aller Voraussicht nach bald wieder in seinen früheren Freundeskreis und zu seinem früheren Drogenkonsum zurückkehren. Zugleich legt der Arzt die Ergebnisse mehrerer Urinscreenings bei, die aufzeigen, dass Niels keine Drogen mehr konsumiert.

Nachdem Niels beim zuständigen Sozialhilfeträger den Antrag gestellt hat, ihm die Kosten für die Betreuungstätigkeit zu bewilligen, begibt er sich sofort in die Betreuung des Vereins und nimmt an vier Stunden in der Woche an dessen Angeboten und Gesprächskreisen teil. Der Sozialhilfeträger lehnt nach einigen Wochen die Übernahme der Kosten der Betreuungstätigkeit unter Hinweis auf Möglichkeit einer kostenlosen Inanspruchnahme von Drogenberatungsstellen in der Umgebung ab. Gegen die Ablehnung erhebt Niels Widerspruch, nach dessen Zurückweisung Klage.

In der mündlichen Verhandlung vor dem Sozialgericht bestätigt die Bewährungshelferin des Niels den Erfolg der intensiven Betreuungstätigkeit des Vereins. Mit Niels sei inzwischen sogar eine schulisch-berufliche Perspektive erarbeitet worden. Eine Drogenberatungsstelle hätte – so auch ein vorgelegtes Gutachten des Amtsarztes – diesen Erfolg kaum bewerkstelligen können, da dort bereits die hierzu erforderliche Zeit gefehlt hätte. Werde die Hilfe nun eingestellt, stelle dies den gesamten Erfolg der bisherigen Betreuung in Frage. Ohne weitere Hilfe werde Niels aller Voraussicht nach in seine alten Lebensgewohnheiten zurückkehren.

Aufgabe

Wie wird das Sozialgericht entscheiden?

Arbeitshinweis

Auf Leistungen nach dem SGB IX ist ebenso wenig einzugehen wie auf die wirtschaftlichen Anspruchsvoraussetzungen und Fragen der Zuständigkeit.

Lösungsvorschlag[29]

Zunächst stellt sich die Frage, welche Anspruchsgrundlage die durch Niels begehrten Leistungen tragen könnte.

1. Eingliederungshilfe nach §§ 61 ff. SGB XII

Eingliederungshilfe für behinderte Menschen scheidet aus, da Niels nicht behindert ist. Menschen sind behindert, wenn ihre körperliche Funktion, geistige Fähigkeit oder seelische Gesundheit mit hoher Wahrscheinlichkeit länger als sechs Monate von dem für das Lebensalter typischen Zustand abweichen und daher ihre Teilhabe am Leben in der Gesellschaft beeinträchtigt ist (§ 2 Abs. 1 S. 2 SGB IX). Denkbar wäre alleine eine seelische Behinderung infolge Drogensucht. Diese wird aber nur angenommen bei einem chronischen, d.h. mindestens über die Dauer eines Jahres reichenden, Gebrauch von Rauschmitteln, der zu einer psychischen oder körperlichen Abhängigkeit führt und psychische Veränderungen und soziale Einordnungsschwierigkeiten bedingt. Der Nachweis hierfür ist in der Regel erst erbracht, wenn sich der Betroffene zumindest *einmal* einer Entziehungstherapie unterworfen hat, die trotz seines Bemühens erfolglos geblieben ist. Eine Entziehungstherapie hat Niels jedoch bislang nicht erfolglos absolviert. Damit sind die persönlichen Voraussetzungen für einen Anspruch auf Leistungen der Eingliederungshilfe nicht erfüllt.

2. Hilfe zur Überwindung besonderer sozialer Schwierigkeiten nach §§ 67 ff. SGB XII

Denkbar ist ein Anspruch auf Hilfe zur Überwindung besonderer sozialer Schwierigkeiten.

a. Persönliche Voraussetzungen

Zunächst müssten nach § 67 SGB XII **besondere Lebensverhältnisse** vorliegen. Dies sind Lebensverhältnisse, die sich von den allgemeinen, d.h. üblichen Lebensverhältnissen unterscheiden und nicht lediglich ein allgemeines Lebensrisiko darstellen. Niels konsumierte regelmäßig Drogen und wurde wiederholt straffällig. Es besteht die erhebliche Gefahr, dass er sich nach dem Gefängnisaufenthalt wieder in seine früheren sozialen Bindungen im Drogenmilieu einfügt und erneut Drogen konsumieren und den Drogenkonsum mangels anderer Einkommensquellen durch strafbare Handlungen finanzieren wird. Hierdurch unterscheiden sich bereits seine gegenwärtigen Lebensverhältnisse wesentlich von üblichen Lebensverhältnissen. Aufgrund seines früheren Lebensweges stellen Drogenkonsum und Straffälligkeit für ihn kein nur allgemeines Lebensrisiko dar.

Diese besonderen Lebensverhältnisse müssten mit **sozialen Schwierigkeiten** verbunden sein. Soziale Schwierigkeiten liegen vor, wenn ein Leben in der Gemeinschaft durch ausgrenzendes Verhalten wesentlich eingeschränkt ist (vgl. § 1 Abs. 3 VO zu § 72 BSHG a.F.). Es geht bei dem Begriff der „Gemeinschaft" nicht um Niels´ unmittelbare persönliche Umgebung, die aus ebenfalls drogenabhängigen Menschen bestand und sein Verhalten tolerierte. Es ist vielmehr auf die gesamtgesellschaftlichen Anschauungen abzustellen. Drogenkonsum und Kriminalität führen zur Ausgrenzung aus der Gesellschaft. Niels müsste seine Lebenssituation beispielsweise verheimlichen, um eine Wohnung oder eine Erwerbstätigkeit zu erhalten. Damit liegen bei Niels soziale Schwierigkeiten vor.

Niels muss sich, um einen Anspruch auf Leistungen nach § 67 SGB XII zu haben, zudem in **besonderen sozialen Schwierigkeiten** befinden. Dies bedeutet, dass die

---

29 Der Fall ist einer Entscheidung des OVG Schleswig, Urt. v. 07.08.2002, FEVS 54, S. 111ff. nachgebildet.

Überwindung der besonderen Lebensverhältnisse auch die Überwindung der sozialen Schwierigkeiten erfordern muss. Ohne Beendigung der Sucht und Beschaffungskriminalität endet auch die Ausgrenzung des Niels nicht.

Die Notlage des Niels ist **gegenwärtig.** Ohne Hilfe wird er aller Voraussicht nach wieder in seine alten Lebensgewohnheiten treten, d.h. auch in die besonderen Lebensverhältnisse und hieraus folgend auch die Ausgrenzung wird wieder stattfinden.

Niels müsste zudem **aus eigener Kraft nicht in der Lage sein, diese Schwierigkeiten zu überwinden.** Laut Sachverhalt war Niels zunächst nicht einsichtig und hat seine Situation falsch eingeschätzt. Ohne Hilfe war er nicht in der Lage, sich aus der Kriminalität und dem Drogenkonsum zu befreien. Damit liegen die Voraussetzung für die Erbringung von Hilfe zur Überwindung sozialer Schwierigkeiten nach § 67 SGB XII vor.

b. Sachliche Voraussetzungen

Ob sich hieraus auch ein Anspruch auf Übernahme der ambulanten Betreuung ergibt, beantwortet § 68 SGB XII. Hierzu müsste die ambulante Betreuung notwendig sein, um die sozialen Schwierigkeiten abzuwenden, zu beseitigen, zu mildern oder ihre Verschlimmerung zu verhindern. § 68 Abs. 1 S. 1 Hs. 2 SGB XII zählt als mögliche Leistung auch die persönliche Betreuung des Leistungsberechtigten auf.

Die ambulante Betreuung wäre jedenfalls dann notwendig, wenn keine Alternative zu ihr bestünde oder wenn Alternativen dieselben Erfolgsaussichten hätten und keine besonderen Gründe – zu denen auch wirtschaftliche Gesichtspunkte sprechen – gegen die ambulante Betreuung sprechen würden. Nach dem Sachverhalt scheiden andere Alternativen aus, so dass die ambulante Betreuung notwendig erscheint.

Damit hat Niels einen Anspruch auf Übernahme der Kosten für die ambulante Betreuung.

Der Bedarf ist nicht dadurch entfallen, dass während des Widerspruchs- und Klageverfahrens bereits die Betreuung stattgefunden hat. Verweigert ein Sozialhilfeträger die Sicherstellung eines zum Führen eines menschenwürdigen Lebens notwendigen Bedarfs, so ist der Betroffene faktisch gezwungen, diesen nicht oder auf andere Weise – gegebenenfalls durch Schulden – selbst zu gewährleisten. Dürfte ihm nach erfolgreichem Abschluss eines Widerspruchs- oder Klageverfahrens vorgehalten werden, der Bedarf sei nun nicht mehr gegenwärtig oder infolge der Sicherstellung durch ein Darlehen nicht mehr vorhanden, so könnte der Sozialhilfeträger stets berechtigte Leistungen in der Gewissheit verweigern, der Betroffene werde sie auch dann nicht erhalten, wenn er im Widerspruchs- oder Klageverfahren erfolgreich sein sollte. Dies würde die Effektivität des Rechtsschutzes untergraben .

3. Vorrangige Leistungen

Niels hat keinen Anspruch auf vorrangige Jugendhilfeleistungen (§§ 35a Abs. 1 SGB VIII, § 41 Abs. 1 SGB VIII), da er zum Zeitpunkt der Antragstellung bereits das 21. Lebensjahr vollendet hat.

VI. Leistungen der Grundsicherung für Arbeitsuchende

Für erwerbsfähige Personen und ihre näheren Angehörigen (sog. Bedarfsgemeinschaft, vgl. § 7 Abs. 3 SGB II) werden, sofern sie hilfebedürftig sind, Leistungen zum Lebensunterhalt nach dem SGB II erbracht. Der Gesetzgeber hat in § 19 Abs. 1 SGB II zwei unterschiedliche Lebensunterhaltsleistungen benannt:

- Arbeitslosengeld II (Alg II) für erwerbsfähige Leistungsberechtigte sowie
- Sozialgeld für nichterwerbsfähige Leistungsberechtigte, die mit erwerbsfähigen Leistungsberechtigten in einer Bedarfsgemeinschaft leben.

Die Anspruchsgrundlage für diese Leistungen findet sich in §§ 7 ff. SGB I i.V.m. § 19 Abs. 1 S. 1 SGB II bzw. §§ 7 ff. SGB II i.V.m. § 19 Abs. 1 S. 2 SGB II.

Die wesentlichen Strukturprinzipien der Grundsicherung für Arbeitsuchende entsprechen im Großen und Ganzen denen des Sozialhilferechts. Die im Sozialhilferecht nur schwach angelegte Selbsthilfeverpflichtung und der vergleichsweise milde Sanktionskatalog (vgl. § 1 S. 2 und 3 SGB XII, § 39a SGB XII) sind im SGB II allerdings erheblich erweitert (vgl. §§ 31 ff. SGB II).

Zu den zentralen Leitgedanken des SGB II gehören unter anderem

- die Verpflichtung des Leistungsträgers, den Leistungsempfängern ein Leben zu ermöglichen, das der **Würde des Menschen** entspricht,
- die **Hilfe zur Selbsthilfe**, insbesondere Unterstützung zur Aufnahme oder Beibehaltung einer Erwerbstätigkeit,
- **die Erhaltung, Verbesserung oder Wiederherstellung der Erwerbsfähigkeit,**
- das Prinzip **Fördern und Fordern** (§ 2 SGB II),
- das **Nachrangprinzip**: Hilfe erhält nur, wer sich nicht selbst helfen kann und die Hilfe nicht von anderen erhält (§ 3 Abs. 3 SGB II, § 19 Abs. 3 SGB II u.a.).

Ein Anspruch auf Arbeitslosengeld II setzt nach § 7 SGB II voraus, dass

- kein Ausschlussgrund (§ 7 Abs. 1 S. 2 SGB II, § 7 Abs. 4, 4a und 5 SGB II) erfüllt ist,
- der gewöhnliche Aufenthalt (= Lebensmittelpunkt, § 30 Abs. 3 S. 2 SGB I) in der Bundesrepublik liegt,
- der Antragsteller das 15. Lebensjahr vollendet, nicht jedoch die Altersgrenze (65 Jahre + „x" Monate; ab 2031 67 Jahre, bis dahin sukzessive Erhöhung der Altersgrenze von 65 Jahren je nach Geburtsjahr; vgl. die Tabelle des § 7a S. 2 SGB II) erreicht hat,
- der Antragsteller erwerbsfähig ist, d.h. nicht wegen Krankheit oder Behinderung auf absehbare Zeit außerstande ist, unter den üblichen Bedingungen des allgemeinen Arbeitsmarktes mindestens drei Stunden am Tag erwerbstätig zu sein,
- Hilfebedürftigkeit besteht, d.h. die Gesamtheit der Mitglieder der Bedarfsgemeinschaft nicht in der Lage ist, den Lebensunterhaltsbedarf aller ihrer Mitglieder durch den Einsatz der eigenen Kräfte und Mittel – insbesondere Einkommen und Vermögen – sicherzustellen und die notwendige Hilfe auch nicht durch Dritte erbracht wird.

Ein Anspruch auf Sozialgeld setzt nach § 19 Abs. 1 S. 2 SGB II voraus, dass ein nicht erwerbsfähiger Antragsteller mit gewöhnlichem Aufenthalt im Inland, der keinen Anspruch auf Leistungen der Grundsicherung im Alter und bei Erwerbsminderung hat, in einer Bedarfsgemeinschaft mit erwerbsfähigen Hilfebedürftigen lebt.

Zur Bedarfsgemeinschaft gehören nach § 7 Abs. 3 SGB II z.B.

- der oder die erwerbsfähige Leistungsberechtigte,
- deren oder dessen nicht dauernd getrennt lebende Ehegatte/in oder Lebenspartner/in,
- der Partner/die Partnerin der eheähnlichen oder lebenspartnerschaftsähnlichen Gemeinschaft,

■ die unverheirateten, dem Haushalt angehörenden Kinder dieser Personen, sofern sie das 25. Lebensjahr noch nicht vollendet haben und ihren eigenen Lebensunterhalt nicht aus Einkommen und Vermögen sicherstellen können,

■ die im Haushalt lebenden Eltern eines unverheirateten erwerbsfähigen Kindes, das das 25. Lebensjahr noch nicht vollendet hat.

Ein Antrag auf SGB II-Leistungen gehört grundsätzlich nicht zu den Anspruchsvoraussetzungen für Arbeitslosengeld II oder Sozialgeld. Der Antrag löst aber ein soziales Verwaltungsverfahren i.S.d. § 8 SGB X aus, das mit dem Ziel der Gewährung von SGB II-Leistungen geführt wird und i.d.R. mit dem Erlass eines Verwaltungsaktes endet, zudem bestimmt der Antrag den Beginn der Leistung (§ 37 SGB II)

Für besondere Bedarfe (z.B. einmalige Leistungen, Leistungen der Bildung und Teilhabe für Kinder/Schüler u.s.w.) muss allerdings zusätzlich zum allgemeinen Leistungsantrag ein separater Antrag gestellt werden (§ 37 Abs. 1 S. 2 SGB II).

Zu den berücksichtigungsfähigen Lebensunterhaltsbedarfen zählen

■ Regelbedarf zur Sicherung des Lebensunterhaltes (§ 20 SGB II),
■ Mehrbedarfe (§ 21 SGB II),
■ Unterkunfts- und Heizungsbedarf (§ 22 SGB II),
■ Versicherungsbeitragsbedarf (§ 26 SGB II),
■ Bedarfe für Bildung und Teilhabe (§ 28 f. SGB II),
■ unabweisbare Bedarfe im Sinne des § 24 Abs. 1 SGB II,
■ einmalige Bedarfe (§ 24 Abs. 3 S. 2 SGB II),
■ Bedarfe von Auszubildenden (§ 27 SGB II).

Zum Einkommen zählt grundsätzlich Geld, das der Betroffene nach dem Beginn des Bedarfszeitraums wertmäßig dazu erhält, d.h. das ihm zufließt, nach Abzug der Absetzungspositionen des § 11b SGB II. Auszugehen ist vom tatsächlichen Zufluss, es sei denn, der Gesetzgeber hat einen anderen Zufluss als maßgebend bestimmt[30] (modifiziertes Zuflussprinzip). Nur tatsächlich zur Bedarfssicherstellung verfügbare Einkünfte (sog. bereite Mittel) dürfen als Einkommen berücksichtigt werden. Neben Geld stellt auch Geldeswert, der während des Bedarfszeitraums zufließt, Einkommen dar, sofern der Geldeswert im Zusammenhang mit einer Erwerbstätigkeit oder des Jugend- oder Bundesfreiwilligendienstes erbracht wird.

Zu beachten ist, dass der Gesetzgeber nicht alle Einkünfte zum Einkommen zählt (z.B. § 11a Abs. 2 SGB II: Schmerzensgeld; § 1 Abs. 1 Nr. 1 Alg II-V: Einnahmen bis zu 10 Euro im Kalendermonat).

Auch derjenige, dessen Lebensunterhaltsbedarf durch verwertbares Vermögen (§ 12 SGB II, §§ 7 f. Alg II-V) sichergestellt wird, hat keinen oder nur einen geminderten Anspruch auf Leistungen nach dem SGB II. Zum Vermögen zählen Geld oder Geldeswert, über die der Antragsteller bereits zum Beginn des Bedarfszeitraums wertmäßig verfügte. Darüber hinaus stellen während des Bedarfsreitraums erfolgende Zuflüsse in Geldeswert Vermögen dar, sofern sie nicht im Zusammenhang mit einer Erwerbstätigkeit oder einer Tätigkeit nach dem Bundes- oder Jugendfreiwilligendienst erbracht werden.

Der Gesetzgeber zählt nicht jeden Wert, der bei Antragstellung bereits vorhanden war, zum Vermögen (z.B. angemessener Pkw, angemessenes, selbst genutztes Hausgrundstück oder entsprechende Eigentumswohnung; vgl. § 12 Abs. 3 SGB II). Eine ganze Reihe von Positionen sind nach § 12 Abs. 2 SGB II und § 7 Abs. 1 Alg II-V

---

30 BSG, Urt. v. 16.12.2008, B 4 AS 48/07, Rdnr. 11.

vom Vermögen abzusetzen (z.B. ein Grundfreibetrag i.H.v. mindestens 3.100 € pro Person sowie ein Freibetrag für notwendige Anschaffungen von 750 Euro).

Die Höhe der Leistungen eines Alleinstehenden wird durch eine Gegenüberstellung dessen, was er in einem Kalendermonat (sog. Monatsprinzip) zum Lebensunterhalt benötigt (Bedarf zum Lebensunterhalt) und der Höhe seines für denselben Zeitraum verfügbaren Einkommens und verwertbaren Vermögens ermittelt.[31]

Verfügt er über mehr, als er zum Lebensunterhalt benötigt, so hat er keinen Anspruch auf Arbeitslosengeld II. Verfügt er über weniger als er benötigt, so hat er einen Anspruch in Höhe der Differenz. Vereinfacht lässt sich dies wie in diesem Schaubild darstellen:

| Summe der Bedarfe zum Lebensunterhalt | Höhe des Anspruchs auf Alg II |
| | Summe des Einkommens und Vermögens |

Die Höhe des Anspruchs auf Leistungen zur Sicherung des Lebensunterhaltes bei Bedarfsgemeinschaften, zu denen keine unverheirateten Kinder vor Vollendung des 25. Lebensjahres gehören, wird grundsätzlich ebenfalls auf diese Weise ermittelt. Allerdings wird die Summe der Bedarfe beider Mitglieder der Bedarfsgemeinschaft der Summe ihres Einkommens und Vermögens gegenübergestellt.

| Summe der Bedarfe zum Lebensunterhalt beider Mitglieder der Bedarfsgemeinschaft | Umfang der insgesamt zu erbringenden SGB II-Leistungen |
| | Summe des Einkommens und Vermögens beider Mitglieder der Bedarfsgemeinschaft |

---

31 BSG, Urt. v. 30.09.2008, B 4 AS 57/07 R, Rz. 15.

Verfügt „die Bedarfsgemeinschaft" über weniger Einkommen und Vermögen, als ihre Mitglieder zum Lebensunterhalt benötigen, so hat jedes Mitglied der Bedarfsgemeinschaft – auch derjenige, der über genug verfügt, um seinen eigenen Lebensunterhalt zu sichern – einen Anspruch auf Grundsicherungsleistungen. Die Leistungshöhe bemisst sich für jeden Einzelnen nach dem Anteil seines individuellen Bedarfs am Gesamtbedarf (§ 9 Abs. 2 S. 3 SGB II).

Beispiel

F lebt mit ihrem Ehemann M zusammen. Jeder von beiden hat einen monatlichen Lebensunterhaltsbedarf in Höhe von 500 Euro, der Gesamtbedarf beträgt also 1.000 Euro. F. verfügt zwar nicht über Vermögen, jedoch über ein monatliches bereinigtes Nettoeinkommen in Höhe von 800 Euro und ist damit in der Lage, ihren eigenen Lebensunterhaltsbedarf sicherzustellen, nicht aber auch den ihres Ehemannes, der über kein eigenes Einkommen oder Vermögen verfügt. Da das Gesamteinkommen und -vermögen der Mitglieder der Bedarfsgemeinschaft (800 Euro) ihren Lebensunterhaltsbedarf nicht gewährleistet, haben beide einen Anspruch auf SGB II-Leistungen.

Die Höhe des Anspruchs wird ermittelt, indem in einem ersten Schritt der Gesamtbedarf mit dem Gesamteinkommen verglichen und damit das Defizit festgestellt wird, das zu einem menschenwürdigen Leben fehlt. Im Beispielsfall fehlen F und M (1.000 Euro abzüglich 800 Euro =) 200 Euro für ein menschenwürdiges Leben.

Im nächsten Schritt ist das Defizit auf die Mitglieder der Bedarfsgemeinschaft aufzuteilen. Die Aufteilung erfolgt nach dem Anteil des individuellen Bedarfs am Gesamtbedarf. M hat einen Anteil von 500/1000 am Gesamtbedarf. Das Defizit von 200 Euro wird daher zu 500/1000 zugerechnet. M hat einen Anspruch auf Grundsicherungsleistungen in Höhe von 100 Euro.

F´s Anteil am Gesamtbedarf beträgt ebenfalls 500/1000, so dass sie ebenfalls einen Anspruch auf Grundsicherungsleistungen in Höhe von 100 Euro hat.

Vorsicht: Gehören zwei Personen zur Bedarfsgemeinschaft, so wird der nicht durch Einkommen und Vermögen gedeckte Bedarf nicht in jedem Fall hälftig aufgeteilt. Hat einer von beiden – zum Beispiel aufgrund eines ernährungsbedingten Mehrbedarfs – einen höheren Bedarf als der andere, so erfolgt die Aufteilung nach einem anderen Verhältnis.

Beispiel

A lebt mit seiner Ehefrau B zusammen. A hat einen Bedarf zum Lebensunterhalt in Höhe von 550 Euro (von diesem Betrag entfallen 50 Euro auf einen krankheitsbedingten Mehrbedarf nach § 21 Abs. 5 SGB II) und ein Einkommen in Höhe von 800 Euro. B hat einen Lebensunterhaltsbedarf von 500 Euro. Der Gesamtbedarf von A und B wird in einem Umfang von 250 Euro nicht durch das Gesamteinkommen gedeckt. Der Anteil des A – und damit sein Anspruch auf SGB II-Leistungen – beträgt 550/1050 x 250 Euro (130,95 Euro), der Anteil der B 500/1050 x 250 Euro (119,05 Euro; bei der Berechnung der Dezimalzahl wurde § 41 Abs. 2 SGB II angewendet).

Gehört ein unverheiratetes Kind zur Bedarfsgemeinschaft, so ist die Ermittlung des Anspruchs noch komplizierter. Zwar gilt grundsätzlich auch hier, dass jedes Mitglied der Bedarfsgemeinschaft einen Anspruch auf SGB II-Leistungen hat, wenn Einkommen und Vermögen nicht ausreichen, um den gesamten Lebensunterhaltsbedarf sicherzustellen. Das Besondere an der Ermittlung der Ansprüche der Mitglieder der Bedarfsgemeinschaft ist hier jedoch, dass das Einkommen und Vermögen des unverheirateten Kindes, das das 25. Lebensjahr noch nicht vollendet hat, nur zur Deckung seines eigenen Bedarfs berücksichtigt werden darf (Umkehrschluss aus § 9 Abs. 2 S. 2 SGB II). Dies hat zur Folge, dass sein Einkommen und Vermögen zunächst seinem eigenen Bedarf gegenübergestellt wird und nicht in den „Gesamttopf" des Einkommens und Vermögens aller Mitglieder der Bedarfsgemeinschaft fällt. Verbleibt ein ungedeckter Restbedarf auf Seiten des Kindes, so wird das Kind nur hinsichtlich dieses Restes bei der weiteren Berechnung berücksichtigt.

Summe der Lebensunterhalts- bedarfe der Mitglieder der Bedarfs- gemeinschaft. Der Bedarf des Kindes ist zuvor um dessen Einkommen und Vermögen gemindert worden.	Umfang der an die Mitglieder der Bedarfsgemein- schaft insgesamt zu erbringenden Leistungen. Einkommen und Vermögen der Mitglieder der Bedarfsgemein- schaft ohne Berücksichtigung des Einkommens und Vermögens des Kindes

Die Summe der an die Mitglieder der Bedarfsgemeinschaft insgesamt zu erbringenden Leistungen ist in einem letzten Schritt nach der oben dargelegten Verhältnisrechnung auf die einzelnen Mitglieder zu verteilen.

Neben Leistungen zum Lebensunterhalt erbringen die Träger des SGB II auch Leistungen zur Eingliederung in Arbeit (§§ 16 ff. SGB II). Hierzu gehören z.B.

- Sofortangebot,
- Leistungen der Arbeitsförderung nach dem SGB III,
- Einstiegsgeld,
- Arbeitsgelegenheiten („1 €-Jobs"),
- kommunale Eingliederungsleistungen.

Zuständig zur Erbringung von SGB II-Leistungen sind entweder zugelassene kommunale Träger („Optionskommunen") im Sinne der §§ 6a ff. SGB II oder gemeinsame Einrichtungen, die aus der Bundesagentur für Arbeit und der jeweiligen kreisfreien Stadt bzw. dem Landkreis gebildet wurden (§§ 44b ff. SGB II). In jedem Fall trägt der Träger die Bezeichnung Jobcenter (§ 6d SGB II).

VII. Fälle zum SGB II

1. Fall: Anne, Bert und Cleo

Anne, 44 Jahre alt, und Bert, 46 Jahre alt, sind bereits seit 20 Jahren miteinander verheiratet. Beide sind erwerbsfähig und leben gemeinsam mit ihrer 14jährigen Tochter Cleo in H.-Hausen in Schleswig-Holstein.

Die Unterkunftskosten der gemieteten Wohnung belaufen sich auf 447 Euro pro Monat (Bruttowarmmiete[32]) und liegen damit innerhalb der Angemessenheitsgrenze von Unterkünften für drei Personen in H.-Hausen.

Das Kindergeld i.H.v. 192 Euro (ab 1.1.2018 194 Euro) fließt Bert zu, der – unter Berücksichtigung sämtlicher nach § 11b SGB II i.V.m. § 6 Alg II-V absetzungsfähiger Beträge – über ein monatliches Einkommen aus Erwerbstätigkeit in Höhe von 202 Euro verfügt.

Weiteres Einkommen oder verwertbares Vermögen sind nicht vorhanden.

Anne und Bert stellen am 18. September 2017 für die gesamte Familie einen Antrag auf Leistungen der Grundsicherung bei dem zuständigen Jobcenter.

Aufgabe

Bitte prüfen Sie, ob Ansprüche auf Leistungen nach dem SGB II bestehen, ggf. in welcher Höhe und ab welchem Zeitpunkt! In welcher Form werden Ansprüche durch das Jobcenter ggf. erfüllt?

Bearbeitungshinweise

Auf Bedarfe für Bildung und Teilhabe und auf Fragen der Zuständigkeit ist nicht einzugehen.

Lösungsvorschlag

Aufgabe 1

I. Anne

Anne könnte Anspruch auf Arbeitslosengeld II nach §§ 7 ff. SGB II i.V.m. § 19 Abs. 1 S. 1 SGB II haben.

1. Kein Ausschlussgrund

Anhaltspunkte für einen Anspruchsausschluss nach § 7 Abs. 4, 4a SGB II oder nach einer anderen Vorschrift sind nicht ersichtlich.

2. Altersgrenzen

Anne müsste das 15. Lebensjahr vollendet, nicht jedoch die Altersgrenze erreicht haben (§ 7 Abs. 1 S. 1 Nr. 1 SGB II). Anne ist 44 Jahre alt und hat damit das Mindestalter für den Bezug von Arbeitslosengeld II überschritten.

Die Altersgrenze bestimmt sich nach § 7a SGB II und liegt, je nach Geburtsjahr, zwischen dem vollendeten 65. Lebensjahr und dem vollendeten 67. Lebensjahr. Da Anne im September 2017 44 Jahre alt ist, ist sie entweder im Jahr 1972 oder im Jahr 1973 geboren. Nach § 7a S. 2 SGB II erreichen die nach dem Jahr 1963 Geborenen die Altersgrenze mit dem Ablauf des Monats, in dem sie das 67. Lebensjahr vollenden. Anne hat daher die Altersgrenze, die sie vom Bezug von Alg II-Leistungen ausschließen würde, nicht erreicht.

3. Erwerbsfähigkeit

Leistungsberechtigt sind nur erwerbsfähige Personen (§ 7 Abs. 1 S. 1 Nr. 2 SGB II), d.h. Personen, die nicht wegen Krankheit oder Behinderung auf absehbare Zeit außerstande sind, unter den üblichen Bedingungen des allgemeinen Arbeitsmarktes mindestens drei Stunden täglich zu arbeiten (§ 8 Abs. 1 SGB II). Anne ist erwerbsfähig im Sinne des § 8 Abs. 1 SGB II.

---

32 Bruttowarmmiete wird hier verstanden als Summe aus Grundmiete und sämtlichen Betriebskosten.

4. Gewöhnlicher Aufenthalt im Inland

Anne müsste zudem ihren gewöhnlichen Aufenthalt in der Bundesrepublik Deutschland haben. Der gewöhnliche Aufenthalt ist dort, wo man sich unter Umständen aufhält, die annehmen lassen, dass man an diesem Ort nicht nur vorübergehend verweilt (§ 30 Abs. 3 S. 2 SGB I), mit anderen Worten dort, wo sich aufgrund der familiären, beruflichen und sozialen Umstände der **Lebensmittelpunkt** befindet. Anne unterhält gemeinsam mit ihrem Ehemann in Schleswig-Holstein eine Wohnung, in der sie gemeinsam mit ihrer Tochter leben. Somit befindet sich der Lebensmittelpunkt in der Bundesrepublik Deutschland.

5. Hilfebedürftigkeit

Anne wäre hilfebedürftig, sofern ihr eigener Lebensunterhalt sowie der Lebensunterhalt der mit ihr in einer Bedarfsgemeinschaft lebenden Personen nicht durch Einkommen und Vermögen der Mitglieder der Bedarfsgemeinschaft sichergestellt wäre (§ 7 Abs. 1 Nr. 3 SGB II i.V.m. § 9 Abs. 1, Abs. 2 S. 1 u. 2 SGB II).

a) Bedarfsgemeinschaft

Zu Annes Bedarfsgemeinschaft gehört sie nach § 7 Abs. 3 Nr. 1 SGB II selbst, sowie nach § 7 Abs. 3 Nr. 3 SGB II der nicht getrenntlebende Ehegatte, d.h. Bert. Darüber hinaus zählt auch die dem Haushalt angehörende minderjährige Tochter Cleo zur Bedarfsgemeinschaft, sofern diese ihren eigenen Lebensunterhaltsbedarf nicht durch eigenes oder ihr zugerechnetes Einkommen oder Vermögen sicherstellen könnte (§ 7 Abs. 3 Nr. 4 SGB II). Bereits eine kursorische Gegenüberstellung von Cleos Regelbedarf nach Regelbedarfsstufe 4 in Höhe von 311 Euro (§ 20 Abs. 2, 5 SGB II i.V.m. der Anlage zu § 28 SGB XII; ab 1.1.2018 316 Euro) mit dem ihr nach § 11 Abs. 1 S. 4 SGB II zuzurechnenden Kindergeld in Höhe von 192 Euro (ab 1.1.2018 194 Euro) zeigt, dass Cleo nicht in der Lage ist, ihren Lebensunterhaltsbedarf aus eigener Kraft sicherzustellen, so dass sie ebenfalls zur Bedarfsgemeinschaft gehört.

b) Lebensunterhaltsbedarf

Der Lebensunterhaltsbedarf wird durch §§ 20 ff. SGB II definiert. Er umfasst den Regelbedarf zur Befriedigung des Bedarfs an Ernährung, Kleidung, Körperpflege, Hausrat, Haushaltsenergie ohne die auf die Heizung und Erzeugung von Warmwasser entfallenden Anteile sowie persönliche Bedürfnisse des täglichen Lebens (§ 20 Abs. 1 S. 1 SGB II) sowie die weiteren, in §§ 21 ff. SGB II aufgeführten Bedarfe.

Der **Regelbedarf** wird als monatlicher Pauschalbetrag berücksichtigt (§ 20 Abs. 1 S. 3 SGB II), dessen Höhe sich in der Regel nach der Anlage zu § 28 SGB XII richtet (§ 20 Abs. 1 Buchst. a) SGB II).

Da Anne und Bert älter als 17 Jahre alt sind und als Ehepartner in einer Wohnung zusammenleben, ist Anne – und ebenso Bert – in Regelbedarfsstufe 2 einzuordnen; der Regelbedarf beträgt daher für Anne 368 Euro (§ 20 Abs. 4, 5 SGB II, Anlage zu § 28 SGB XII; ab 1.1.2018 374 Euro).

Der **Unterkunfts- und Heizungsbedarf** wird nach § 22 Abs. 1 S. 1 SGB II in Höhe der tatsächlichen Aufwendungen anerkannt, soweit diese angemessen sind. Die Höhe der Unterkunfts- und Heizungskosten der Bedarfsgemeinschaft liegen innerhalb der Angemessenheitsgrenze von Unterkünften für drei Personen in H.-Hausen und sind damit in voller Höhe zu berücksichtigen.

Da die Unterkunft nicht alleine den entsprechenden Bedarf der Anne, sondern auch den ihres Ehemannes und der Tochter sicherstellt, werden die Unterkunftskosten gleichmäßig auf die Anzahl der Bewohner aufgeteilt (Kopfzahlprinzip). Annes Unterkunfts- und Heizungsbedarf beläuft sich daher auf (447 Euro : 3) 149 Euro.

Es liegen keine Anhaltspunkte für weitere Bedarfe vor. Annes **Gesamtbedarf** beläuft sich daher auf (368 Euro zzgl. 149 Euro) 517 Euro (ab 1.1.2018 374 Euro zzgl. 149 Euro = 523 Euro).

c) Einkommen und Vermögen

Anne verfügt weder über Einkommen noch über verwertbares Vermögen.

Annes Lebensunterhaltsbedarf in Höhe von 517 Euro (ab 1.1.2018 523 Euro) ist nicht durch eigenes Einkommen oder Vermögen sichergestellt. Dies bedeutet jedoch nicht, dass Anne einen Anspruch auf Arbeitslosengeld II hat. Dieser besteht nur dann, sofern der gesamte Lebensunterhaltsbedarf der Bedarfsgemeinschaft nicht durch das Einkommen und Vermögen der Bedarfsgemeinschaft gedeckt ist.

II. Bert

Bert könnte nach Maßgabe der §§ 7 ff. SGB II i.V.m. § 19 Abs. 1 S. 1 SGB II Anspruch auf Arbeitslosengeld haben.

1. Kein Ausschlussgrund

Anhaltspunkte für einen Anspruchsausschluss nach § 7 Abs. 4, 4a SGB II oder nach einer anderen Vorschrift sind nicht ersichtlich.

2. Altersgrenzen (§ 7 Abs. 1 S. 1 Nr. 1 SGB II, § 7a SGB II)

Bert ist 46 Jahre alt und hat damit einerseits die Mindestaltersgrenze von 15 Jahren erreicht, andererseits hat er bei einem Geburtsjahr 1970 oder 1971 die Altersgrenze von 67 Jahren (§ 7a S. 2 SGB II) nicht überschritten.

3. Erwerbsfähigkeit

Bert ist erwerbsfähig im Sinne des § 8 SGB II.

4. Gewöhnlicher Aufenthalt im Inland

Bert müsste zudem seinen gewöhnlichen Aufenthalt in der Bundesrepublik Deutschland haben. Der gewöhnliche Aufenthalt ist dort, wo man sich unter Umständen aufhält, die annehmen lassen, dass man an diesem Ort nicht nur vorübergehend verweilt (§ 30 Abs. 3 S. 2 SGB I), mit anderen Worten dort, wo sich aufgrund der familiären, beruflichen und sozialen Umstände der Lebensmittelpunkt befindet. Da Bert gemeinsam mit seiner Ehefrau Anne in Schleswig-Holstein eine Wohnung unterhalten, in der sie gemeinsam mit ihrer Tochter leben, befindet sich sein Lebensmittelpunkt in der Bundesrepublik Deutschland.

5. Hilfebedürftigkeit

a) Lebensunterhaltsbedarf

Bert wäre hilfebedürftig, wenn sein Lebensunterhalt sowie der Lebensunterhalt der mit ihm in einer Bedarfsgemeinschaft lebenden Anne und Cleo nicht durch Einkommen und Vermögen sichergestellt wären (§ 7 Abs. 1 Nr. 3 SGB II i.V.m. § 9 Abs. 1, Abs. 2 S. 1 u. 2 SGB II). Bert ist in Regelbedarfsstufe 2 einzuordnen, so dass sein Regelbedarf 368 Euro (ab 1.1.2018 374 Euro) beträgt.

b) Unterkunfts- und Heizungsbedarf

Da Bert in derselben Wohnung lebt wie Anne, beläuft sich sein Unterkunfts- und Heizungsbedarf ebenfalls auf 149 Euro (Kopfzahlverfahren, siehe oben).

Anhaltspunkte für darüber hinausgehende Bedarfe sind nicht ersichtlich. Berts Gesamtbedarf beträgt daher (368 Euro zzgl. 149 Euro) 517 Euro (ab 1.1.2018 523 Euro).

c) Einkommen

Zum Einkommen zählen Einnahmen in Geld abzüglich der nach § 11b SGB II abzusetzenden Beträge, die ab dem Beginn des Antragsmonats zufließen, sofern gesetzlich nichts anderes bestimmt ist. Dasselbe gilt für Einnahmen in Geldeswert, die im Rahmen einer Erwerbstätigkeit oder eines Bundes- oder Jugendfreiwilligendienstes erbracht werden (§ 11 Abs. 1 S. 1 u. 2 SGB II). Bert hat den Antrag am 18. September 2017 gestellt, so dass der Bedarfszeitraum, der für den Beginn der Leistung und die Zuordnung von Werten als Einkommen oder Vermögen maßgeblich ist, am 1. September 2017 beginnt. Im Laufe eines jeden Monats, und damit auch im Laufe des Monats September, fließt Bert ein Betrag in Höhe von 202 Euro aus einer nichtselbständigen Erwerbstätigkeit zu. Da Einkünfte aus nichtselbständiger Erwerbstätigkeit weder durch § 11a SGB II noch durch eine andere Vorschrift von der Einkommensberücksichtigung ausgenommen wurden, handelt es sich um Einkommen.

Absetzungspositionen im Sinne des § 11b SGB II i.V.m. § 6 Alg II-VO sind bereits in Abzug gebracht worden.

Bert verfügt über Einkommen in Höhe von 202 Euro.

Da Bert auch das Kindergeld in Höhe von 192 Euro (ab 1.1.2018 194 Euro) für Cleo zufließt, könnte es sich auch bei diesem Betrag um Berts Einkommen handeln.

Kindergeld stellt dann kein Einkommen des Kindergeldberechtigten dar, soweit es nachweislich an das nicht im Haushalt des Hilfebedürftigen lebende Kind weitergeleitet wird (§ 1 Abs. 1 Nr. 8 Alg II-VO). Da Cleo im Haushalt ihrer Eltern lebt und ihr zudem das Kindergeld nicht weitergeleitet wird, ist es nicht von der Einkommensberücksichtigung bei Bert ausgeschlossen.

Nach § 11 Abs. 1 S. 4, 5 SGB II ist das Kindergeld jedoch einem zur Bedarfsgemeinschaft gehörenden Kind zuzuordnen, soweit es das Kind zur Sicherung des Lebensunterhalts benötigt. Cleo gehört zur Bedarfsgemeinschaft des Bert (siehe oben). Bereits ein kursorischer Blick auf den – sich aus Regelbedarf (Regelbedarfsstufe 4, 311 Euro; ab 1.1.2018 316 Euro) und dem nach dem Kopfteilverfahren ergebenden Anteil an den Unterkunfts- und Heizungskosten (149 Euro) zusammensetzenden – Lebensunterhaltsbedarf zeigt, dass die weder über eigenes Einkommen noch Vermögen verfügende Cleo das Kindergeld in voller Höhe zum Lebensunterhalt benötigt. Das Kindergeld wird daher trotz des Zuflusses bei Bert nicht ihm, sondern seiner Tochter Cleo als Einkommen zuzuordnen.

Bert verfügt über ein Gesamteinkommen in Höhe von 202 Euro. Verwertbares Vermögen ist nicht vorhanden.

III. Cleo

Ein Anspruch auf Arbeitslosengeld II scheidet bereits deshalb aus, weil Cleo das 15. Lebensjahr nicht vollendet und somit die Voraussetzung des § 7 Abs. 1 S. 1 Nr. 1 SGB II nicht erfüllt hat.

Cleo könnte aber Anspruch auf Sozialgeld nach § 7 Abs. 2 S. 1 SGB II i.V.m. § 19 Abs. 1 S. 2 SGB II haben. Hierzu müsste sie mit mindestens einem erwerbsfähigen Leistungsberechtigten in einer Bedarfsgemeinschaft leben.

1. Bedarfsgemeinschaft mit erwerbsfähigem Leistungsberechtigten

Cleo lebt mit ihren erwerbsfähigen, leistungsberechtigten Eltern in einer Bedarfsgemeinschaft, sofern sie ihren Lebensunterhaltsbedarf nicht aus eigenem Einkommen und Vermögen bestreiten kann und darüber hinaus keinen Anspruch auf Leistungen der Grundsicherung im Alter und bei Erwerbsminderung nach § 19 Abs. 2 SGB XII i.Vm. §§ 41 ff. SGB XII hat (§ 7 Abs. 3 Nr. 4 SGB II).

Cleos Lebensunterhaltsbedarf setzt sich aus dem Regelbedarf der Regelbedarfsstufe 4 in Höhe von 311 Euro (ab 1.1.2018 316 Euro) und ihrem Anteil am Unterkunfts- und Heizungsbedarf in Höhe von 149 Euro zusammen. Cleo benötigt das Kindergeld in voller Höhe, um jedenfalls einen Teil ihres Gesamtbedarfs in Höhe von 460 Euro (ab 1.1.2018 465 Euro) sicherzustellen, so dass es ihr nach § 11 Abs. 1 S. 4, 5 SGB II in voller Höhe als Einkommen zuzurechnen ist. Verwertbares Vermögen ist nicht vorhanden. Da auch nach Zurechnung des Kindergeldes ein nicht durch Einkommen und Vermögen sichergestellter Lebensunterhaltsbedarf besteht, gehört Cleo zur Bedarfsgemeinschaft von Anna und Bert.

2. Kein Anspruch auf Leistungen der Grundsicherung im Alter und bei Erwerbsminderung

Ein vorrangiger Anspruch auf Leistungen der Grundsicherung im Alter und bei Erwerbsminderung scheidet aus, da Cleo einerseits weder 18. Lebensjahr vollendet hat noch dauerhaft voll erwerbsgemindert ist, und andererseits die Altersgrenze von 67 Jahren nicht erreicht hat (vgl. § 41 Abs. 2, 3 SGB XII).

3. Kein Ausschlussgrund

Es bestehen keine Anhaltspunkte für einen Anspruchsausschlussgrund.

4. Gewöhnlicher Aufenthalt in der Bundesrepublik

Auch wenn weder § 7 Abs. 2 SGB II noch § 19 SGB II einen gewöhnlichen Aufenthalt in der Bundesrepublik Deutschland voraussetzen, ist das System des SGB II darauf angelegt, nur demjenigen Leistungen zu verschaffen, der seinen gewöhnlichen Aufenthalt nicht im Ausland, sondern im Inland hat.

Cleos Lebensmittelpunkt ist bei ihren Eltern, so dass deren gewöhnlicher Aufenthalt im Inland auch Cleos gewöhnlicher Aufenthalt ist. Cleo hat nur dann einen Anspruch auf Sozialgeld, wenn das Gesamteinkommen der Bedarfsgemeinschaft nicht ausreicht, um den Bedarf aller Mitglieder der Bedarfsgemeinschaft sicherzustellen; hierbei ist Cleos Einkommen alleine ihr, nicht jedoch den anderen Mitgliedern der Bedarfsgemeinschaft zuzurechnen (Umkehrschluss aus § 9 Abs. 2 S. 2 SGB II).

IV. Gegenüberstellung Gesamtbedarf Gesamteinkommen

Anna, Bert und Cleo haben nur dann Anspruch auf Leistungen zum Lebensunterhalt, wenn ihr gemeinsamer Bedarf nicht durch das gemeinsame Einkommen und Vermögen sichergestellt ist. Da das Einkommen und Vermögen von unverheirateten Kindern, die mit ihren Eltern oder einem Elternteil in einer Bedarfsgemeinschaft leben, nur auf deren eigenen Lebensunterhaltsbedarf, nicht jedoch auf den der weiteren Mitglieder der Bedarfsgemeinschaft angerechnet werden darf (Umkehrschluss zu § 9 Abs. 2 S. 2 SGB II), ist zunächst Cleos Einkommen in Höhe von 192 Euro (ab 1.1.2018 194 Euro) von ihrem eigenen Lebensunterhaltsbedarf abzuziehen. Würde ihr Lebensunterhaltsbedarf durch ihr Einkommen sichergestellt, so wäre sie kein Mitglied der Bedarfsgemeinschaft; ihr ggf. den Lebensunterhaltsbedarf überschreiten-des Einkommen würde der Bedarfsgemeinschaft nicht zugerechnet.

Cleos Einkommen in Höhe von 192 Euro stellt ihren Lebensunterhaltsbedarf in Höhe von 460 Euro nur teilweise sicher, es verbleibt ein ungedeckter Bedarf in Höhe von 268 Euro (Ab 1.1.2018 verbleibt bei einem Lebensunterhaltsbedarf in Höhe von 465 Euro und einem zu berücksichtigenden Kindergeld in Höhe von 194 Euro ein nicht sichergestellter Bedarf von 271 Euro).

1. Gesamtbedarf

Der Lebensunterhaltsbedarf von Anna und Bert beträgt jeweils 517 Euro. Cleos Lebensunterhaltsbedarf beläuft sich, nach Abzug des Kindergeldes, auf 268 Euro. Der gesamte, die Bedarfsgemeinschaft betreffende Lebensunterhaltsbedarf beträgt somit 1.302 Euro (ab 1.1.2018 1.317 Euro).

2. Gesamteinkommen und -vermögen

Innerhalb der Bedarfsgemeinschaft ist Einkommen in Höhe von 202 Euro vorhanden. Das Kindergeld wurde bereits auf Cleos Bedarf angerechnet, darf deshalb nicht ein zweites Mal berücksichtigt werden.

Verwertbares Vermögen ist nicht vorhanden.

3. Gegenüberstellung

Der Gesamtbedarf der Bedarfsgemeinschaft in Höhe von 1.302 Euro (ab 1.1.2018 1.317 Euro) wird nur teilweise durch das Gesamteinkommen in Höhe von 202 Euro sichergestellt. Es verbleibt ein ungedeckter Lebensunterhaltsbedarf in Höhe von 1.100 Euro (ab 1.1.2018 1.115 Euro). Da nicht der gesamte Bedarf der Bedarfsgemeinschaft durch das zu berücksichtigende Einkommen sichergestellt ist, hat jedes Mitglied der Bedarfsgemeinschaft Anspruch auf SGB II-Leistungen (§ 9 Abs. 2 S. 3 SGB II).

4. Aufteilung des ungedeckten Bedarfs

Die Höhe des jeweiligen Anspruchs bestimmt sich am Anteil des jeweiligen Anspruchsberechtigten an dem Gesamtbedarf der Bedarfsgemeinschaft vor Berücksichtigung des Einkommens (§ 9 Abs. 2 S. 3 SGB II).

Anne und Bert haben jeweils einen Anteil von 517 Euro am Gesamtbedarf der Bedarfsgemeinschaft in Höhe von 1.302 Euro. Sie haben deshalb Anspruch auf Arbeitslosengeld II in Höhe von jeweils (517/1.302 x 1.100 =) 436,79 Euro (ab 1.1.2018 beträgt der Anspruch jeweils 523/1.317 x 1.115 Euro = 442,78 Euro. Eine Aufrundung erfolgt nicht, da die dritte Dezimalstelle 2 lautet. Zur Ermittlung dieses Betrags ist im letzten Rechenschritt nach § 41 Abs. 2 SGB II auf den nächsthöheren Cent aufzurunden, weil die dritte Dezimalstelle 9 (517/1.302 x 1.100 = 436,789) beträgt.

Cleo hat einen Anspruch auf Sozialgeld in Höhe von (268/1.302 x 1.100 =) 226,42 Euro (ab 1.1.2018 271/1.317 x 1.115 Euro = 229,43 Euro. Addiert man die Ansprüche von Anne, Bert und Cleo, so zeigt sich, dass die Summe infolge der Verhältnisrechnung nur 1.114,99 Euro beträgt. Da der nicht sichergestellte Lebensunterhaltsbedarf in Höhe von 1.115 Euro vollständig gedeckt werden muss, ist der Anspruch einer der anspruchsberechtigten Personen um 1 Cent zu erhöhen. Hier wird Cleos Anspruch um 1 Cent auf auf 229,44 Cent erhöht.). Eine Rundung auf den nächsthöheren Cent ist hier nicht vorzunehmen, da die dritte Dezimalstelle 0 lautet.

Ergebnis

Anne und Bert haben jeweils einen Anspruch auf Arbeitslosengeld II in Höhe von 436,79 Euro (ab 1.1.2018 442,78 Euro). Cleo hat Anspruch auf Sozialgeld in Höhe von 226,42 Euro (ab 1.1.2018 229,44 Euro).

Die Leistungen werden ab dem Ersten des Antragsmonats erbracht (§ 37 Abs. 2 S. 2 SGB II). Anne und Bert stellen den Antrag am 18. September 2017, so dass Leistungen ab dem 1. September 2017 erbracht werden. Dies gilt auch hinsichtlich Cleo; zwar hat sie selbst keinen Antrag auf Leistungen gestellt – sie wäre nach § 11 Abs. 1 SGB X i.V.m. § 36 SGB I auch noch nicht in der Lage gewesen, eine wirksame Verfahrenshandlung vorzunehmen, da sie das 15. Lebensjahr noch nicht vollendet hat -, ihre Eltern haben jedoch für sie einen wirksamen Antrag gestellt, wozu sie nach §§ 1626, 1629 Abs. 1 BGB berechtigt gewesen sind. SGB II-Leistungen sind nach § 4 SGB II grundsätzlich in Form von Dienst-, Geld- und Sachleistungen denkbar. § 20 Abs. 1 SGB II zeigt jedoch, dass die Leistungen zur Sicherstellung des Regelbedarfs – hier Alg II und Sozialgeld – grundsätzlich in Geldform erbracht werden. Nichts anderes gilt in Hinblick auf die Sicherstellung des Unterkunfts- und Heizungsbedarfs. Diese Geldleistungen sind an die Anspruchsinhaber zu erbringen; in Hinblick auf Cleo erfüllt das Jobcenter seine Leistungsverpflichtung durch Leistung an die sorgeberechtigten Eltern. Für eine Leistungserbringung an den Vermieter oder Dritte nach Maßgabe des § 22 Abs. 7 S. 2 SGB II liegen keine Anhaltspunkte vor. Da die Voraussetzungen für eine darlehensweise Gewährung von Leistungen – z.B. nach § 22 Abs. 6 S. 3 SGB II oder § 24 SGB II – nicht erfüllt sind, werden die Leistungen als nicht zurückzahlbare Beihilfen bewilligt.

2. Fall: Anne-Kathrin

Die 45-jährige Anne-Kathrin ist erwerbsfähig und hat ihren gewöhnlichen Aufenthalt in der Bundesrepublik. Sie erzielt durch eine Aushilfstätigkeit ein bereinigtes monatliches Nettoeinkommen (nach Abzug aller möglichen Freibeträge und Absetzungspositionen) in Höhe von 200 Euro. Ihr monatlicher Bedarf zum Lebensunterhalt beläuft sich auf 660 Euro, so dass sie einen nicht durch Einkommen und Vermögen nicht sichergestellten notwendigen Lebensunterhaltsbedarf i.H.v. 460 Euro hat.

Anne-Kathrin beantragt am 14.01.2017 per Fax Leistungen nach dem SGB II, die mit Bescheid vom 12.02.2017 – die Bekanntgabe des Bescheides erfolgte am 15.02.2017 – in Höhe von monatlich 500 Euro vom 01.01.2017 bis einschließlich 31.12.2017 gewährt werden. Infolge eines Versehens des Sachbearbeiters, der von einem zu hohen Absetzungsbetrag nach § 11b Abs. 2 SGB II ausgegangen war, bewilligt der Bescheid nicht 460 Euro, sondern 500 Euro Arbeitslosengeld II.

Am 16.02.2017 findet der zuständige Sachbearbeiter die Durchschrift des Bewilligungsbescheids und erkennt sofort den Fehler. Er beabsichtigt, den Bewilligungsbescheid teilweise zurückzunehmen sowie den bereits überzahlten Betrag i.H.v. 80 Euro (jeweils 40 Euro für Januar und Februar 2017) zurückzufordern und teilt dies Anne-Kathrin noch am selben Tag mit der Bitte um Stellungnahme innerhalb von drei Wochen mit. Er begründet die beabsichtigte Rücknahme damit, dass Anne-Kathrin gewusst habe oder jedenfalls grob fahrlässig nicht gewusst habe, dass der Bescheid falsch sei, da in der zweiseitigen Begründung des Bescheids und vor allem in den mitübersandten Anlagen – insbesondere der tabellarischen Aufstellung von Bedarf und Einkommen/Vermögen – ausführlich erläutert worden sei, wie die Leistungen berechnet würden. Hieraus hätte sie leicht erkennen können und müssen, dass ihr Leistungen nicht in der geregelten Höhe zustehen könnten. Auf die anzuwendenden Vorschriften weist er in dem Schreiben ebenfalls hin.

Nach Ablauf einer Woche geht im Jobcenter ein handgeschriebener Brief ein, in dem sich die Mutter der Anne-Kathrin meldet. Diese teilt – was der Wahrheit entspricht – mit, dass Anne-Kathrin weder über eine abgeschlossene Schul- noch über eine abgeschlossene Berufsausbildung, dafür aber über eine ausgeprägte Schreib- und Leseschwäche verfüge und sie, die Mutter, deshalb gelegentlich ihre Korrespondenz erledige.

Zufällig habe sie bei ihrer Tochter das Schreiben vom 16.02.2017 gesehen. Sie empfinde es gegenüber ihrer Tochter als Unverschämtheit ihr vorzuwerfen, sie habe gewusst, dass der Bewilligungsbescheid rechtswidrig sei. Vielmehr sei davon auszugehen, dass Anne-Kathrin – wenn überhaupt – nur die erste Seite des Bescheids gelesen habe, in der die Höhe des Alg II-Anspruchs geregelt sei. Mehr könne von ihr auch nicht erwartet werden, der Sachbearbeiter wisse dies, denn Anne-Kathrin habe bereits die Antragstellung nicht ohne die Hilfe des Sachbearbeiters erledigen können, weil die im Antragformular gestellten Fragen zu kompliziert für sie gewesen seien.

Als der Sachbearbeiter diese Ausführungen liest, kann er sich tatsächlich noch gut daran erinnern, wie er seiner Ehefrau zu Hause bei bester Laune von der „ungeheuren Blödheit" Anne-Kathrins erzählt hatte, die nicht in der Lage gewesen war, einfachste Fragen nach Ehestand und Wohnsitz zu verstehen.

Er ruft daraufhin bei Anne-Kathrin an, die ihm telefonisch bestätigt, dass sie nur die erste Seite des Bescheids gelesen habe. Sie schildert glaubhaft, dass sie froh gewesen sei, diese Seite überhaupt zu verstehen. Keinesfalls habe sie erkannt, dass ihr die Leistungen – die sie im Übrigen inzwischen bis auf den letzten Cent ausgegeben habe – nur zum Teil zustünden.

Aufgaben

1. Bitte prüfen Sie, ob das zuständige Jobcenter berechtigt ist, eine Rücknahme des Bewilligungsbescheides – und damit einhergehend eine Erstattung der überzahlten Beträge nach § 50 Abs. 1 SGB X – zu verfügen.
2. Unterstellen Sie, das Jobcenter wäre berechtigt, einen Rücknahme- und Erstattungsbescheid zu erlassen. Bitte nehmen Sie Stellung, welche formellen Voraussetzungen das Jobcenter zu beachten hätte.

Bearbeitungshinweise

Auf Fragen der Leistungsform, Aufrechnung und Zuständigkeit ist nicht einzugehen.

Lösungsvorschlag

Aufgabe 1

Das zuständige Jobcenter wäre zur vollständigen oder teilweisen Rücknahme des Bewilligungsbescheids und zur Verpflichtung zur Rückerstattung überzahlter SGB II-Leistungen ermächtigt, wenn es sich auf entsprechende Ermächtigungsgrundlagen stützen könnte (§ 31 SGB I: Vorbehalt des Gesetzes).

Eine Korrektur des Bewilligungsbescheids wegen einer offenbaren Unrichtigkeit nach Maßgabe des § 38 SGB X kommt nicht in Betracht, weil es bereits an der Offensichtlichkeit der Unrichtigkeit fehlt. § 38 SGB X erlaubt eine Korrektur des Verwaltungsaktes nur aufgrund eines Schreibfehlers, Rechenfehlers oder ähnlicher offenbaren Unrichtigkeiten. Der Bewilligungsbescheid leidet an einem Fehler, der nur bei

Kenntnis des materiellen Sozialleistungsrechts – hier des SGB II – erkannt werden kann und damit nicht für jedermann „offenbar" ist. Da sich der Fehler im Bereich der Rechtsanwendung abgespielt hat und die Fehlerfolgen die Adressatin des Verwaltungsaktes begünstigen, könnte die Rücknahme jedoch auf der Grundlage von § 40 Abs. 1 SGB II i.V.m. § 45 SGB X i.V.m. § 330 Abs. 2 SGB III erfolgen. Ermächtigungsgrundlage für die Rückerstattungspflicht könnte dann § 50 Abs. 1 SGB X sein.

1. Verwaltungsakt

Der zurückzunehmende Bewilligungsbescheid vom 12.02.2017 müsste ein Verwaltungsakt i.S.d. § 31 SGB X sein. Hierzu müsste es sich um eine hoheitliche Maßnahme handeln, die eine Behörde zur Regelung eines Einzelfalles auf dem Gebiet des öffentlichen Rechts getroffen hätte und die auf unmittelbare Rechtswirkung nach außen gerichtet wäre (§ 31 Abs. 1 S. 1 SGB X).

Der Bewilligungsbescheid wurde durch ein Jobcenter (§ 6d SGB II) erlassen, also durch einen Träger der Grundsicherung für Arbeitsuchende (§ 12 S. 1 SGB I i.V.m. § 19a Abs. 2 SGB I), der das SGB II in eigener Zuständigkeit selbständig ausführt und damit **Behörde** im Sinne des § 1 Abs. 2 SGB X ist.

Der Bewilligungsbescheid bringt die Entscheidung der Behörde zum Ausdruck, Anne-Kathrin für einen bestimmten Zeitraum bestimmte sozialrechtliche Leistungen zukommen zu lassen. Eine Entscheidung einer Behörde stellt nach der beispielhaften Aufzählung in § 31 Abs. 1 S. 1 SGB X eine mögliche Form einer **hoheitlichen Maßnahme** dar.

Eine **Regelung** setzt voraus, dass Rechte begründet, festgestellt, verändert oder abgelehnt werden. Der Bewilligungsbescheid begründet einen Anspruch auf Arbeitslosengeld II nach §§ 7 Abs. 1, 19 Abs. 1 S. 1 SGB II und stellt somit eine Regelung dar.

Da §§ 7, 19 Abs. 1 S. 1 SGB II alleine durch Träger öffentlicher Gewalt ausgeführt werden dürfen, wurde die Regelung auf dem **Gebiet des öffentlichen Rechts** getroffen.

Da alleine Anne Kathrin durch die Regelung des Bewilligungsbescheids erfasst wird, wurden die Rechtsansprüche in einem **Einzelfall** begründet. Die Entscheidung über die Begründung eines Rechtsanspruchs auf SGB II-Leistungen gegenüber einer außerhalb der Behörde stehenden Person hat zuletzt auch **unmittelbare Rechtswirkungen nach außen**.

Somit handelt es sich bei dem Bewilligungsbescheid vom 12.02.2017 um einen Verwaltungsakt.

2. begünstigender Verwaltungsakt

Der Verwaltungsakt müsste begünstigend ist. Dies ist er nach der Legaldefinition des § 45 Abs. 1 S. 1 SGB X, wenn er ein Recht oder einen rechtlich erheblichen Vorteil begründet oder bestätigt. Der Bewilligungsbescheid begründet einen Anspruch auf Arbeitslosengeld, d.h. ein Recht, und ist deshalb begünstigend.

3. Rechtswidrigkeit von Beginn an

Der Verwaltungsakt müsste zudem zum Zeitpunkt seines Erlasses, d.h. seiner Bekanntgabe rechtswidrig sein. Wäre die Rechtswidrigkeit erst nach dessen Bekanntgabe eingetreten, so käme § 48 SGB X als Ermächtigungsgrundlage für eine Beseitigung der Rechtsfolgen des Verwaltungsaktes in Betracht.

Rechtswidrig ist der Verwaltungsakt, wenn sein Regelungsgehalt nicht mit dem anzuwendenden Recht übereinstimmt, weil das Recht unrichtig angewandt oder von einem unrichtigen Sachverhalt ausgegangen worden ist (vgl. § 44 Abs. 1 S. 1 SGB X). Da der Verwaltungsakt einen Absetzungsbetrag berücksichtigt, der in einem Umfang von 40 Euro nicht mit § 11b SGB II übereinstimmt, was zur Folge hat, dass in diesem Umfang entgegen §§ 7 ff. SGB II zu hohe monatliche Sozialleistungen bewilligt wurden, wurde das Gesetz fehlerhaft angewendet. Der Verwaltungsakt ist insoweit rechtswidrig. Die teilweise Rechtswidrigkeit bestand bereits von Beginn an, d.h. zum Zeitpunkt der Bekanntgabe des Verwaltungsaktes.

4. Vertrauensschutz

Eine Rücknahme eines Verwaltungsaktes ist ausgeschlossen, wenn dessen Empfänger in dessen Bestand vertraut hat und dieses Vertrauen unter Abwägung mit dem öffentlichen Interesse an der Rücknahme schutzwürdig ist (§ 45 Abs. 2 S. 1 SGB X).

Vertrauen in den Bestand des Verwaltungsaktes setzt voraus, dass dessen Empfänger Kenntnis vom Verwaltungsakt erlangt hat. Auch wenn Kathrin nur die erste Seite des Verwaltungsaktes, der die Regelung enthielt, gelesen hat, so genügt dies grundsätzlich, um Vertrauen darin entwickeln zu können, dass die Regelungen des Verwaltungsaktes bestehen bleiben und nicht nachträglich beseitigt werden.

Ihr Vertrauen auf den umfänglichen Bestand des Verwaltungsaktes wäre jedoch nach § 45 Abs. 2 S. 3 Nr. 3 Alt. 2 SGB X ausgeschlossen, wenn sie die Rechtswidrigkeit des Verwaltungsaktes infolge grober Fahrlässigkeit nicht erkannt hätte.

Anne-Kathrin müsste hierfür vorgeworfen werden können, dass sie die Rechtswidrigkeit deshalb nicht erkannt hatte, weil sie die im Verkehr erforderliche Sorgfalt in besonders schwerem Maße verletzte, anders ausgedrückt, dass sie in der konkreten Situation dasjenige unbeachtet ließ bzw. unterließ, was jedermann sonst beachtet bzw. getan hätte. Bei diesem Vergleich zwischen ihrem Verhalten und dem potentiellen Verhalten Dritter ist kein objektiver Maßstab anzulegen, sondern auf die persönliche Urteils- und Kritikfähigkeit, das Einsichtsvermögen und das Verhalten des Betroffenen sowie die besonderen Umstände des Einzelfalls abzustellen.

Anne-Kathrin erkannte die teilweise Rechtswidrigkeit des Bewilligungsbescheids auch deshalb nicht, weil sie sich infolge einer erheblichen Schreib- und Leseschwäche nur unter Mühen die erste Seite des Bescheids inhaltlich erschließen konnte und die folgende Begründung nicht gelesen hat. Sie hätte die Rechtswidrigkeit aufgrund grob fahrlässigen Verhaltens verkannt, wenn jeder andere, der an derselben erheblichen Schreib- und Leseschwäche leidet, den Verwaltungsakt einschließlich seiner Anlagen vollständig gelesen hätte oder einen Dritten gebeten hätte, den Verwaltungsakt vorzulesen. Es kann unterstellt werden, dass auch eine andere Person, die an derselben Erkrankung wie Anne-Kathrin leidet, nur die erste Seite des Bewilligungsbescheids gelesen hätte, zumal diese die für einen Antragsteller wichtigsten Informationen enthält: Art, Höhe und Dauer der Leistung. Da aus Sicht eines Antragstellers die wesentlichen Informationen aus der ersten Seite hervorgetreten sind, musste ein Antragsteller auch keine andere Person bitten, ihr den Verwaltungsakt vollständig vorzulesen. Dies wäre nur dann anders, wenn der Bescheid eine deutli-

che „Überraschung" enthalten hätte, z.B. eine auf den ersten Blick nicht nachvoll-
ziehbare monatliche Leistungshöhe von mehreren Tausend Euro. Anne Kathrin beantragte SGB II-Leistungen und erhielt SGB II-Leistungen. Dass diese um einen vergleichsweise geringen Betrag von 40 Euro vom tatsächlich zustehenden Leistungsbetrag abwich, musste ihr nicht auffallen. Darüber hinaus ist zweifelhaft, ob der Fehler für Anne-Kathrin oder Dritte mit vergleichbaren Fähigkeiten und Kenntnissen angesichts der komplizierten Regelung des § 11b SGB II, auf dessen Grundlage der
Fehler gemacht wurde, überhaupt erkennbar gewesen wäre.

Damit verkannte Anne-Kathrin die teilweise Rechtswidrigkeit des Verwaltungsaktes
nicht infolge grob fahrlässigen Verhaltens. Auch liegt kein anderer Vertrauensaus-
schlussgrund vor.

Das bedeutet aber nicht, dass Anne-Kathrin alleine deshalb schutzwürdiges Vertrau-
en in den Bestand des Verwaltungsaktes hat und eine Rücknahme verboten ist.
Hierzu muss eine gesonderte Vertrauensschutzprüfung nach § 45 Abs. 2 S. 1 und 2
SGB X erfolgen, innerhalb derer eine Abwägung ihres Vertrauens in den Bestand des
Verwaltungsaktes mit dem öffentlich-rechtlichen Rücknahmeinteresse erforderlich
ist.

Für ihr Vertrauen in den Bestand des Bewilligungsbescheids spricht, dass Anne-
Kathrin die rechtswidrig erhaltenen 80 Euro bereits ausgegeben hat. Verbrauch der
rechtswidrig erlangten Leistung erfüllt einen Regeltatbestand für schutzwürdiges
Vertrauen (§ 45 Abs. 2 S. 2 SGB X). Für ihr Vertrauen spricht zudem, dass ihr kein eigenes Verhalten vorgeworfen werden kann, das zur rechtswidrigen Leistung geführt
hat, sondern Ursache ein alleine ein der Verwaltung zuzuordnender Fehler gewesen
ist.

Für das öffentliche Interesse an der Rücknahme spricht hingegen das rechtsstaatli-
che Interesse an der Beseitigung eines rechtswidrigen Zustands und der Wunsch
Leistungen zurückzuerhalten, damit diese denjenigen zugeführt werden können, die
tatsächlich Leistungsansprüche haben.

Der Regeltatbestand des schutzwürdigen Vertrauens, der durch den Verbrauch der
Leistung erfüllt ist, erscheint hier stärker als das öffentliche Interesse an einer Rücknahme. Umstände, die Anne-Kathrins Vertrauen darin, dass der Verwaltungsakt bestehen bleiben würde, absenken könnten, sind nicht erkennbar. Andererseits handelt
es sich bei den Gründen, die das staatliche Interesse an der Rücknahme begründen,
um Gründe, die in jedem Fall, in dem es um die Beseitigung rechtswidriger begünstigender Verwaltungsakte geht, vorliegen. Hätte diese üblichen Gründe bereits so viel
Gewicht, dass sie sogar Regeltatbestände für schutzwürdiges Vertrauen überwiegen
könnten, so führte dies dazu, dass Bewilligungsbescheid in jedem Fall zurückgenommen werden dürften. Dies ist aber gerade nicht Sinn und Zweck des § 45
SGB X, der einen Ausgleich zwischen dem Vertrauen des Bürgers in das Bestehen-
bleiben rechtsstaatlicher Entscheidungen und damit Rechtssicherheit einerseits und
dem staatlichen Interesse an einer Beseitigung der Rechtswidrigkeit schaffen soll.

Da aufgrund Anne-Kathrins schutzwürdigen Vertrauens eine Rücknahme des Bewilligungsbescheids mit Wirkung für Februar 2017 ausscheidet (§ 45 Abs. 2 S. 1 SGB X),
ist auch der Tatbestand des § 50 Abs. 1 SGB X nicht erfüllt, so dass die für Januar
und Februar 2017 erbrachte Zuvielleistung in Höhe von jeweils 40 Euro nicht zurückgefordert werden darf.

Das durch den Verbrauch der Leistung begründete besondere schutzwürdige Vertrauen erfasst nur den Zeitraum, für den die Zuvielleistung bereits ausgegeben wur-

de, d.h. die Vergangenheit. Für den in der Zukunft liegenden Leistungszeitraum, der von März bis Dezember 2017 reicht, liegt jedoch keiner der zum schutzwürdigen Vertrauen führenden Regeltatbestände (Verbrauch, Vermögensdisposition) vor, so dass insoweit eine andere Wertung in Betracht kommt. Gründe, die ein besonderes Vertrauen in den Bestand des Bewilligungsbescheids unter Einbeziehung der Zuvielleistung begründen könnten, sind nicht ersichtlich, so dass das öffentliche Rücknahmeinteresse nun überwiegt. Der Gesetzgeber wollte eine Rücknahme rechtswidriger Bewilligungsbescheide nicht allgemein ausschließen, sondern zulassen, sofern kein besonderer Vertrauensschutz in den Bestand des Verwaltungsaktes besteht. Dies muss bei der Abwägung des Vertrauens mit dem Rücknahmeinteresse beachtet werden.

5. Fristen

Eine Rücknahme könnte jedoch ausgeschlossen sein, sofern Rücknahme- oder Handlungsfristen versäumt worden wären.

Nach § 45 Abs. 3 S. 1 SGB X dürfen Verwaltungsakte mit Dauerwirkung grundsätzlich nur innerhalb von zwei Jahren nach ihrem Erlass zurückgenommen werden. Der Bewilligungsbescheid besitzt Dauerwirkung, da er sich nicht in einem einmaligen Gebot oder Verbot oder in einer einmaligen Gestaltung der Rechtslage beschränkt, sondern ein auf eine gewisse Dauer berechnetes Rechtsverhältnis begründet. Da die Zweijahresfrist eingehalten wurde, muss nicht auf die, eine längere Frist begründenden § 45 Abs. 3 S. 2 bis 5 SGB X eingegangen werden.

Die einjährige Handlungsfrist des § 45 Abs. 4 S. 2 SGB X ist nicht zu berücksichtigen, da der Bewilligungsbescheid nicht mit Wirkung für die Vergangenheit zurückgenommen wird.

6. Ermessen

Grundsätzlich steht die Rücknahme rechtswidriger, begünstigender Verwaltungsakte im Ermessen der Behörde (§ 45 Abs. 1 SGB X „darf"). Dieses Ermessen ist allerdings dann ausgeschlossen, wenn es sich um rechtswidrige SGB II-Leistungen handelt, die aufgrund von Vertrauensausschlussgründen mit Wirkung für die Vergangenheit zurückgenommen werden sollen (§ 40 Abs. 2 Nr. 3 SGB II i.V.m. § 330 Abs. 2 SGB III, § 45 Abs. 2 S. 3 SGB X). Da in Bezug auf Anne-Kathrin keine Vertrauensausschlusstatbestände erfüllt sind, hat das Jobcenter hinsichtlich des „Ob" und „Wie" der Rücknahme Ermessen auszuüben.

Bei der Ermessensausübung sind keineswegs „sämtliche Umstände des Einzelfalles" zu berücksichtigen, sondern alleine diejenigen Umstände, die nach dem Zweck des Gesetzes relevant sind. Zweck des § 45 SGB X ist der Ausgleich der verfassungsrechtlich relevanten Grundsätze der Rechtssicherheit und des Vertrauensschutzes einerseits mit dem ebenfalls verfassungsrechtlich relevanten Grundsatz der Rechtmäßigkeit staatlichen Handelns andererseits. Eine Beseitigung rechtswidriger, begünstigender Verwaltungsakte soll nicht „um jeden Preis" erfolgen, sondern unter Berücksichtigung des Vertrauens in den Bestand des Verwaltungsaktes.

Bei der Erfüllung des gesetzgeberischen Willens ist deshalb zum einen zu berücksichtigen, dass die Ursache des rechtswidrigen Verwaltungshandelns alleine im Verantwortungsbereich der Behörde lag, zum anderen, dass Anne-Kathrin nur für eine kurze Zeit und in vergleichsweise geringerer Höhe in den Genuss der Zuvielleistung gekommen ist, so dass nur ein geringes rechtsstaatliches Interesse an einer Korrektur des Verwaltungsaktes besteht. Nach der Durchführung der Anhörung wird es März sein, frühestens mit Wirkung ab April könnte die Zuvielleistung beendet werden. Die Geltungsdauer des befristeten Verwaltungsaktes endet mit Ablauf Dezember 2017.

Bei der Berücksichtigung dieser Umstände erscheint es dem Willen des Gesetzgebers zu entsprechen, von einer Rücknahme des Bewilligungsbescheides abzusehen. (Hinweis: Auch eine andere Entscheidung, deren Begründung sich auf Sinn und Zweck des § 45 SGB X stützt, ist vertretbar.)

Aufgabe 2

Zu beachtende formelle Voraussetzungen:

1. Zuständigkeit

Von der Zuständigkeit der handelnden Behörde ist auszugehen.

2. Anhörung (§ 24 SGB X)

Der beabsichtigte Verwaltungsakt würde in Anne-Kathrins Rechte eingreifen, da die vollständige oder teilweise Rücknahme des Bewilligungsbescheids insoweit zugleich den Rechtsgrund der SGB II-Leistungen beseitigte und damit den rechtlichen Status quo verminderte. Die zweite beabsichtigte Regelung – die Auferlegung einer Erstattungspflicht – würde Anne-Kathrins rechtliche Position belasten.

Es darf nicht ausnahmsweise von einer Anhörung abgesehen werden, insbesondere liegen die tatbestandlichen Voraussetzungen des § 24 Abs. 2 Nr. 5 SGB X nicht vor. Zwar handelt es sich bei SGB II-Leistungen um einkommensabhängige Leistungen (vgl. § 7 Abs. 1 S. 1 Nr. 3 SGB II i.V.m. §§ 9, 11 SGB II), Anlass für die Eingriffe in die Rechtsposition der Anne-Kathrin ist jedoch keine Anpassung an veränderte Einkommens- oder Bedarfsverhältnisse, sondern eine Korrektur zu Unrecht zugrunde gelegter Einkommensverhältnisse. Diese ist durch § 24 Abs. 2 Nr. 5 SGB X nicht erfasst.

Somit ist Anne-Kathrin vor beiden Rechtseingriffen anzuhören. Hierzu ist ihr Gelegenheit zu geben, sich zu den für die entscheidungserheblichen Tatsachen zu äußern (§ 24 Abs. 1 SGB X).

Die Anhörung ist mit Schreiben vom 16.02.2017 erfolgt, denn Anne-Kathrin wurde darin über sämtliche Tatsachen sowie die Rechtsgründe informiert, aufgrund derer die Rücknahme des Verwaltungsaktes und die Rückforderung des überzahlten Betrages erfolgen soll. Anne-Kathrin wurden drei Wochen Zeit für eine Stellungnahme gegeben, was – auch unter Berücksichtigung ihrer verminderten Intelligenz – angemessen erscheint. Die Rechtsprechung erachtet in Durchschnittsfällen eine Anhörungsfrist von zwei Wochen zuzüglich der Postlaufzeiten als angemessen.

3. Begründung

Der beabsichtigte Verwaltungsakt muss eine Begründung enthalten, in der zum einen die wesentlichen tatsächlichen und rechtlichen Gründe, die das Jobcenter zu der konkreten Entscheidung bewogen haben, benannt sein müssen (§ 35 Abs. 1 S. 2 SGB X), und zum anderen – soweit es sich bei der Entscheidung um eine Ermessensentscheidung handelt – die Gesichtspunkte aufzeigen, auf die sich das Jobcenter bei der Ausübung des Ermessens gestützt hat (§ 35 Abs. 1 S. 3 SGB X).

4. Schriftformerfordernis

Soweit der beabsichtigte Verwaltungsakt den Bewilligungsbescheid zurücknimmt, herrscht der Grundsatz der Nichtförmlichkeit des Verwaltungsverfahrens, so dass neben der Schriftform auch eine andere Form – elektronisch, mündlich oder in anderer Weise – gewählt werden kann (§ 9 S. 1 SGB X, § 33 Abs. 2 S. 1 SGB X). Der Bescheid über die Erstattung bereits erbrachter Sozialleistungen ist nach § 50 Abs. 3 S. 1 SGB X allerdings schriftlich zu erlassen

5. Unterschrift und erlassende Behörde

Der Verwaltungsakt muss die erlassende Behörde erkennen lassen und die Unterschrift oder Namenswiedergabe des Behördenleiters, seines Vertreters oder seines Beauftragten enthalten (§ 33 Abs. 3 S. 1 SGB X). § 33 Abs. 5 SGB X erlaubt hier keine Ausnahme, da es sich bei der konkreten Entscheidung nicht um einen Massenverwaltungsakt handelt.

6. Rechtsbehelfsbelehrung

Der Verwaltungsakt muss eine schriftliche Rechtsbehelfsbelehrung enthalten, durch die der Adressat über den Rechtsbehelf (Widerspruch) und die Behörde, bei der der Widerspruch zu erheben ist, deren Sitz, die einzuhaltende Frist von einem Monat nach Bekanntgabe des Verwaltungsaktes und die Form zu belehren ist.

3. Fall: Gerhard

Der alleinstehende 57jährige Gerhard spricht am 19.01.2017 bei dem für SGB II-Angelegenheiten zuständigen zugelassenen kommunalen Träger vor und beantragt unter Vorlage von Mietvertrag, Kontoauszügen, Sparbuch und sonst erforderlichen Unterlagen, die Auskunft über seinen Lebensunterhaltsbedarf sowie sein Einkommen und Vermögen geben, Arbeitslosengeld II. Den von der Sachbearbeiterin angebotenen Stuhl lehnt er ab und bleibt während des zehnminütigen Gesprächs stehen, was er damit begründet, dass er in der Vergangenheit bereits mehrere Bandscheibenvorfälle gehabt habe. Er könne sich nur unter erheblichen Schmerzen auf einen Stuhl setzen, eigentlich könne er nur noch liegen oder stehen.

Nachdem Gerhard während des Gesprächs mehrfach mit schmerzverzerrtem Gesicht aufgestöhnt hat, weist ihn die Sachbearbeiterin Schwarz darauf hin, dass er nur dann Anspruch auf Arbeitslosengeld II habe, wenn er erwerbsfähig sei. Sei er jedoch dauerhaft nicht in der Lage, auf dem allgemeinen Arbeitsmarkt mindestens drei Stunden täglich erwerbstätig zu sein, wäre das Sozialamt der zuständige Leistungsträger. Da sie bei kursorischer Durchsicht seiner mitgebrachten Unterlagen festgestellt habe, dass er einen Anspruch auf Fürsorgeleistungen haben könne und zurzeit weder über Einkommen oder Vermögen verfüge, um bis zum Ende des Monats „über die Runden zu kommen", bewillige sie ihm nun einen Vorschuss in Höhe von 200 Euro. Aufgrund seines Rückenleidens würde sie sich jedoch gerne mit seinem behandelnden Orthopäden und seinem Hausarzt in Verbindung setzen, um eine erste Einschätzung über seine Gesundheitsbeeinträchtigung und die möglichen Folgen auf seine Erwerbsfähigkeit vornehmen zu können.

Gerhard ist einverstanden, benennt Dr. Tuppel als behandelnden Orthopäden und Dr. Weissbrot als Hausarzt und unterzeichnet entsprechende Entbindungen von der ärztlichen Schweigepflicht. Auf die Aufforderung zur Übersendung ärztlicher Befundberichte entgegnet Dr. Weissbrot nach drei Wochen, Gerhard sei niemals Patient bei ihm gewesen, und Dr. Tuppel, Gerhards letzter Besuch sei im Jahr 2010 wegen massiver Rückenbeschwerden erfolgt, seitdem habe er sich bei ihm nicht mehr vorgestellt. In der Zwischenzeit erlässt das Jobcenter am 2. Februar 2017 einen Bescheid über die Gewährung von Arbeitslosengeld II in Höhe von monatlich 688,20 Euro für den Zeitraum 1. Januar 2017 bis 31.12.2017 unter Anrechnung des für Januar bewilligten Vorschusses.

Mit Schreiben vom 21. Februar 2017 fordert das Jobcenter Gerhard auf, sich am 10. März 2017 um 10 Uhr morgens bei Dr. med. Hanno Hirsch, Ärztlicher Dienst der Bundesagentur für Arbeit, zur Überprüfung seiner Erwerbsfähigkeit einzufinden. In diesem Schreiben wird darauf hingewiesen, dass Gerhard „das Arbeitslosengeld II ganz oder teilweise versagt bzw. entzogen werden könne, wenn er seiner Mitwirkungspflicht (§§ 60 ff. SGB I) nicht nachkomme, zum Beispiel, indem er den Untersuchungstermin nicht wahrnehme". Am 14. März 2017 ruft Gerhard im Jobcenter an und bittet um Übersendung eines „Gutscheins für das gewünschte medizinische Gutachten" bzw. eines „Gutscheins für die Kosten des ärztlichen Attests von Dr. Hirsch". Ohne entsprechenden Gutschein könne er den Untersuchungstermin nicht wahrnehmen, da er sich die Kosten eines Gutachters nicht leisten könne. Die zuständige Sachbearbeiterin erläutert Gerhard daraufhin, dass er keinen Gutschein benötige, denn die Kosten für die Untersuchung trage das Jobcenter.

Aufgrund des Verlaufs des Telefonats ist sich die Sachbearbeiterin nicht sicher, ob Gerhard sie inhaltlich richtig verstanden hat und verfasst am selben Tag ein Schreiben, in dem sie Gerhard erneut darauf hinweist, dass eine ärztliche Untersuchung zur Feststellung seiner Erwerbsfähigkeit erforderlich sei und dass diese – für ihn kostenfrei – durch den Ärztlichen Dienst der Bundesagentur erfolgen werde. Sollten Fahrtkosten entstehen, würden diese ihm erstattet; sollte er hierzu einen Vorschuss benötigen, werde dieser auf Antrag erbracht. Sollte er am 10. März verhindert sein, so könne er sich telefonisch unmittelbar mit dem Ärztlichen Dienst zur Vereinbarung eines Ausweichtermins in Verbindung setzen.

Gerhard erscheint am 10. März 2017 nicht zur Untersuchung. Daraufhin wird er mit Schreiben vom 13. März 2017 erneut zur Untersuchung bei Dr. med. Hirsch eingeladen. Die Untersuchung soll nun am 30. März 2017 stattfinden. In diesem Schreiben weist das Jobcenter auf die Mitwirkungspflicht nach §§ 60 ff. SGB I und die möglichen Folgen einer Verletzung inhaltlich wortgleich mit dem früheren Einladungsschreiben hin. Am 17. März 2017 geht ein Schreiben beim Jobcenter ein, in dem Gerhard wieder um Übersendung eines Gutscheins zur Wahrnehmung der ärztlichen Untersuchung bittet. Sachbearbeiterin Schwarz schüttelt den Kopf, als sie dies liest und heftet das Schreiben in die Akte. Am Tag der geplanten Untersuchung ruft Gerhard beim Jobcenter an und erklärt, dass er sich nicht untersuchen lasse, weil er immer noch keinen Gutschein erhalten habe.

Am 4. April 2017 erlässt das Jobcenter folgenden Verwaltungsakt:

> „1. Ihr Antrag vom 19.01.2017 auf Gewährung von Arbeitslosengeld II wird abgelehnt.
>
> 2. Dieser Bescheid ergeht kostenfrei."

In der Begründung wird aufgeführt, G. Heim sei zweimal nicht zur ärztlichen Untersuchung zur Feststellung seiner Erwerbsfähigkeit erschienen, obwohl ihm die Notwendigkeit der Untersuchung zur Feststellung eines Anspruchs auf SGB II-Leistungen eingehend erläutert worden und zudem mehrfach dargelegt worden sei, dass die Untersuchung für ihn kostenfrei sei. Da er an der Feststellung seiner Ansprüche nicht mitgewirkt habe, hätte der Antrag auf SGB II – Leistungen nach § 66 Abs. 1 SGB I leider abgelehnt werden müssen. Durch die Ablehnung ende auch der durch den Bewilligungsbescheid vom 2. Februar 2017 begründete Anspruch auf Arbeitslosengeld II, so dass ab Mai 2017 keine Leistungen mehr erbracht würden.

Gerhard erhebt gegen diesen Verwaltungsakt mit der Begründung Widerspruch, er habe laufend reagiert und um Gutscheine für eine ärztliche Untersuchung gebeten. Dass man ihm nun fehlende Mitwirkung vorwerfe, verstehe er nicht. In Hinblick auf

eine Untersuchung durch einen „Arbeitsamt-Arzt" bestehe zudem eine Interessen-
kollision, da das „Arbeitsamt darauf aus sei, jeden in die Rente zu bekommen, damit
es für ihn nicht mehr zuständig" ist. Übersende man ihm endlich einen Gutschein,
werde er es sich aber überlegen und sich wohl oder übel auch durch Dr. Hirsch
untersuchen lassen. Besser wäre es allerdings, man schicke ihn zu einem unabhän-
gigen Arzt mit eigener Praxis, der nicht durch die Bundesagentur finanziert werde.

Der Widerspruch wird mit Bescheid vom 4. Mai 2017 zurückgewiesen.

Aufgabe

Wird Gerhards Klage Erfolg haben?

Arbeitshinweis

Die Zulässigkeit der Klage ist zu unterstellen.

Lösungsvorschlag

Die Klage hätte Aussicht auf Erfolg, wenn sie zulässig und begründet wäre. Vorliegend ist allein auf die Begründetheit der Klage einzugehen. Gerhards Klage zielt darauf ab, dass der ablehnende Bescheid vom 4. April 2017 beseitigt wird, da er dann
wieder einen Anspruch auf Arbeitslosengeld II aus dem Bewilligungsbescheid vom
2. Februar 2017 hätte. Er würde dieses Ziel erreichen, wenn die Klage begründet,
d.h. wenn der Bescheid vom 4. April 2017 in Gestalt des Widerspruchsbescheids
vom 4. Mai 2017 rechtswidrig wäre.

Die Optionskommune hat ihre Entscheidung auf eine Verletzung der Mitwirkungspflichten gestützt und § 66 Abs. 1 SGB I als Ermächtigungsgrundlage benannt.
§ 66 Abs. 1 SGB I setzt zunächst voraus, dass Gerhard Antragsteller oder Empfänger
von Sozialleistungen und das Jobcenter Sozialleistungsträger ist. Gerhard bezieht
Arbeitslosengeld II und somit eine Sozialleistung im Sinne des § 11 SGB I i.V.m.
§ 19a Abs. 1 Nr. 2 SGB I. Der zugelassene kommunale Träger ist nach § 19a Abs. 2
S. 2 SGB I zur Ausführung des SGB II bestimmt und damit nach § 12 SGB I Sozialleistungsträger.

Gerhard müsste zudem Mitwirkungsobliegenheiten nach §§ 60 bis 62 SGB I nicht
nachgekommen sein. Streitgegenständlich ist hier die Frage, ob sich Gerhard einer
ärztlichen Untersuchung unterziehen musste. Hierzu wäre er verpflichtet, soweit diese für die Entscheidung über die Leistung erforderlich gewesen wäre. Da die durch
die Untersuchung festzustellende Erwerbsfähigkeit nach § 7 Abs. 1 S. 1 Nr. 2 SGB II
i.V.m. § 8 SGB II Voraussetzung für einen Anspruch auf Arbeitslosengeld II ist, ist die
dahin gerichtete Untersuchung für die Leistung grundsätzlich erforderlich. Anders
wäre dies nur dann, wenn die Erwerbsfähigkeit anhand vorliegender aktueller ärztlicher Untersuchungen zweifelsfrei beurteilt werden könnte. Aktuelle ärztliche Berichte
über Gerhards Gesundheitszustand, die entsprechende Rückschlüsse zuließen, sind
aber nicht vorhanden. Damit war Gerhard nach § 62 SGB I grundsätzlich verpflichtet,
sich ärztlich untersuchen zu lassen. Dieser Obliegenheit ist er nicht nachgekommen.

Die Rechtsfolge des § 66 Abs. 1 SGB I durfte jedoch nur gesetzt werden, wenn Gerhards grundsätzliche Mitwirkungsobliegenheit nicht nach § 65 Abs. 1 SGB I begrenzt
wäre oder ihm nach § 65 Abs. 2 SGB I das Recht zuzustehen wäre, die Untersuchung zu verweigern.

Gerhard beruft sich darauf, dass sich der zur Untersuchung beauftragte Gutachter
aufgrund seiner Anstellung beim Ärztlichen Dienst der Bundesagentur für Arbeit in
einem „Interessenkonflikt" befinde. Wäre von einer Befangenheit des Gutachters

auszugehen, so läge ein „wichtiger Grund" i.S.d. § 65 Abs. 1 Ziffer 2 SGB I vor, so dass es für Gerhard unzumutbar wäre, sich von diesem untersuchen zu lassen.

Von einer Befangenheit wäre auszugehen, wenn Anhaltspunkte bestünden, die geeignet wären, Misstrauen gegen eine unparteiische Ausübung der Gutachtertätigkeit zu wecken. Ein am Verfahren Beteiligter müsste bei vernünftiger Würdigung aller Umstände Anlass haben, an der Unvoreingenommenheit und objektiven Einstellung des Gutachters zu zweifeln.[33] Es gibt weder Anhaltspunkte dafür, dass der Vorstand der Bundesagentur für Arbeit intern auf die Gutachter darauf hinwirkte, dass Versicherte ohne sachlichen Grund als dauerhaft nicht erwerbsfähig eingestuft würden noch dass der konkrete Gutachter, Dr. med. Hirsch, ohne sachlichen Grund entsprechende Gutachten erstellen würde. Alleine eine unbestimmte, vage Befürchtung genügt nicht, um an der Unvoreingenommenheit des Gutachters zu zweifeln. Hieran ändert auch der Umstand nichts, dass der Gutachter Mitarbeiter des Ärztlichen Dienstes der Bundesagentur für Arbeit ist. Wären diejenigen, die bei Sozialleistungsträgern erwerbstätig sind und damit von diesen für die Erbringung ihrer Arbeitsleistung entlohnt werden, alleine aus diesem Grund als voreingenommen und „befangen" anzusehen, so wäre unter Berücksichtigung von § 17 SGB X eine ordnungsgemäße Erfüllung der den Leistungsträgern übertragenen Aufgaben nicht mehr möglich. Es müssten darüber hinausgehende Umstände hinzutreten, damit bei objektiver Betrachtung die Sorge begründet erscheint, dass eine unvoreingenommene und unparteiische Ausübung der Gutachtertätigkeit nicht zu erwarten ist.

Auch § 65 Abs. 1 Ziffer 3 SGB I begrenzt Gerhards Mitwirkungsobliegenheiten nicht, denn dem Jobcenter ist es nicht möglich, Informationen über den gegenwärtigen Gesundheitszustand und die Erwerbsfähigkeit des Gerhard auf andere Weise als durch eine ärztliche Untersuchung zu erhalten. Aktuelle Arztberichte u.s.w., die eine entsprechende Einschätzung ohne eine ärztliche Untersuchung ermöglichten, liegen nicht vor. Gerhards Auskunft, er befinde sich in der Behandlung von Dr. Tuppel und Dr. Weissbrot, hat sich nicht als wahr erwiesen. Auch andere Ärzte, die entsprechende Informationen über seinen Gesundheitszustand geben könnten, sind nicht ersichtlich.

Für ein Recht, die Untersuchung wegen zu erwartender erheblicher Schmerzen oder anderer in § 65 Abs. 2 SGB I aufgeführter Gründe zu verweigern, sind keine Anhaltspunkte ersichtlich.

Damit war die Mitwirkungspflicht nach § 62 SGB I nicht begrenzt.

Weitere Voraussetzung des § 66 Abs. 1 S. 1 SGB I ist, dass die Aufklärung des Sachverhaltes infolge der unterbliebenen Mitwirkung erheblich erschwert sein muss. Der Sachverhalt lässt sich, wie oben bereits dargelegt, auf keine andere Weise als durch eine medizinische Untersuchung aufklären. Damit ist die unterbliebene Mitwirkung zugleich auch kausal für die Nichtaufklärung. Andere Bedingungen, die ein größeres Gewicht an der Nichtaufklärbarkeit hätten und damit „vor ihr" kausal im Sinne der Theorie der rechtlich wesentlichen Ursache wären, sind nicht ersichtlich.

Auch die letzte Voraussetzung des § 66 Abs. 1 S. 1 SGB I ist erfüllt, denn es sind nicht sämtliche Voraussetzungen für einen Anspruch auf Arbeitslosengeld II geklärt.

Fraglich ist jedoch, ob auch die Voraussetzungen des § 66 Abs. 3 SGB I erfüllt sind. Hierzu müsste Gerhard durch das Jobcenter unter Einhaltung einer angemessenen

---

33 jurisPK-SGB X/Hissnauer, § 17 Rn. 8.

Frist zur Untersuchung eingeladen und hierbei schriftlich auf die Rechtsfolgen einer erneuten Verletzung seiner Mitwirkungsobliegenheit hingewiesen worden sein.

Anhaltspunkte, die für eine unangemessene Frist sprechen, sind nicht erkennbar und werden durch Gerhard auch nicht vorgetragen.

Der Hinweis auf die Rechtsfolge einer erneuten Verletzung der Mitwirkungsobliegenheit darf sich nicht auf eine Wiederholung des Gesetzeswortlauts oder auf Belehrungen allgemeiner Art beschränken. Vielmehr muss dem Betroffenen anhand der dem Leistungsträger eingeräumten Entscheidungsmöglichkeiten unmissverständlich und konkret die Entscheidung bezeichnet werden, die im Einzelfall beabsichtigt ist, sofern der Betroffene dem Mitwirkungsverlangen innerhalb der Nachfrist nicht nachkommt.[34] Dies ist hier nicht geschehen. Der Hinweis des Jobcenters, es *könne* die Leistung ganz oder teilweise versagen, bezeichnet die beabsichtigte Rechtsfolge nicht konkret, sondern ist nichts anderes als die Wiedergabe des Gesetzestextes in anderen Worten. Dass das Jobcenter beabsichtigte, die Leistung vollständig zu entziehen – genau dies ist die Rechtsfolge, die sie später gesetzt hat und auf die sie damit zuvor hinweisen musste -, ergab sich hieraus nicht.

Damit sind die Voraussetzungen für eine Einstellung des Arbeitslosengeld II nicht erfüllt. Der Verwaltungsakt ist daher in der Gestalt, die er durch den Widerspruchsbescheid gefunden hat, rechtswidrig und aufzuheben.

Die Rechtswidrigkeit ergibt sich auch aus einem weiteren Grund. Das Jobcenter hätte das Arbeitslosengeld II in Anwendung des § 66 SGB I nicht *ablehnen* dürfen, sondern nur „bis zur Nachholung der Mitwirkungshandlung" entziehen dürfen. Indem es in der Rechtsfolge über das hinausging, was der Gesetzgeber in der Ermessensvorschrift des § 66 SGB I erlaubt, verstieß sie gegen das Verbot der Ermessensüberschreitung.

Das Jobcenter kann sich bei seiner Entscheidung, die beantragten Leistungen abzulehnen, nicht auf § 66 SGB I stützen.

Eine Ablehnung seines Antrags käme im Übrigen nur dann in Betracht, wenn die Anspruchsvoraussetzungen des geltend gemachten Anspruchs nicht erfüllt wären. Gerhard erfüllt jedoch die tatbestandlichen Voraussetzungen der §§ 7 ff. SGB II und hat deshalb einen Anspruch auf Arbeitslosengeld II. Da zunächst auf der Grundlage einer bei Gerhard vorhandenen Erwerbsfähigkeit ein ihn begünstigender Verwaltungsakt erlassen wurde, trägt das Jobcenter die objektive Beweislast dafür, dass die Erwerbsfähigkeit von Beginn an nicht vorhanden gewesen ist. Ein so hoher Überzeugungsgrad hinsichtlich einer fehlenden Erwerbsfähigkeit, dass jeder vernünftige Zweifel ausscheidet, lässt sich jedoch alleine daraus, dass Gerhard an Rückenbeschwerden leidet, nicht geschlossen werden. Nur wenn erwiesen wäre, dass Gerhard infolge seiner Rückenbeschwerden auf Dauer nicht mehr in der Lage ist, einer Erwerbstätigkeit auf dem allgemeinen Arbeitsmarkt für mindestens drei Stunden am Tag nachzugehen (dauerhafte volle Erwerbsminderung i.S.d. § 8 Abs. 1 SGB II), käme eine Rücknahme des Bewilligungsbescheids nach Maßgabe des § 45 SGB X in Betracht, die den Rechtsgrund für die bis Dezember 2017 zu erbringenden Sozialleistungen vernichten und die Nichtleistung des bis Dezember 2017 gewährten Arbeitslosengeld II rechtfertigen könnte.

Da sich die durch den Bescheid vom 4. April 2017 in Gestalt des Widerspruchsbescheids vom 4. Mai 2017 gesetzten Rechtsfolgen nicht auf eine Ermächtigungs-

---

34   Bay. LSG, Urt. v. 14.05.2009, L 14 R 172/08, Rdnr. 28 m.V.a. BSG, SozR 4100 § 132 Nr. 1.

grundlage stützen, sind sie rechtswidrig und durch das Sozialgericht aufzuheben. Gerhards Klage hat Aussicht auf Erfolg.

4. Fall: Anton

Anton Bruck erhält seit 1. Januar 2017 das erste Mal in seinem Leben Arbeitslosengeld II (Alg II) in Höhe von 800 Euro pro Monat (Bewilligungsbescheid vom 16.01.2017). Der Tenor des Bewilligungsbescheids benennt die Höhe der Leistung (800 Euro) sowie Beginn und Ende des Leistungszeitraums (1. Januar 2017 bis 31. Dezember 2017). Angehängt ist eine tabellarische Berechnung, die Anton aber nicht versteht, da dort nur von Bedarfen und Einkommen und Absetzungspositionen die Rede ist, die mit bestimmten Beträgen und „Plus- und Minuszeichen" versehen sind, die für ihn jedoch im Großen und Ganzen eher verwirrend erscheinen als Sinn zu ergeben. Er erkennt aber, dass der Betrag, der am Ende der Tabelle steht, mit dem Leistungsbetrag im Verfügungssatz des Verwaltungsaktes übereinstimmt. Ebenfalls kann er nachvollziehen, dass sein Einkommen in Höhe von 100 Euro, das er aus einem Minijob erzielt, zunächst berücksichtigt worden ist (Spalte Einkommen: „ + 100 Euro „), man das Einkommen jedoch eine Spalte später wieder aus der Berechnung des Alg II herausgenommen hat („Absetzung wegen Erwerbstätigkeit abzgl. 100 Euro, Einkommen insgesamt 0 Euro").

Dem Bewilligungsbescheid ist ein Blatt angeheftet worden, das den Gesetzestext der § 60 SGB I, § 67 SGB I, § 48 SGB X in fett hervorgehobener Schrift deutlich lesbar wiedergibt. Die Begründung des Bewilligungsbescheids führt aus: „Sie werden ausdrücklich auf Ihre Mitwirkungspflichten und die sich bei einer Verletzung ergebenden Rechtsfolgen hingewiesen (siehe Anlage Gesetzestext § 60 SGB I, § 66 SGB I sowie § 48 SGB X)." Weitere Ausführungen zu den Mitwirkungsobliegenheiten enthält der Bescheid nicht, er wird durch eine Unterschrift und eine Rechtsbehelfsbelehrung abgeschlossen.

Im Februar 2017 erhält Anton anstelle der üblichen 100 Euro Arbeitsentgelt einen Betrag von 200 Euro, da er im Januar einige Stunden mehr im Monat gearbeitet hat. Anton unterlässt es, dem Jobcenter die Veränderung seines Gehaltes anzuzeigen, da er nach dem für ihn erkennbaren Inhalt des Bescheides davon ausgeht, dass sein Gehalt nicht zu einer Minderung seines Alg II-Anspruchs führt.

Im März stellt der Sachbearbeiter fest, dass Anton bereits im Februar und dann noch einmal im März jeweils 200 Euro Gehalt überwiesen wurde. Unter Berücksichtigung von § 11b Abs. 3 SGB II kommt er zu dem sachlich richtigen Schluss, dass Anton für Februar und März jeweils 80 Euro zu viel erhalten hat.

Aufgaben

1. Bitte prüfen Sie, ob das Jobcenter berechtigt ist, den Bewilligungsbescheid nach Maßgabe des § 48 Abs. 1 S. 2 **Nr. 2** SGB X teilweise aufzuheben.
2. Sind die Voraussetzungen einer anderen Ermächtigungsgrundlage erfüllt, die eine teilweise Aufhebung des Verwaltungsaktes rechtfertigt?
3. Unterstellen Sie, Anton hätte die Änderung seiner Einkommensverhältnisse dem Jobcenter rechtzeitig mitgeteilt, diese Mitteilung sei jedoch im behördlichen Chaos untergegangen und erst im Februar 2018 aufgetaucht. Ist das Jobcenter berechtigt, den Bewilligungsbescheid für den Zeitraum Februar bis März 2017

nachträglich an die veränderten Einkommensverhältnisse anzupassen und von Anton das zu viel erbrachte Alg II zurückzuverlangen?

Lösungsvorschlag

Aufgabe 1

§ 48 Abs. 1 S. 2 Nr. 2 SGB X setzt voraus, dass Anton einer durch Rechtsvorschrift vorgeschriebenen Pflicht zur Mitteilung wesentlicher für ihn nachteiliger Änderungen der Verhältnisse vorsätzlich oder grob fahrlässig nicht nachgekommen ist.

Eine Änderung der Verhältnisse ist gegeben, wenn eine Tatsache oder die rechtliche Grundlage, auf der der Verwaltungsakt beruht, zu einem späteren Zeitpunkt nicht mehr vorliegt. Der Hinzuverdienst weiterer 100 Euro betrifft die Höhe des nicht durch eigenes Einkommen gedeckten Lebensunterhaltsbedarfs und somit die Hilfebedürftigkeit im Sinne des § 7 Abs. 1 Nr. 3 SGB II i.V.m. § 8 SGB II, die Grundlage für die Entscheidung war. Da nunmehr 200 Euro anstatt von 100 Euro vorhanden sind, liegt eine Änderung der Verhältnisse vor.

Diese Änderung ist wesentlich, wenn sie rechtserheblich ist. Da die weiteren 100 Euro die Höhe der an Anton zu bewilligenden Leistungen nach § 9 SGB II i.V.m. §§ 11, 11b Abs. 3 SGB II um 80 Euro reduziert, ist die Änderung rechtserheblich im Sinne des § 48 Abs. 1 S. 2 Nr. 2 SGB X. Zwar ist der Bezug von höherem Einkommen faktisch positiv für Anton, sozialrechtlich wirkt er sich jedoch nachteilig aus, da die Höhe der gewährten Sozialleistungen sinkt.

Es gab auch eine gesetzliche Pflicht zur Mitteilung dieser nachteiligen Änderung, da § 60 Abs. 1 S. 1 Nr. 2 SGB I dies anordnet.

Anton ist dieser Pflicht nicht nachgekommen. Dafür, dass dies entgegen seinem Wissen und Bewusstsein dieser Rechtspflicht geschah, gibt es keine Anhaltspunkte. Anton ging davon aus, dass der Hinzuverdienst nicht angerechnet würde, so dass ihm nicht vorgeworfen werden kann, er habe die Pflicht zur Mitteilung der Änderung vorsätzlich verletzt.

Fraglich ist, ob ihm insoweit grobe Fahrlässigkeit vorgeworfen werden kann. Dies wäre der Fall, wenn er die im Verkehr erforderliche Sorgfalt in grobem Maß missachtet hätte, anders ausgedrückt, wenn er in diesem Moment das getan hätte, was jeder andere, der über dieselben Fähigkeiten und Kenntnisse wie er verfügt, unterlassen hätte. Da in Bezug auf Antons Fähigkeiten und Kenntnisse keine Einzelheiten bekannt sind, ist davon auszugehen, dass diese weder ungewöhnlich niedrig noch ungewöhnlich hoch, sondern durchschnittlich sind.

Denkbar sind zwei Vorwürfe: Zunächst könnte man Anton vorwerfen, er habe sich nicht bei einer fachkundigen Person oder Stelle – d.h. beispielsweise bei einem sozialrechtlich versierten Rechtsanwalt oder bei dem Jobcenter, das den Bewilligungsbescheid erlassen hat – über den näheren Inhalt des Bewilligungsbescheids informiert. Hätte er im Anschluss an das entsprechende Beratungsgespräch die Einzelheiten der Leistungsberechnung verstanden, so wäre ihm bewusst gewesen, dass in seinem Fall nur ein Einkommen in Höhe von 100 Euro als Grundfreibetrag nach § 11b Abs. 2 S. 1 SGB II von der Einkommensberücksichtigung freibleibt, nicht jedoch ein darüber hinausgehendes Einkommen. Von einem durchschnittlich intelligenten Menschen kann jedoch nicht erwartet werden, dass er sich nach Antragstellung und Erhalt der beantragten Leistung über den genauen Inhalt jeder rechtlichen Einzelheit der Leistungsbewilligung informieren lässt. Anders wäre dies nur dann, wenn beispielsweise überraschend hohe oder ungewöhnliche Leistungen gewährt worden wären oder ein besonders hohes Einkommen bei der Leistungsberechnung unberücksichtigt worden wäre, so dass es jeden durchschnittlich begabten Menschen geradezu zu einer Erklärung gedrängt hätte. Um eine solch ungewöhnliche Regelung handelte es sich bei der Gewährung von 800 Euro und der Nichtberücksichtigung von 100 Euro Arbeitsentgelt jedoch nicht. Selbst ein Erstantragsteller wie Anton musste hiervon nicht überrascht sein. Dass sich Anton über die Einzelheiten der dem Bewilligungsbescheid zugrundeliegenden gesetzlichen Regelungen nicht informieren ließ, stellt also kein grob fahrlässiges Verhalten dar.

Darüber hinaus könnte ihm der Vorwurf gemacht werden, er habe sich beim Erhalt des Einkommens mit dem Jobcenter in Verbindung setzen müssen, da er durch den abgedruckten Gesetzestext über seine Mitwirkungsobliegenheiten informiert war. Der Gesetzestext ohne Erläuterungen genügt jedoch nicht, um besondere Sorgfaltsanforderungen zu begründen, da er für einen Laien zu abstrakt ist. Wenn das Jobcenter Anton ein bestimmtes Verhalten oder Unterlassen vorwerfen möchte, hätte es zuvor dafür sorgen müssen, dass er den Inhalt des Bescheides und den Inhalt der abgedruckten Gesetze verstehen kann. Da Anton dachte, den Inhalt des Bescheids verstanden zu haben, kann ihm aufgrund der gerade dargelegten Umstände nicht vorgeworfen werden, er hätte sich näher informieren müssen, um den Bescheid auch „richtig" zu verstehen.

Eine Aufhebung des Verwaltungsaktes kommt auf der Grundlage des § 48 Abs. 1 S. 2 Nr. 2 SGB X somit nicht in Betracht.

Aufgabe 2

Ja. § 48 Abs. 1 S. 2 Ziffer 3 SGB X setzt kein Verschulden des Adressaten des Verwaltungsaktes voraus, sondern alleine das Erzielen von Einkommen, das – wie hier nach §§ 7 ff. SGB II – eine Minderung des Anspruchs auf Sozialleistungen zur Folge hat.

Die Entscheidung über die Aufhebung steht nach § 48 Abs. 1 S. 2 SGB X grundsätzlich im gebundenen Ermessen des Jobcenters (*„soll* mit Wirkung für die Vergangenheit aufgehoben werden"). Da es sich um einen typischen Sachverhalt handelt – der Umstand, dass Anton den Bescheid nicht in allen Einzelheiten richtig verstanden hatte, stellt keine Besonderheit dar, die sich wesentlich von anderen Fällen unterscheidet -, *wäre* der Verwaltungsakt mit Wirkung seit Beginn des jeweiligen Zuflussmonats (§ 48 Abs. 1 S. 3 SGB X) aufzuheben. § 40 Abs. 2 Nr. 3 SGB II i.V.m. § 330 Abs. 3 S. 1 SGB III verändert die nach § 48 Abs. 1 S. 2 SGB X grundsätzlich in das gebundene Ermessen des Jobcenters gestellte Rechtsfolge ohnehin in eine Pflichtentscheidung, so dass eine Unterscheidung zwischen typischen und atypischen Sachverhalten nicht zu erfolgen hat.

Aufgabe 3

Handelte es sich um eine gebundene Ermessensentscheidung, so läge ein atypischer Fall vor, der das Jobcenter zu einer Ermessensentscheidung verpflichtete. Da Anton keine Verantwortung für die überzahlte Leistung trägt, die Mitteilung erst zu einem Zeitpunkt „auftaucht", zu dem der Bewilligungszeitraum bereits abgelaufen ist und die Aufhebung zu einer Rückforderung für mehrere Monate führte, würden Sinn und Zweck des § 48 Abs. 1 S. 2 SGB X dafür sprechen, von der Aufhebung abzusehen. Da § 40 Abs. 2 Nr. 3 SGB II i.V.m. § 330 Abs. 3 S. 1 SGB III die gebundene Entscheidung in eine Pflichtentscheidung verwandelt, spielen diese atypischen Umstände für die rechtliche Beurteilung des Sachverhaltes keine Rolle. Die Anpassung des ursprünglichen Bewilligungsbescheids an die veränderte Sachlage hat – rückwirkende – mit Wirkung seit dem Ersten des Monats des jeweiligen Einkommensbezugs zu erfolgen. Hieran knüpft sich, ebenso bei Aufgabe 3, eine Rückerstattungspflicht hinsichtlich der rechtswidrig erhaltenen Sozialleistungen (§ 50 Abs. 1 SGB X).

5. Fall: Finti

Finti, 31 Jahre alt, ist hauptberuflich Lagerarbeiter und finanziert mit seinem Gehalt den Lebensunterhalt seiner vierköpfigen Familie. Um sich und seiner Familie einen höheren Lebensstandard leisten zu können, beginnt er mit dem Verkauf von Kokain und Haschisch. Nach einigen Monaten wird er verhaftet und zu einer Freiheitsstrafe von drei Jahren verurteilt, worauf er auch seine Arbeit als Lagerarbeiter verliert. Da seine Frau keine Arbeit findet, beantragt sie für sich und ihre 12 und 13 Jahre alten Kinder Leistungen nach dem SGB II. Bis zu Fintis Haftentlassung werden Leistungen in Höhe von mehr als 18.000 Euro an sie und die Kinder erbracht.

Ist Finti nach § 34 SGB II zum Ersatz der an seine Frau und die Kinder erbrachten Leistungen verpflichtet?

Lösungsvorschlag

Ein Ersatzanspruch setzt nach § 34 SGB II voraus, dass der Betroffene

- älter als 17 Jahre alt ist,
- die eigene Hilfebedürftigkeit oder die Hilfebedürftigkeit von Personen, mit denen er in einer Bedarfsgemeinschaft lebt, vorsätzlich oder grob fahrlässig und
- ohne wichtigen Grund und
- sozialwidrig herbeigeführt hat.
- Der Anspruch darf nicht erloschen sein (§ 34 Abs. 3 S. 1 SGB II) und
- die Geltendmachung des Ersatzanspruchs darf keine Härte bedeuten (§ 34 Abs. 1 S. 3 SGB II).
- Erstattungspflichtig sind alleine rechtmäßig erbrachte Leistungen.

Der Ersatzanspruch umfasst neben den erbrachten Lebensunterhaltsleistungen auch die geleisteten Beiträge zur Sozialversicherung (§ 34 Abs. 1 S. 2 SGB II).

Finti ist 31 Jahre alt und damit älter als 17 Jahre.

Fintis Ehefrau und Kinder waren hilfebedürftig und erhielten Sozialgeld bzw. Arbeitslosengeld II nach §§ 7 ff., 19 SGB II.

Fraglich ist, ob Finit mit ihnen in einer Bedarfsgemeinschaft lebte, denn er hielt sich während der Zeit der Hilfebedürftigkeit seiner Familienangehörigen nicht in demselben Haushalt mit ihnen, sondern im Gefängnis auf.

Eine Bedarfsgemeinschaft zwischen ihm und seiner Ehefrau setzt nach § 7 Abs. 3 Nr. 3a SGB II voraus, dass beide nicht dauernd getrennt voneinander gelebt haben. Bei dem Begriff „getrennt" geht es nicht um eine räumliche Trennung, sondern um den Trennungswillen im Sinne des § 1567 BGB. Die Ehegatten leben nach § 1567 Abs. 1 S. 1 BGB getrennt, wenn zwischen ihnen keine häusliche Gemeinschaft besteht und ein Ehegatte sie erkennbar nicht herstellen will, weil er die eheliche Lebensgemeinschaft ablehnt. Ein derartiger Trennungswille war während der Haftzeit aber nicht erkennbar, so dass beide weiterhin in einer Bedarfsgemeinschaft lebten.

Eine Bedarfsgemeinschaft mit seinen Kindern bestand während der Haftzeit ebenfalls (§ 7 Abs. 3 Nr. 4 SGB II), denn die Kinder waren jünger als 25 Jahre alt, unverheiratet und nicht in der Lage ihren Lebensunterhaltsbedarf aus eigenen Mitteln zu decken; darüber hinaus gehörten sie dem Haushalt ihrer Mutter an.

Finti müsste die Bedürftigkeit seiner Frau und seiner Kinder herbeigeführt, d.h. kausal verursacht haben. Im Sozialrecht ist die Kausalitätslehre der rechtlich wesentlichen Ursache anwendbar, wonach von allen Bedingungen im Sinne der naturwissenschaftlich-philosophischen Kausalitätslehre diejenigen rechtliche Relevanz haben, die den Erfolg wesentlich herbeigeführt haben. Der Gefängnisaufenthalt des vormals den Lebensunterhalt der gesamten Familie sichernden Finti kann nicht hinweggedacht werden, ohne dass die Bedürftigkeit seiner Ehefrau und Kinder ebenfalls entfiele, so dass der Gefängnisaufenthalt eine Bedingung im Sinne der naturwissenschaftlich-philosophischen Kausalitätslehre für die Bedürftigkeit war. Neben diese Bedingung treten noch weitere in diesem Sinne kausale Bedingungen – z.B. fehlendes bzw. nicht ausreichendes Einkommen und Vermögen beider Ehepartner, um den Lebensunterhalt der Bedarfsgemeinschaft aus eigener Kraft sicherzustellen, die fehlende Erwerbstätigkeit seiner Ehefrau -, die jedoch in ihrem Gewicht deutlich hinter den Gefängnisaufenthalt des Finti zurückfallen, denn auch bei gleichbleibendem fehlenden Einkommen und Vermögen der Familienmitglieder wären diese nicht hilfebedürftig geworden, wenn Finti weiterhin einer Erwerbstätigkeit hätte nachgehen können. Die Bedürftigkeit wurde also rechtlich wesentlich durch den Gefängnisaufenthalt des Finti verursacht.

Die Hilfebedürftigkeit der Familienangehörigen wurde durch Finti auch grob fahrlässig herbeigeführt. Grobe Fahrlässigkeit bedeutet, dass die im Verkehr erforderlich Sorgfalt in besonderem Maße missachtet wurde, mit anderen Worten, dass der Betroffene – in Hinblick auf die Hilfebedürftigkeit der Familienangehörigen – dasjenige nicht getan hat, was jedermann mit demselben Entwicklungs- und Reifegrad wie Finti in der konkreten Situation getan hätte bzw. dasjenige unterlassen hätte, was Finti getan hat. Es war für jedermann, der über die Reife und den Entwicklungsstand eines 31jährigen Lagerarbeiters verfügt, vorhersehbar, dass eine Straftat im Zusammenhang mit Drogen mit aller Wahrscheinlichkeit früher oder später zur Entdeckung, mehrjähriger Gefängnisstrafe und damit zur Unfähigkeit führen würde, die eigene Familie zu versorgen; jeder andere hätte den Drogenhandel daher – gerade, weil es „nur" darum ging, den Lebensunterhalt aufzubessern – unterlassen. Aus diesem Grund ist Finti hinsichtlich der Herbeiführung der Hilfebedürftigkeit seiner Familienangehörigen grobe Fahrlässigkeit vorzuwerfen.

Einen wichtigen Grund für den Drogenhandel gab es nicht. Ein wichtiger Grund ist ein Grund, der aus Sicht der Solidargemeinschaft der die Sozialhilfeleistungen finanzierenden Steuerzahler nachvollziehbar oder jedenfalls nicht zu missbilligen ist. Die Begehung einer Straftat, um den Lebensunterhalt ein wenig aufzubessern, ist in jedem Fall zu missbilligen.

Die Rechtsprechung hat zur teleologischen Reduktion des Tatbestandsmerkmals der groben Fahrlässigkeit ein weiteres – ungeschriebenes – Tatbestandsmerkmal geschaffen: Die Sozialwidrigkeit. Sozialwidrig ist ein Verhalten, das in seiner Handlungstendenz auf die Einschränkung bzw. den Wegfall der Erwerbsfähigkeit oder der Erwerbsmöglichkeit oder auf die Herbeiführung von Hilfebedürftigkeit bzw. der Leistungserbringung gerichtet war bzw. hiermit in innerem Zusammenhang stand oder das einen spezifischen Bezug zu anderen nach den Wertungen des SGB II zu missbilligenden Verhaltensweisen aufweist.[35]

Hierbei erachtet die Rechtsprechung nicht jedes strafbare Verhalten, das absehbar zu einer Inhaftierung und also regelmäßig zum Wegfall von Erwerbsmöglichkeiten

---

[35] BSG, 02.11.2012, B 4 AS 39/12 R; BSG 16.04.2013, B 14 AS 55/12 R, Rn. 19 ff.

führt, als sozialwidrig, sondern nur das strafbare Verhalten, das zugleich auch den Wertungen des SGB II zuwiderläuft. Das BSG sieht den Vorwurf der Sozialwidrigkeit darin begründet, dass der Betreffende in Hinblick auf die von der Solidargemeinschaft aufzubringenden Mittel der Grundsicherung für Arbeitsuchende in zu missbilligender Weise sich selbst oder seine mit ihm in Bedarfsgemeinschaft lebenden Personen in die Lage gebracht hat, Leistungen nach dem SGB II in Anspruch nehmen zu müssen.

Mit dem Rauschgifthandel zielte Finti nicht darauf ab, seine berufliche Existenzgrundlage zu vernichten. Damit liegt kein sozialwidriges Verhalten vor, das es rechtfertigte, von ihm Ersatz der für die Mitglieder seiner Bedarfsgemeinschaft erbrachten Fürsorgeleistungen zu verlangen.

6. Fall: Martha

Martha, 44 Jahre alt, die vor einigen Jahren eine Ausbildung zum gehobenen Dienst eines Sozialversicherungsträgers absolviert hat, ist arbeitslos und erhält seit mehreren Jahren Arbeitslosengeld II. Während dieser Zeit hat sie insgesamt acht Bewilligungsbescheide erhalten, in denen ihr jeweils ausführlich und verständlich erläutert wurde, dass zufließende Einkünfte den Anspruch auf Arbeitslosengeld II mindern oder – je nach Höhe – für eine gewisse Dauer ausschließen und deshalb dem Jobcenter in jedem Fall unverzüglich nachzuweisen sind. Der aktuelle Bewilligungszeitraum, der durch Bescheid vom 20. September 2016 – Bekanntgabe 23. September 2016 – festgesetzt wurde, reicht von Oktober 2016 bis September 2017 und bewilligt Arbeitslosengeld II in Höhe von monatlich 680,50 Euro.

Im Februar 2017 erhält das Jobcenter einen anonymen Hinweis darauf, dass Martha zwischen Dezember 2016 und Januar 2017 einen mehrwöchigen Urlaub in Ägypten gemacht habe. Martha wird zu einem Gespräch eingeladen und gesteht den Urlaub sofort ein. Das Geld hierzu habe sie am Tag vor dem Vertragsschluss durch ihre Mutter als Geschenk „bar in die Hand gedrückt" bekommen, damit sie sich auch einmal einen richtigen Urlaub leisten und ausspannen könne. Eine Woche später legt Martha den mit einem Reisebüro geschlossenen Vertrag vor, der ausweist, dass die Reise 5.700 Euro gekostet hat und der Reisepreis bei Vertragsschluss (10. Dezember) durch sie bar gezahlt worden ist.

Daraufhin erlässt das Jobcenter hinsichtlich des laufenden Bewilligungszeitraums (Oktober bis März) Anfang April 2017 nach vorheriger Anhörung einen Teil-Aufhebungsbescheid für den Zeitraum 1. Januar 2017 bis 30. Juni 2017 und fordert die für diesen Zeitraum erbrachten SGB II-Leistungen zurück. Diese Entscheidung wird damit begründet, dass das zugeflossene Geld zum Lebensunterhalt hätte genutzt werden müssen und Marthas monatlichen Lebensunterhaltsbedarf in Höhe von 680 Euro für mehr als acht Monate gedeckt hätte. Martha erhalte frühestens im Juli 2017 wieder Leistungen aus dem Bewilligungsbescheid vom 20. September 2016. Sollte sie in der Zwischenzeit nicht in der Lage sein, ihren Lebensunterhalt aus eigener Kraft sicherzustellen, so stehe es ihr frei, einen Antrag auf darlehensweise Gewährung von Arbeitslosengeld II zu stellen.

Martha erhebt Widerspruch und trägt vor, man dürfe den Betrag in Höhe von 5.700 Euro nicht als Einkommen berücksichtigen, da sie ihn bereits ausgegeben habe.

Aufgaben

1. 1. Hat Martha recht mit Ihrer Auffassung, das für die Reise erhaltene und verwendete Geld sei kein Einkommen?
2. 2. Unterstellen Sie, das Geldgeschenk sei Einkommen i.S.d. § 11 SGB II. Welche Rechtsfolgen hat der Geldzufluss in Hinblick auf
   a) Marthas Hilfebedürftigkeit
3. b) den Bewilligungsbescheid vom 20. September 2016
4. c) einen Erstattungsanspruch des Jobcenters gegenüber Martha?

Lösungsvorschlag

Aufgabe 1

Grundsätzlich zählen zum Einkommen sämtliche während des Bedarfszeitraums erfolgende Zuflüsse an Geld, soweit sie durch den Gesetzgeber nicht von der Einkommensberücksichtigung ausgenommen wurden. Dasselbe gilt für Zuflüsse von Geldeswert, soweit diese aus Erwerbstätigkeit oder einer Tätigkeit nach dem Bundes- oder Jugendfreiwilligendienst stammen.

Martha floss im Dezember 2016 und damit während des von Oktober 2016 bis September 2017 reichenden Bewilligungszeitraums ein Geldbetrag in Höhe von 5.700 Euro zu. Dieser Betrag ist nach der modifizierten Zuflusstheorie grundsätzlich als Einkommen zu berücksichtigen, da Martha ihn im Laufe des Bedarfszeitraums wertmäßig dazu erhielt. Auszugehen ist vom tatsächlichen Zufluss, es sei denn, rechtlich wird ein anderer Zufluss als maßgeblich bestimmt.[36]

Dieser Zufluss wäre dann ausnahmsweise nicht als Einkommen zu berücksichtigen, wenn der Gesetzgeber die Berücksichtigung ausgeschlossen hätte. Als Ausschlussnorm käme hier § 11a Abs. 5 Nr. 1 SGB II in Betracht. Demnach sind Zuwendungen, die ein anderer ohne rechtliche oder sittliche Pflicht erbringt, nicht als Einkommen anzusehen, wenn ihre Berücksichtigung für die Leistungsberechtigten grob unbillig wäre. Das Geldgeschenk stammt von Marthas Mutter, die hierzu weder rechtlich (§§ 1601 ff. BGB) noch sittlich verpflichtet war.

Fraglich ist, ob die Berücksichtigung als Einkommen für Martha grob unbillig wäre. Dies wäre in Hinblick auf die durch die Schenkerin vorgenommene Zweckbindung denkbar. Hierzu genügt es jedoch nicht, dass die Zuwendung zur Erfüllung irgendeines bestimmten Zwecks erbracht wurde. Die Zweckbindung muss vielmehr derart eng sein, dass die Zuwendung rechtlich oder tatsächlich nicht anders als zu dem durch den Zuwendenden bestimmten Zweck verwendet werden kann oder der Zufluss erst durch die Zweckerfüllung eintritt, was z.B. bei einer Direktüberweisungen durch den Zuwendenden an einen Verkäufer – oder hier an das Reisebüro – der Fall sein kann. Als grob unbillig wird auch der Fall einer quasi-synallagmatischen Beziehung der zugeflossenen Leistung zu einer Vor- oder Gegenleistung des Antragstellers angesehen[37], d.h. wenn die Leistung in einem Verhältnis „ich gebe, damit Du gibst" erbracht wird.

Martha hätte das Geld grundsätzlich statt für ihren Urlaub auch für den Lebensunterhalt einsetzen können, zudem war es nicht durch ihre Mutter unmittelbar an das Reisebüro gezahlt worden. Eine „do ut des" (ich gebe, damit Du gibst) -Verbindung zwischen der Zuwendung und einer von Martha erwarteten Handlung gab es ebenso wenig.

---

36   BSG vom 30.7.2008, B 14/11b AS 17/07 R, Rn. 20 ff.
37   LSG Mecklenburg-Vorpommern 12.12.2013, L 8 AS 9/13 B ER, Rn. 48.

Grob unbillig erschiene es darüber hinaus, eine Zuwendung als Einkommen zu berücksichtigen, wenn der Zuwendende eine Zweckbindung bestimmt hätte, die aus Sicht des die SGB II-Leistungen finanzierenden Steuerzahlers schützenswert erschiene. Verfolgte die Zuwendung z.b. das Ziel, dem Empfänger die Möglichkeit zu eröffnen, bestimmte Medikamente oder Therapien zur Schmerzlinderung zu finanzieren, die über den Leistungskatalog der gesetzlichen Krankenversicherung hinausgingen, so erschiene die Forderung, Martha habe diesen Betrag zum Lebensunterhalt anstatt für Medikamente oder Therapie zu verwenden, grob unbillig.

Das Ziel, einen Urlaub anzutreten, könnte in diesem Sinne nur schützenswert sein, wenn es hierfür besondere Gründe geben würde. Handelte es sich beispielsweise um einen Urlaubsaufenthalt am Toten Meer, der einer an Neurodermitis Erkrankten besondere alternative Behandlungsmöglichkeiten ihrer Hauterkrankung ermöglichte, so erschiene es grob unbillig, ihr dies faktisch dadurch zu verweigern, dass man das für den Urlaub bestimmte Geld auf den Lebensunterhaltsbedarf anrechnete. Marthas allgemeines Erholungsbedürfnis stellt jedoch keinen besonderen Grund in diesem Sinne dar. Eine grobe Unbilligkeit, die den Einsatz der Zuwendung nach § 11b Abs. 5 SGB II für den Lebensunterhalt ausschließen würde, ist nicht zu erkennen.

Ungeschriebenes Tatbestandsmerkmal des § 11 SGB II ist darüber hinaus, dass es sich bei dem während des Bedarfszeitraums zugeflossenen Geld bzw. Geldwert um „bereite Mittel" handelt. Dieses Merkmal soll gewährleisten, dass nur dasjenige als Einkommen berücksichtigt wird – und damit zu niedrigeren Fürsorgeleistungen führt oder diesen sogar gänzlich ausschließt -, was zur Bedarfsdeckung faktisch auch verfügbar ist. Dies gilt nach der Rechtsprechung des BSG sogar, wenn eine einmalige Einnahme fiktiv nach § 11 Abs. 3 S. 3 SGB II auf einen Verteilzeitraum von sechs Monaten aufgeteilt wird und das fiktive Einkommen im Laufe dieses Zeitraums wegfällt.[38]

Der zugeflossene Betrag in Höhe von 5.700 Euro ist bereits kurz nach dem Zuflusszeitpunkt zur Begleichung der Rechnung des Reisebüros verwendet worden und stand damit Martha ab diesem Zeitpunkt nicht mehr zur Verfügung, um ihren Bedarf zu decken.[39] Gleichwohl stand ihr das Geld am Tag des Zuflusses (9. Dezember 2016) in der gesamten Höhe zur Verfügung, hätte zur Sicherstellung des Lebensunterhaltes verwendet werden können und stellt somit bereite Mittel dar. Marthas Rechtsauffassung ist also nicht richtig.

Aufgabe 2

a) Das Geldgeschenk stellt eine einmalige Einnahme dar und ist deshalb nach § 11 Abs. 3 S. 1 SGB II grundsätzlich im Monat, in dem es Martha zufließt (Dezember 2016), als Einkommen zu berücksichtigen. Da im Dezember jedoch bereits Alg II-Leistungen ausgezahlt worden waren, erfolgt die Berücksichtigung grundsätzlich erst im nächsten Monat, d.h. im Januar 2017 (§ 11 Abs. 3 S. 3 SGB II).

Da das Geldgeschenk höher als Marthas monatlicher Auszahlungsbetrag in Höhe von 680,50 Euro war, entfiele der Leistungsanspruch für diesen Monat vollständig. Um den mit dem Wegfall verbundenen Verwaltungsaufwand und den ebenfalls hiermit verbundenen Wegfall des gesetzlichen Krankenversicherungsschutzes zu verhindern, ordnet § 11 Abs. 3 S. 4 SGB II in diesem Fall eine Aufteilung der einmaligen Einnahme auf einen Zeitraum von sechs Monaten an. Bei einer Aufteilung des zuge-

---

38 BSG 29.11.2012, B 14 AS 33/12 R, Rn. 13.
39 So im Ergebnis auch LSG Sachsen-Anhalt 20.08.2014, L 4 AS 273/14 B ER. Der Sachverhalt ist der Entscheidung des LSG Sachsen-Anhalt nachgebildet.

flossenen Betrages in Höhe von 5.700 Euro auf sechs Monaten wird ein Teilbetrag von 950 Euro in jedem Monat als Einkommen berücksichtigt. Somit verfügt Martha während des Zeitraums zwischen 1. Januar und 30. Juni 2017 über ein Einkommen, das ihren Lebensunterhaltsbedarf in Höhe von 680,50 Euro übersteigt und den Leistungsanspruch entfallen lässt.

Dass diese Aufteilung normativ vorgegeben ist und einen fiktiven Einkommenszufluss unterstellt, obwohl Martha das Geld bereits im Dezember 2016 ausgegeben hatte, lässt nicht den Schluss zu, Martha verfüge nicht über bereite Mittel. Der Gesetzgeber hat, wie § 24 Abs. 4 S. 2 SGB II zeigt, diese Situation als möglich erkannt und gerade nicht dadurch auflösen wollen, dass er eine Einkommensanrechnung ausschließt. Verfügt der Betroffene nicht (mehr) über die ihm normativ zugeordneten Teilbeträge und ist er infolgedessen nicht in der Lage, seinen zum menschenwürdigen Leben erforderlichen Lebensunterhalt sicherzustellen, so kommt demnach eine darlehensweise Gewährung von Leistungen in Betracht.

b) Immer dann, wenn ein Verwaltungsakt mit Dauerwirkung infolge einer rechtserheblichen Änderung der tatsächlichen oder rechtlichen Verhältnisse, die zum Zeitpunkt seiner Bekanntgabe bestanden, nicht mehr mit demselben Inhalt erlassen werden könnte, ist er mit Wirkung für die Zukunft – und nach Maßgabe der Voraussetzungen des § 48 Abs. 1 S. 2 SGB X mit Wirkung in die Vergangenheit – aufzuheben (§ 48 Abs. 1 SGB X).

Der Bewilligungsbescheid vom 20. September 2016 erschöpfte sich nicht in einer einmaligen Regelung eines Rechtszustandes, sondern begründete über einen Zeitraum von 12 Monaten wiederkehrende Leistungsansprüche auf der Grundlage der Prognose, dass Martha während des Bewilligungszeitraums bedürftig bleiben werde. Somit handelte es sich um einen Verwaltungsakt mit Dauerwirkung.

Der Zufluss von 5.700 Euro stellte eine tatsächliche Änderung dar, die Marthas Leistungsansprüche für einen Zeitraum von sechs Monaten vernichtete und deshalb rechtserheblich war.

Diese Änderung trat im Dezember 2016 und damit erst nach Erlass, d.h. Bekanntgabe des Bewilligungsbescheids am 23. September 2016 ein.

Damit ist der Bewilligungsbescheid nach § 48 Abs. 1 S. 1 SGB X mit Wirkung für die Zukunft aufzuheben.

Die durch § 11 Abs. 3 S. 4 SGB II ausgelösten Rechtsfolgen betreffen jedoch nicht nur die Zeit ab der Bekanntgabe des Aufhebungsbescheids, sondern teilweise auch die Vergangenheit, denn Marthas Leistungsansprüche wurden infolge des Einkommenszuflusses für den Zeitraum ab 1. Januar 2017 vernichtet.

§ 48 Abs. 2 Nr. 3 SGB X stellt die Aufhebung mit Wirkung für die Vergangenheit in das gebundene Ermessen des Leistungsträgers, wenn – wie hier – nach Erlass des Verwaltungsaktes Einkommen erzielt worden ist, das zum Wegfall des Anspruchs geführt hat. § 40 Abs. 2 Nr. 3 SGB II i.V.m. § 330 Abs. 3 S. 1 SGB III wandelt die gebundene Ermessensentscheidung in eine Pflichtentscheidung, so dass der Bewilligungsbescheid auch rückwirkend ab dem Zeitpunkt, zu dem sich der Einkommenszufluss rechtserheblich auswirkt, aufzuheben ist. Ob daneben auch eine rückwirkende Aufhebung nach § 48 Abs. 1 S. 2 Nr. 2 oder 4 SGB X kann hier dahinstehen, da bereits die Voraussetzungen des § 48 Abs. 1 S. 2 Nr. 3 SGB X erfüllt sind.

Aufhebungs- oder Handlungsfristen nach § 48 Abs. 4 SGB X stehen der Aufhebung nicht entgegen.

c) Nachdem der Bewilligungsbescheid für den Zeitraum 1. Januar 2017 bis 30. Juni 2017 nach § 48 Abs. 1 SGB X aufzuheben ist, ist Martha verpflichtet, die insoweit rechtsgrundlos erhaltenen Leistungen zu erstatten. Es ist anzunehmen, dass Marthas Arbeitslosengeld II-Leistungen mit Wirkung ab Mai 2017 eingestellt wurden – der Widerspruch gegen den Aufhebungsbescheid hat nach § 39 Nr. 1 SGB II keine aufschiebende Wirkung, so dass der Aufhebungsbescheid unmittelbar vollzogen werden darf -, so dass infolge der rückwirkenden Aufhebung des Bewilligungsbescheids im Zeitraum von Januar bis April Sozialleistungen in Höhe von monatlich 680,50 Euro, d.h. insgesamt 2.722 Euro nach § 50 Abs. 1 S. 1 SGB X von Martha zu erstatten sind.

Das Jobcenter hat nach § 43 Abs. 1 Nr. 1 das Recht, den Erstattungsanspruch gegen die ab Juli 2017 wieder zu erbringenden Arbeitslosengeld II-Leistungen aufzurechnen. Die Aufrechnung erfolgt monatlich in Höhe von 10 Prozent des Martha zustehenden Regelbedarfs, d.h. in Höhe von (409 Euro x 10 Prozent =) 40,90 Euro (§ 43 Abs. 2 S. 1 SGB II). Somit erhält Martha ab Juli 2017 bis zum Ausgleich des Erstattungsbetrages in Höhe von 2.722 Euro monatlich nur noch Arbeitslosengeld II in Höhe von (680,50 Euro abzgl. 40,90 Euro =) 639,60 Euro (ab 1.1.2018 erfolgt eine Erhöhung des Regelbedarfs um 7 Euro, so dass sich der Leistungsanspruch grundsätzlich ebenfalls um diesen Betrag erhöht. Zugleich erhöht sich aber die Höhe des aufrechenbares Betrags von 40,90 Euro auf 41,70 Euro.). Hierzu muss die Aufrechnung jedoch zunächst – nach vorheriger Anhörung (§ 24 Abs. 1 SGB X), denn die Ausnahme von der Anhörungspflicht des § 24 Abs. 2 Nr. 7 SGB X kann sich nur auf Fälle beziehen, in denen wegen geringfügiger Forderungen aufgerechnet wird (umstr.) – durch Verwaltungsakt erklärt werden (§ 43 Abs. 4 S. 1 SGB II). Die Aufrechnung ist grundsätzlich auch in zukünftigen Bewilligungszeiträumen erlaubt, über die bislang noch nicht entschieden wurde, endet aber spätestens nach drei Jahren nach dem Monat, der auf die Bekanntgabe des Aufhebungsbescheids folgt (§ 43 Abs. 4 S. 2 SGB II; ab 1.1.2018 10 Prozent von 416 Euro = 41,60 Euro).

7. Fall: Hermann und Luise

Hermann und Luise sind jeweils 38 Jahre alt und leben seit mehreren Jahren in einer eheähnlichen Gemeinschaft im Sinne des § 7 Abs. 3 Nr. 3 Buchst. c, Abs. 3a SGB II. Sie leben beide in Deutschland. Luise ist erwerbstätig und erzielt hieraus ein bereinigtes Nettoeinkommen in Höhe von 500 Euro, das auf ihr eigenes Girokonto überwiesen wird. Daneben verfügen beide über ein gemeinsames Girokonto, von dem gemeinsame Ausgaben bestritten werden. Hermann ist arbeitslos, sein befristeter Anspruch auf Arbeitslosengeld nach dem SGB III ist gerade ausgelaufen.

Hermann begibt sich zum Jobcenter und beantragt ohne Luises Kenntnis für sich und sie Leistungen nach dem SGB II. Er trägt hierbei in das ihm ausgehändigte Antragsformular ein, weder er noch Luise verfügten über Einkommen, außerdem legt er die Kontoauszüge des gemeinsamen Girokontos vor. Zwar weiß er, dass Luise Einkommen erzielt, er vermutet aber, dass das Jobcenter dies infolge der unterschiedlichen Girokonten nicht bemerken werde. Ausgehend von einem Regelbedarf in Höhe von jeweils 368 Euro und einem angemessenen Unterkunftsbedarf in Höhe von jeweils 232 Euro erlässt das Jobcenter einen Bewilligungs-Verwaltungsakt, der für Hermann und Luise jeweils einen durch Einkommen und Vermögen nicht gewährleisteten Lebensunterhaltsbedarf in Höhe von 600 Euro feststellt und Arbeitslosengeld II in dieser Höhe für jeden von ihnen für die Dauer eines Jahres seit Beginn des Monats der Antragstellung bewilligt. Als der Bewilligungsbescheid eingeht, fängt Hermann diesen ab, so dass Luise nichts von der Bewilligung der Sozialleistung weiß. Nachdem bereits zwei Monate lang jeweils 1.200 Euro an beide geleistet worden sind, erhält das Jobcenter im Rahmen eines Datenabgleichs mit dem Finanzamt Kenntnis vom Luises Einkommen.

Aufgabe 1

Bitte berechnen Sie die Höhe der tatsächlichen Ansprüche auf Alg II für Hermann und Luise. Bitte prüfen Sie alleine die wirtschaftlichen Voraussetzungen und unterstellen Sie, dass die weiteren Anspruchsvoraussetzungen des § 7 SGB II i.V.m. §§ 19 ff. SGB II erfüllt sind.

Aufgabe 2

a) Darf das zuständige Jobcenter den gegenüber Luise erlassenen Bewilligungsbescheid nach § 45 SGB X mit Wirkung für die Vergangenheit zurücknehmen und die ihr rechtswidrig erbrachten Sozialleistungen nach § 50 Abs. 1 SGB X zurückfordern?
b) Besteht gegenüber Hermann ein Erstattungsanspruch hinsichtlich der an Luise erbrachten Sozialleistungen? Auf Beiträge zur Sozialversicherung ist nicht einzugehen.

Bearbeitungshinweis

1. Unterstellen Sie, dass kein verwertbares Vermögen vorhanden ist.
2. Luises Einkommen in Höhe von 500 Euro wurde bereits nach Maßgabe des § 11b SGB II bereinigt.
3. Auf Fragen der Zuständigkeit ist nicht einzugehen.

Lösungsvorschlag

Aufgabe 1

Hermann und Luise hätten, da die persönlichen Voraussetzungen des § 7 SGB II i.V.m. §§ 19 ff. SGB II erfüllt sind, einen Anspruch auf Alg II, wenn das Einkommen und Vermögen der Bedarfsgemeinschaft nicht ausreichte, um ihren Lebensunterhaltsbedarf zu gewährleisten.

> *Hinweis für die Bearbeiter: Sind nur die wirtschaftlichen Voraussetzungen zu prüfen, so bietet es sich an, diese für beide gemeinsam zu prüfen. Anders ist dies bei den übrigen Voraussetzungen (gewöhnlicher Aufenthalt, Alter u.s.w.), da diese individuell und personenbedingt vorliegen müssen und es daher vom Klausuraufbau her übersichtlicher und weniger fehleranfällig erscheint, sie nach Personen getrennt zu prüfen.*

Die maßgebliche Bedarfsgemeinschaft umfasst nach § 7 Abs. 3 Nr. 3 Buchst. c SGB II Luise und Hermann. Der Regelbedarf für erwachsene Partner einer eheähnlichen Gemeinschaft beträgt jeweils 368 Euro (§ 20 Abs. 1, 2 und 5 SGB II i.V.m. Anlage zu § 28 SGB XII). Hinzu kommt ein Unterkunfts- und Heizungsbedarf (§ 22 SGB II) in Höhe von 464 Euro, der bereits nach dem Kopfteilverfahren auf jeweils 232 Euro aufgeteilt wurde, so dass sich der jeweilige Gesamtbedarf 600 Euro beläuft.

Stellt man dem Gesamtbedarf beider in Höhe von 1.200 Euro dem Gesamteinkommen der Bedarfsgemeinschaft in Höhe von 500 Euro gegenüber, so verbleibt ein ungedeckter Lebensunterhaltsbedarf von 700 Euro, der in einem nächsten Schritt entsprechend des Anteils jedes Einzelnen am Gesamtbedarf aufgeteilt wird und damit zugleich die Höhe des jeweiligen Leistungsanspruchs ausweist. Da beide jeweils einen Anteil von 50 Prozent am Gesamtbedarf haben, wird der ungedeckte Lebensunterhaltsbedarf im Ergebnis gleichmäßig auf beide aufteilt. Die konkrete Berechnung lautet:

Hermann: 700 Euro x 600/1.200 Euro = 350 Euro.

Luise: 700 Euro x 600/1.200 Euro = 350 Euro.

Hermann und Luise haben also jeweils einen Anspruch auf Alg II in Höhe von 350 Euro/Monat.

Aufgabe 2

a) Luises Bewilligungsbescheid war zum Zeitpunkt seines Erlasses aufgrund falscher Tatsachen insoweit rechtswidrig, als er Arbeitslosengeld II in Höhe von 600 Euro statt 350 Euro im Monat gewährte. Ungeachtet der Vertrauensschutzabwägung nach § 45 Abs. 2 SGB X darf ein rechtswidriger begünstigender Verwaltungsakt mit Wirkung für die Vergangenheit nur dann zurückgenommen werden, wenn die Voraussetzungen des § 45 Abs. 2 S. 3 SGB X oder des § 45 Abs. 3 S. 2 SGB X erfüllt sind (§ 45 Abs. 4 S. 1 SGB X). Hieran fehlt es, denn Luise hatte weder Kenntnis von den Tatsachen, die Hermann bei der Antragstellung machte noch von dem Bewilligungsbescheid, so dass weder die in § 45 Abs. 2 S. 3 SGB X enthaltenen individuellen Schuldvorwürfe Absicht, Vorsatz und grobe Fahrlässigkeit noch die in § 45 Abs. 3 S. 2 SGB X i.V.m. § 580 ZPO aufgeführten Vorwürfe erfüllt sein können. Luise kann auch nicht vorgeworfen werden, sie habe grob fahrlässig verkannt, dass Hermann falsche Angaben machte, da sie nicht damit rechnen musste, dass er für sie Sozialleistungen beantragen würde, ohne sie hierüber in Kenntnis zu setzen. Auch dass er ihr einen an sie gerichteten Bescheid vorenthalten würde, musste sie nicht erwarten.

Denkbar wäre allerdings, ihr als Vertretene das vorsätzliche Handeln ihres Vertreters zuzurechnen. Hermann war jedoch weder von Luise zur Antragstellung bevollmächtigt worden, noch durfte der Mitarbeiter des Jobcenters aufgrund früherer Bevollmächtigungen darauf vertrauen, dass Hermann ihr Vertreter sei. Eine wechselseitige Vertretungsbefugnis von Partnern einer eheähnlichen Gemeinschaft ist gesetzlich ebenso wenig vorgesehen. Allerdings enthält § 38 Abs. 1 S. 2 SGB II die gesetzliche Vermutung, dass ein erwachsener erwerbsfähiger Leistungsberechtigter bevollmächtigt ist, SGB II-Leistungen für einen mit ihm in einer Bedarfsgemeinschaft lebenden Erwachsenen zu beantragen und entgegenzunehmen. Diese Vorschrift dient der Verwaltungspraktikabilität und Verwaltungsprozessökonomie und soll verhindern, dass sich die Verwaltung bei der Bewilligung von Leistungen an jedes einzelne Mitglied einer Bedarfsgemeinschaft wenden muss (BSG 4.6.2014 – B 14 AS 2/13 R – Rn. 25). Da aus Sicht des Sachbearbeiters des Jobcenters keine Umstände erkennbar waren, die gegen diese Vermutung sprachen, wirkte Hermanns Antragstellung für Luise. Es ginge jedoch zu weit, aus einer Vorschrift, die Verwaltungspraktikabilität und Verwaltungsprozessökonomie befördern soll und deren inhaltliche Reichweite durch die Rechtsprechung deshalb bereits auf begünstigende Verfahrenshandlungen beschränkt wurde, eine Zurechenbarkeit des Handelns des vermuteten Vertreters für den Vertretenen abzuleiten. Hermanns vorsätzliche Angabe falscher Tatsachen und sein Wissen von der Rechtswidrigkeit des Bewilligungsbeides, die auf „seinen eigenen Verwaltungsakt" bezogen sämtliche Vorwürfe des § 45 Abs. 2 S. 3 Nr. 1, 2 und 3 SGB X erfüllt, kann deshalb Luise nicht zugerechnet werden.

Da somit die Voraussetzungen für ein Rücknahme des gegenüber Luise erlassenen Verwaltungsaktes mit Wirkung für die Vergangenheit nicht erfüllt sind, besteht auch kein Erstattungsanspruch des Jobcenters hinsichtlich des rechtswidrig erbrachten Arbeitslosengeld II nach § 50 Abs. 1 SGB X.

b) Das Jobcenter könnte einen Ersatzanspruch nach § 34a Abs. 1 SGB II haben. Hierzu müsste Hermann durch vorsätzliches oder grob fahrlässiges Verhalten rechtswidrige SGB II-Leistungen an Dritte – hier an Luise – herbeigeführt haben. Der Ersatzanspruch dürfte zudem nicht nach Maßgabe des § 34a Abs. 2 SGB II verjährt sein.

Luise hat Arbeitslosengeld II in einer Höhe erhalten, die ihr nach dem SGB II nicht zustand. Ihr Anspruch belief sich auf 350 Euro/Monat, tatsächlich erhielt sie aber 600 Euro/Monat für die Dauer von zwei Monaten. Sie hat also 2 x 250 Euro, d.h. 500 Euro rechtswidrig erhalten.

Hermann müsste die rechtswidrige Leistung – durch ein Tun oder Unterlassen – herbeigeführt haben. Indem er falsche Angaben zur Höhe des Einkommens in das Antragsformular eintrug, setzte er die wesentliche Bedingung für die zu hohen SGB II-Leistungen. Damit verursachte er diese im Sinne der Theorie der rechtlich-wesentlichen Bedingung.

Hermann müsste die rechtswidrige Leistung zudem vorsätzlich oder grob fahrlässig herbeigeführt haben. Er wusste, dass seine Angabe falsch war und zu einer zu hohen Arbeitslosengeld II-Leistung führen würde, und er wollte dies auch. Damit verursachte er die rechtswidrige Leistung vorsätzlich.

Der nach § 34a SGB II somit entstandene Erstattungsanspruch ist nicht verjährt. Verjährung tritt nach § 34a Abs. 3 SGB II frühestens nach vier Jahren nach Kenntnis von der Rechtswidrigkeit ein. Das Jobcenter hat erst kürzlich von der rechtswidrigen Leistungsbewilligung Kenntnis erhalten, so dass der Anspruch auf Erstattung noch nicht verjährt ist. Das Jobcenter hat also gegenüber Hermann einen durch § 34a SGB II begründeten Anspruch auf Ersatz der in der Vergangenheit an Luise rechtswidrig erbrachten SGB II-Leistungen in Höhe von (250 Euro x 2 Monate =) 500 Euro.

8. Fall: Fritz und Harry

Harry Freimuth erhielt zwischen 2010 und seinem Tod im Juli 2016 Arbeitslosengeld II. Zum Zeitpunkt seines Todes lebte er in seiner eigenen Wohnung, die als privilegiertes Vermögen (§ 12 Abs. 3 S. 1 Nr. 4 SGB II) bei der Leistungsbewilligung nicht berücksichtigt wurde.

Als Harry am 22. Juli 2016 stirbt, hinterlässt er lediglich seinen Sohn Fritz, der auch alleiniger Erbe ist. Fritz war bereits vor 20 Jahren nach Tasmanien ausgewandert und hatte nur noch gelegentlich Kontakt zu seinem Vater. Dem Jobcenter gelingt es erst im Januar 2017, Fritz zu kontaktieren. Dieser hat inzwischen die von seinem Vater geerbte Eigentumswohnung für 80.000 Euro verkauft und vom Verkaufserlös die Kosten der Beerdigung in Höhe von 2.100 Euro getragen, für die er nach § 1968 BGB als Erbe aufzukommen hat.

Das Jobcenter hatte bis zu Harrys Tod insgesamt 24.240 Euro an Alg II – Leistungen erbracht. In diesem Betrag waren 3.440 Euro Sozialversicherungsbeiträge enthalten.

Aufgabe

Ist Fritz verpflichtet, diesen Betrag an das Jobcenter zu erstatten?

Lösungsvorschlag

Nach § 35 Abs. 1 SGB II in der bis 31.07.2016 geltenden Fassung war der Erbe eines SGB II-Leistungsempfängers zum Ersatz der SGB II-Leistungen verpflichtet, soweit

diese innerhalb der letzten zehn Jahre vor dem Erbfall erbracht worden waren
und 1.700 Euro überstiegen. Der Ersatzanspruch umfasste auch die geleisteten Beiträge zur Kranken-, Renten- und Pflegeversicherung. Die Ersatzpflicht war auf den
Nachlasswert zum Zeitpunkt des Erbfalls begrenzt. § 35 Abs. 2 SGB II enthielt Ausnahmetatbestände, bei deren Vorliegen der Ersatzanspruch nicht geltend zu machen
war, so den Fall, dass der Erbe mit dem Verstorbenen verwandt war und nicht nur
vorübergehend bis zu dessen Tod mit diesem in häuslicher Gemeinschaft gelebt und
sie gepflegt hatte und den Fall der besonderen Härte. Nach § 35 Abs. 3 SGB II er-
losch der Ersatzanspruch drei Jahre nach dem Tod des Leistungsempfängers. § 35
SGB II wurde zum 1. August 2016 außer Kraft gesetzt, galt also noch zum Zeitpunkt
von Harrys Tod, so dass Fritz als Harrys Erbe grundsätzlich zum Ersatz der innerhalb
der letzten zehn Jahre vor Harrys Tod an diesen erbrachten SGB II-Leistungen in Höhe von 24.240 Euro einschließlich der hierin enthaltenen Sozialversicherungsbeiträge
verpflichtet ist.

Die Ersatzpflicht ist jedoch auf den Nachlasswert zum Zeitpunkt des Erbfalls begrenzt. Der Wert der Wohnung in Höhe von 80.000 Euro ist um die Beerdigungskos-
ten zu vermindern, da diese als Erbfallschulden zu den Nachlassverbindlichkeiten
zählen und mit dem Wert des Erbes saldiert werden. Somit verbleibt ein Nachlasswert in Höhe von 77.900 Euro.

Nach § 35 Abs. 1 S. 1 SGB II besteht die Ersatzpflicht nur, *soweit* das Erbe einen Betrag von 1.700 Euro übersteigt, das bedeutet hier in Höhe von (77.900 Euro abzgl.
1.700 Euro =) höchstens 76.200 Euro.

Die Ersatzpflicht könnte nach § 35 Abs. 2 SGB II ausgeschlossen sein. Die Voraussetzungen für einen erhöhten „Freibetrag" von 15.500 Euro (§ 35 Abs. 2 Nr. 2 SGB II)
liegen jedoch nicht vor, da Fritz weder mit seinem Vater in häuslicher Gemeinschaft
gelebt noch diesen gepflegt hatte.

Es sind zudem keine Umstände ersichtlich, die für eine besondere Härte – die eine
Inanspruchnahme nach § 35 Abs. 2 Nr. 2 SGB II ausschließen würde – sprechen würden. Fritz lebt in Tasmanien, er hatte nur noch wenig Kontakt mit seinem Vater. Für
das Vorliegen von Umständen, die über eine übliche Härte, die mit der Erfüllung jedes Ersatzanspruchs verbunden ist, weit hinausgehende, besondere Härte ist nichts
ersichtlich.

Der Anspruch erlischt nach § 35 Abs. 3 SGB II in drei Jahren nach Harrys Tod. Dieser
Zeitpunkt ist noch nicht eingetreten.

Da die Höhe der in der Vergangenheit erbrachten SGB II-Leistungen (24.240 Euro)
geringer ist als die Höhe des verbleibenden Erbes (76.200 Euro), hat Fritz die SGB II-
Leistungen in voller Höhe zurückzuerstatten.

9. Fall: Hans, Leni, Margit und Wolfgang

Hans Meiernuss, 33 Jahre, lebt gemeinsam mit seiner gleichaltrigen Ehefrau Leni
und den beiden Kindern Margit und Wolfgang (11 und 13 Jahre!) in F-Stadt. Hans ist
erwerbstätig und erzielt aus seiner Tätigkeit als angestellter Maler und Tapezierer ein
monatliches Bruttoeinkommen in Höhe von 2.200 Euro. Sein Arbeitgeber führt hiervon 445 Euro Sozialversicherungsbeiträge und 55 Euro Lohnsteuer ab, so dass
Hans ein Nettoentgelt in Höhe von 1.700 Euro ausgezahlt wird. Außerdem erhält
Hans das Kindergeld für die beiden Kinder in Höhe von jeweils 192 Euro (ab
1.1.2018 194 Euro) auf sein Girokonto überwiesen.

Hans ist Eigentümer eines Pkw (Marktwert 5.000 Euro), den er nicht benötigt, um zur Arbeit zu gelangen, weil sein Chef ihn morgens mit dem Firmenlieferwagen abgeholt und mit ihm und einem weiteren Kollegen gemeinsam zu den jeweiligen Baustellen fährt.

Da Hans sehr vorsichtig ist und weder seinem eigenen noch irgendeinem anderen Bankinstitut traut, hebt er zu Beginn eines jeden Monats fast sein gesamtes Gehalt von seinem Gehaltskonto ab und bezahlt sämtliche Ausgaben, die im Laufe eines Monats anfallen, mit Ausnahme der Miete, bar. Auch am 2. Februar 2017 begibt er sich zur Filiale seines Bankinstituts und hebt das nach der Überweisung der Miete verbliebene Guthaben ab. Hierbei wird er von Johnny Dopp beobachtet, dem der Geldautomat wieder einmal kein Geld ausgegeben hat. Johnny sieht, wie Hans die Geldscheine in sein Portemonnaie, und dieses anschließend in seine Gesäßtasche schiebt. Als Hans gerade dabei ist, die schwere Glastür der Bank zu öffnen, rempelt ihn Johnny mit der Schulter an und zieht gleichzeitig, von Hans unbemerkt, das zu Dreiviertel aus dessen Hosentasche ragende Portemonnaie heraus.

Als Hans den Diebstahl einige Minuten später bemerkt, begibt er sich sofort zur Polizei, um Anzeige zu erstatten. Mithilfe der Aufzeichnungen der im Vorraum der Bank installierten Überwachungskamera gelingt es der Polizei rasch, den Diebstahl aufzuklären. Johnny, der bei der Polizei bekannt ist und bereits mehrfach wegen Diebstahlsdelikten verurteilt wurde, leugnet den Diebstahl. Geld finden die Polizisten bei ihm nicht.

Hans versucht vergeblich, bei seiner Bank einen Kredit zu erhalten, um genug Geld für den Rest des Monats zu haben. Auf einen Ratschlag eines Freundes begibt er sich noch am 2. Februar 2017 mit sämtlichen Unterlagen über Einkünfte, Vermögenswerte und Unterkunftsbedarfe zum zuständigen Jobcenter und beantragt für sich und seine Familienangehörigen Hilfeleistungen.

Noch am selben Tag erhält er für sich, seine Frau und die beiden Kinder SGB II-Leistungen für den Monat Februar in Höhe von 1.332 Euro bewilligt. Der Bescheid, der sofort erstellt und Hans ausgehändigt wird, enthält einen Hinweis darauf, dass die Leistungen zwar als Beihilfeleistungen erbracht, jedoch später von Hans zurückgefordert werden würden, weil er die Hilfebedürftigkeit dadurch zumindest grob fahrlässig herbeigeführt habe, dass er das gesamte Kontoguthaben abgehoben und außerdem auf das Geld nicht gut genug aufgepasst habe, so dass es ihm gestohlen werden konnte. Über die Rückforderung ergehe noch ein gesonderter Bescheid, Hans habe aber bereits jetzt Gelegenheit, sich innerhalb der nächsten drei Wochen hierzu zu äußern.

Bereits am 10.02.2017 ergeht der angekündigte Bescheid über die Rückforderung der für den Monat Februar 2017 erbrachten Leistungen nach dem SGB II in Höhe von 1.332 Euro, der mit einer grob fahrlässig herbeigeführten Hilfebedürftigkeit bezüglich Hans und seiner Bedarfsgemeinschaft begründet wird. Dieser an Hans adressierte Bescheid wird am 10.02.2017 als einfacher Brief zur Post gegeben. Da Hans bereits durch den Bescheid vom 2. Februar 2017 eine Äußerungsmöglichkeit eröffnet wurde, hält der Sachbearbeiter des Jobcenters eine Rechtsbehelfsbelehrung für überflüssig. Am 20. März 2017 geht ein Schreiben des Hans – das dieser zwar nicht unterzeichnet hat, das jedoch seinen Namen als Absender aufführt – mit folgendem Wortlaut bei Jobcenter ein:

> „Nicht geehrte Damen und Herren,
>
> Sie spinnen doch wohl. Zuerst werde ich von einem Trickdieb bestohlen und nun auch noch von Euch. Sucht Euch einen anderen Idioten für Eure Faschingsspäße. Nichts kriegt Ihr!
>
> Helau, ohne Gruß und Kuss,
>
> Hans Meiernuss"

Aufgabe 1

Hat Hans´ Eingabe Aussicht auf Erfolg?

Aufgabe 2

Bitte prüfen Sie, ob die Mitglieder der Familie Meiernuss im Monat März 2017 hilfe-bedürftig im Sinne des SGB II sind. Diese Prüfung soll in tabellarischer Form erfolgen, die hierbei berücksichtigten Beträge für Lebensunterhalt, Einkommen und Vermögen sollen kurz erläutert werden. Auf die Prüfungsmerkmale Alter, Erwerbsfähigkeit, gewöhnlicher Aufenthalt und eventuelle Ausschlussgründe ist nicht einzugehen.

Gehen Sie bei dieser Prüfung davon aus, dass für Kaltmiete 600 Euro, für Heizung 80 Euro, für Strom 60 Euro und für weitere Nebenkosten 80 Euro im Monat geschuldet werden. Diese Beträge sind als angemessen zu unterstellen. Unterstellen Sie darüber hinaus, dass über die im Sachverhalt gemachten Angaben hinaus weder berücksichtigungsfähiges Einkommen noch verwertbares Vermögen existiert.

Arbeitshinweis

Unterstellen Sie bei Ihrer Prüfung, dass es sich bei dem Bescheid vom 14.02.2017 um einen Verwaltungsakt handelt.

Lösungsvorschlag

Aufgabe 1

Um die Erfolgsaussichten von Hans´ Eingabe beurteilen zu können, muss zunächst festgestellt werden, welche Rechtsnatur diese hat.

Auch wenn Hans sie nicht als Widerspruch bezeichnet hat, könnte es sich doch um einen Widerspruch handeln. Im Wege der Auslegung (analog § 133 BGB) ist der hinter dem Wortlaut der Erklärung des Hans stehende, nach außen objektiv erkennbare Wille zu erforschen. Hans macht gegenüber der Ausgangsbehörde deutlich, dass er mit ihrem Verwaltungsakt vom 10.02.2017, durch den er zur Erstattung von SGB II-Leistungen verpflichtet wird, nicht einverstanden ist. Es ist naheliegend, dass Hans nicht nur seinen Unwillen mit der Entscheidung bekunden will, sondern auch deren Beseitigung begehrt. Wendet sich ein Betroffener gegen einen erlassenen Verwaltungsakt, so kann es sich um einen Rechtsbehelf – z.B. Widerspruch oder Klage – oder einen Antrag auf Erlass eines Zugunstenbescheids nach § 44 SGB X handeln. Da ein erfolgreicher Rechtsbehelf nicht zuletzt wegen der Erstattung von notwendigen Aufwendungen, die im Zusammenhang mit dem Erheben des Rechtsbehelfs (§ 63 SGB X, § 193 Abs. 1 S. 1 SGG) entstanden sind, für den Betroffenen günstiger ist als ein erfolgreicher Antrag auf Erlass eines Zugunstenbescheids, ist nach dem Prinzip der Meistbegünstigung zunächst zu unterstellen, dass ein Rechtsbehelf erhoben wurde. Stellt sich heraus, dass dieser unzulässig wäre, ist in der Regel von einem Antrag nach § 44 SGB X auszugehen. Da der Erhebung einer Klage, die auf

Aufhebung eines Verwaltungsaktes gerichtet ist, nach § 78 Abs. 1 S. 1 SGG in der Regel ein Vorverfahren (Widerspruchsverfahren) vorauszugehen hat, ist zunächst vom Rechtsbehelf eines Widerspruchs auszugehen. Sollte sich herausstellen, dass dieser ausnahmsweise unstatthaft wäre, wäre nach dem Meistbegünstigungsprinzip in der Regel davon auszugehen, dass Hans Klage erheben wollte.

Der Widerspruch hätte Aussicht auf Erfolg, wenn er zulässig und begründet wäre.

I. Zulässigkeit

1. Rechtswegeröffnung

Die Zulässigkeit des Widerspruchs richtete sich nach §§ 78 ff. SGG, wenn für die konkrete Streitigkeit der Sozialrechtsweg eröffnet wäre (§ 62 SGB X). Hierzu müsste es sich um eine öffentlich-rechtliche Streitigkeit nicht verfassungsrechtlicher Art in einem der im Katalog des § 51 SGG aufgeführten Rechtsgebiete handeln.

a) Öffentlich-rechtliche Streitigkeit

Streitgegenstand ist § 34 SGB II. § 34 SGB II ermächtigt alleine Jobcenter – gleich, ob sie nach §§ 6 ff. SGB II oder §§ 44b ff. SGB II organisiert sind – und damit Stellen, die öffentliche Aufgaben erfüllen, d.h. Behörden im Sinne des § 1 Abs. 2 SGB X. Somit handelt es sich um eine Streitigkeit über öffentliches Recht, mithin um eine öffentlich-rechtliche Streitigkeit.

b) Nicht verfassungsrechtliche Streitigkeit

Der Kern der Streitigkeit liegt in der Anwendung des SGB II, d.h. eines einfachen Gesetzes, nicht aber im Verfassungsrecht. Die Streitigkeit ist nicht verfassungsrechtlicher Natur.

c) § 51 SGG – Katalog

Grundsicherungsrechtliche Streitigkeiten zählen zum Katalog der der Sozialgerichtsbarkeit zugewiesenen öffentlich-rechtlichen Streitigkeiten (§ 51 Abs. 1 Ziffer 4a SGG).

Da Streitigkeiten über § 34 SGB II nicht durch gesetzliche Regelung einer anderen Gerichtsbarkeit zugewiesen wurden, wäre der Rechtsweg zu den Sozialgerichten eröffnet. Die Zulässigkeit des Widerspruchs richtet sich damit grundsätzlich nach §§ 78 ff. SGG (§ 62 S. 1 SGB X).

2. Statthaftigkeit des Widerspruchs

Der Widerspruch wäre statthaft, wenn Hans´ Begehren auf Aufhebung eines bereits ergangenen oder auf Verpflichtung zum Erlass eines abgelehnten Verwaltungsaktes gerichtet und der Rechtsbehelf des Widerspruches nicht ausnahmsweise gesetzlich ausgeschlossen wäre (§ 78 Abs. 1, Abs. 3 SGG).

Hans möchte von der Verpflichtung zur Erstattung der SGB II-Leistungen befreit werden, die ihm durch den Verwaltungsakt vom 10.02.2017 auferlegt wurde. Um dieses Ziel zu erreichen, müsste der Verwaltungsakt beseitigt, mit anderen Worten aufgehoben werden. Da weder § 78 Abs. 1 S. 2 SGG noch eine andere gesetzliche Regelung eine Ausnahme von der Vorverfahrenspflicht regeln, ist der Widerspruch statthaft.

3. Ordnungsgemäße Erhebung

Ein Widerspruch muss schriftlich oder zur Niederschrift erhoben werden (§ 84 Abs. 1 S. 1 SGG). Hans hat den Widerspruch in Schriftform erhoben.

Ein Widerspruch muss nicht als Widerspruch bezeichnet werden. Es genügt, dass –
wie hier, s.o. – im Wege der Auslegung erkennbar ist, dass es sich um einen Widerspruch handelt.

Dass der Widerspruch nicht durch Hans unterzeichnet wurde, ist für die Zulässigkeit
des Widerspruchs ohne Relevanz. Anders als in § 92 Abs. 1 S. 3 SGG in Bezug auf
die Erhebung einer sozialgerichtlichen Klage hat der Gesetzgeber in Bezug auf den
Widerspruch nicht geregelt, dass er unterzeichnet sein soll. Eine analoge Anwendung des § 92 Abs. 1 S. 3 SGG scheitert daran, dass nicht erkennbar ist, dass der
Gesetzgeber eine Unterzeichnungspflicht versehentlich zu regeln übersehen hat.
Ganz im Gegenteil zeigen §§ 78 ff. SGG, dass der Gesetzgeber das Widerspruchsverfahren niedrigschwellig gestalten wollte, so dass Vieles gegen eine Regelungslü-
cke spricht. Es genügt daher für die Zulässigkeit des Widerspruchs, dass – wie hier
durch die Absenderangabe – erkennbar ist, wer Autor des Schriftstückes ist.

4. Fristgemäße Erhebung

Ein Widerspruch ist innerhalb eines Monats nach Bekanntgabe des Verwaltungsaktes zu erheben (§ 84 Abs. 1 S. 1 SGG), wenn der Verwaltungsakt – wie hier – innerhalb der Bundesrepublik bekannt gegeben wurde. Da der Verwaltungsakt nicht mit
einer Rechtsbehelfsbelehrung versehen ist, beginnt die Monatsfrist jedoch nicht zu
laufen (§ 66 Abs. 1 SGG). Die Rechtsauffassung des Sachbearbeiters, eine Anhörung
mache eine Rechtsbehelfsbelehrung überflüssig, ist falsch. Mit der in § 24 SGB X
geregelten Anhörung verfolgt der Gesetzgeber insbesondere das Ziel zu verhindern,
dass der von einer in seine Rechte eingreifenden Entscheidung Betroffene zum Ob-
jekt staatlichen Handelns wird. Die Rechtsbehelfsbelehrung (§ 36 SGB X) trägt dazu
bei, ihm effektiven Rechtsschutz zu erleichtern und seinen Anspruch aus Art. 19
Abs. 4 GG zu verwirklichen. § 24 SGB X soll zudem *vor* dem Erlass des Verwaltungsaktes rechtswidrige oder unzweckmäßige Entscheidungen verhindern, § 36 SGB X
beabsichtigt, über die Rechtswegeröffnung *nach* Erlass eines Verwaltungsaktes zu
informieren.

Aufgrund der unterschiedlichen Zielsetzungen der Vorschriften ersetzt die Anhörung
eine Rechtsbehelfsbelehrung nicht.

Statt der einmonatigen Rechtsbehelfsfrist entsteht nach § 66 Abs. 2 SGG eine Ausschlussfrist von einem Jahr nach Bekanntgabe des Verwaltungsaktes zur Erhebung
des Widerspruchs. Da der Verwaltungsakt nach § 37 Abs. 2 S. 1 SGG am dritten Tag
nach dessen Aufgabe zur Post als bekanntgegeben gilt (13.02.2017), beginnt die
Ausschlussfrist am 14.02.2017 und endet nach § 26 Abs. 1 SGB X i.V.m. § 188 BGB
am 13.02.2018. Da der Widerspruch am 20.02.2016 eingeht, ist er fristgemäß erhoben.

5. Weitere Zulässigkeitsvoraussetzungen

Da Hans volljährig ist und entgegenstehende Anhaltspunkte fehlen, ist davon auszugehen, dass er bevollmächtigt ist, Widerspruch auch im Namen seiner Ehefrau zu erheben (§ 38 SGB II bzw. § 73 Abs. 2 Nr. 2 SGG analog). Als gesetzlicher Vertreter ist
er zudem berechtigt, auch für seine Kinder Widerspruch zu erheben (§ 1629 Abs. 1
BGB).

Es gibt keine Anhaltspunkte dafür, dass eine der weiteren Zulässigkeitsvoraussetzungen (Rechtsschutzbedürfnis, Handlungsfähigkeit u.s.w.) nicht erfüllt wäre.

Damit ist der Widerspruch zulässig.

II. Begründetheit

Der Widerspruch wäre begründet, wenn der Verwaltungsakt vom 10.02.2017 formell oder materiell rechtswidrig wäre und die von ihm Betroffenen in ihren Rechten verletzte.

1. Formelle Rechtmäßigkeit

a. Zuständigkeit

Das den Verwaltungsakt erlassende Jobcenter war hierfür die zuständige Behörde.

b. Form

Grundsätzlich gilt nach § 9 S. 1 SGB X der Grundsatz der Formfreiheit. Der Verwaltungsakt wurde schriftlich erlassen, was nach § 33 Abs. 2 SGB X erlaubt ist.

c. Verfahren

Da mit der Auferlegung einer Ersatzpflicht Hans´ rechtlicher Status quo gemindert werden sollte, war ein Rechtseingriff beabsichtigt, vor dem nach § 24 Abs. 1 SGB X eine Anhörung zu erfolgen hat. Tatsachen, die nach § 24 Abs. 2 SGB X eine Ausnahme von der Anhörungspflicht begründen könnten, sind nicht erkennbar. Somit war vor Erlass des Verwaltungsaktes eine Anhörung erforderlich, durch die Hans Gelegenheit gegeben werden musste, zu dem geplanten Verwaltungsakt inhaltlich Stellung zu nehmen.

Indem Hans die Tatsachen, auf die das Jobcenter die Erstattungsentscheidung stützen wollte und ebenso die geplante Entscheidung mitgeteilt und ihm drei Wochen Zeit für die Stellungnahme eingeräumt wurde, wurde ihm Gelegenheit zur Stellungnahme gegeben. Dass die Anhörung mit dem Erlass des Bewilligungsbescheids verbunden wurde, ändert hieran nichts. Allerdings hat das Jobcenter vor Ablauf dieser Zeit – konkret bereits nach 8 Tagen – den angekündigten Verwaltungsakt erlassen, ohne dass zuvor eine Stellungnahme des Hans eingegangen war. 8 Tage genügen keinesfalls, um inhaltlich fundiert Stellung zu den weit in Hans Rechte eingreifenden Rechtsfolgen nehmen zu können. Darauf, ob eine Stellungnahme tatsächlich eingegangen wäre, kommt es nicht an (umstr.). Somit wurde Hans nicht ausreichend Zeit zur Stellungnahme im Sinne des § 24 Abs. 1 SGB X gegeben.

Es lag kein Ausnahmegrund im Sinne des § 24 Abs. 2 SGB X vor, der es erlaubt hätte, von der Anhörung abzusehen.

Dieser Anhörungsfehler führt grundsätzlich zur formellen Rechtswidrigkeit und Aufhebbarkeit des Verwaltungsaktes, gleich, ob sich dieser Verfahrensfehler auf die konkret getroffene Entscheidung ausgewirkt hat oder nicht (§ 42 Hs. 2 SGB X).

Allerdings hat das Jobcenter nach § 41 Abs. 1, Abs. 2 SGB X die Möglichkeit, den Anhörungsfehler bis zum Ablauf des zweitinstanzlichen sozialgerichtlichen Verfahrens zu heilen.

Im Einlegen des Widerspruchs durch den Adressaten des Verwaltungsaktes liegt keine „Heilung" des Verfahrensfehlers. Zum einen ist Adressat des § 41 SGB X die Behörde, so dass nur sie rechtsfolgenlos einen Verfahrensfehler beseitigen kann. Zum anderen hätte die Anhörung entgegen dem Willen des Gesetzgebers keine Bedeutung mehr, wenn man dem Widerspruch eine heilende Wirkung beimessen würde. Würde der Adressat des ohne Anhörung ergangenen Verwaltungsaktes Widerspruch erheben, so wäre der Anhörungsmangel geheilt. Würde der Adressat keinen Widerspruch erheben, würde der belastende Verwaltungsakt bestandskräftig, so dass sich der Mangel ebenfalls nicht auswirken würde. Die herausgehobene Stellung der Anhörung, die sich insbesondere in § 42 Hs. 2 SGB X zeigt, würde in ihr Gegenteil verkehrt, wenn man dem Widerspruch eine einen Anhörungsfehler heilende Wirkung zuerkennen würde.

Bei lebensnaher Betrachtung ist davon auszugehen, dass eine heilende Verfahrenshandlung (d.h. Nachholung der Anhörung) spätestens bis zum Abschluss des landessozialgerichtlichen Verfahrens erfolgen wird. Wird der Anhörungsfehler im Rahmen des Widerspruchsverfahrens erkannt, so ist anzunehmen, dass die Widerspruchsstelle auf eine Heilung hinwirken wird. Geschieht dies nicht, und erhebt Hans Klage, so ist zu erwarten, dass das Sozialgericht das Jobcenter auf den Anhörungsfehler hinweisen und auf dessen Antrag das Verfahren nach § 114 Abs. 2 S. 2 SGG aussetzen wird, um dem Jobcenter Gelegenheit zur Heilung zu geben. Es ist daher nicht anzunehmen, dass der Anhörungsmangel zu einer Aufhebung des Verwaltungsaktes führen wird.

Die fehlende Rechtsbehelfsbelehrung stellt ebenfalls einen Verfahrensmangel dar. Dieser führt jedoch ebenfalls nicht zur Aufhebung des Verwaltungsaktes. Die Rechtsfolge einer unterbliebenen Rechtsbehelfsbelehrung regelt, wie oben dargelegt, § 66 Abs. 2 SGG.

2. Materielle Rechtmäßigkeit

Der Verwaltungsakt wäre materiell rechtmäßig, wenn sich das Jobcenter bei seiner Rückforderung auf eine gesetzliche Ermächtigungsgrundlage stützen könnte, deren Voraussetzungen erfüllt wären. Als Ermächtigungsgrundlage kommt hier alleine § 34 SGB II in Betracht.

Ein Ersatzanspruch nach § 34 SGB II setzt voraus, dass der Beteiligte älter als 17 Jahre alt ist, die Hilfebedürftigkeit seiner eigenen Person und/oder die Hilfebedürftigkeit von Personen, die mit ihm in einer Bedarfsgemeinschaft leben, vorsätzlich oder grob fahrlässig und ohne wichtigen Grund sowie sozialwidrig herbeigeführt hat. Zudem müssen die SGB II-Leistungen rechtmäßig erbracht worden und der Anspruch auf Ersatz darf nicht erloschen sein (§ 34 Abs. 3 S. 1 SGB II).

Hans ist 33 Jahre alt und damit älter als 17 Jahre.

Er selbst, seine Ehefrau und seine Kinder verfügten weder über Einkommen im Sinne bereiter Mittel noch über verwertbares Vermögen, das den Lebensunterhaltsbedarf sicherstellen konnten, so dass unterstellt werden kann, dass Hilfebedürftigkeit im Sinne der §§ 7, 9 und 19 SGB II bestand.

Leni gehörte als erwerbsfähige Ehepartnerin, die nicht getrennt von Hans lebt, zur Bedarfsgemeinschaft des Hans (§ 7 Abs. 3 Nr. 3a SGB II). Nichts anderes gilt für die gemeinsamen, unter 25jährigen unverheirateten Kinder Margit und Wolfgang, da diese über keinerlei Mittel verfügten, um ihren Lebensunterhaltsbedarf zu decken und mit Hans und Leni in demselben Haushalt lebten.

Fraglich ist, ob Hans die Hilfebedürftigkeit seiner Angehörigen kausal verursacht hat. Im Sozialrecht ist die Kausalitätslehre der rechtlich wesentlichen Bedingung anzuwenden, wonach von allen Bedingungen im Sinne der naturwissenschaftlich-philosophischen Kausalitätslehre (conditio sine qua non) nur diejenige relevant ist, die den Erfolg wesentlich herbeigeführt hat. Da die Hilfebedürftigkeit ohne den Verlust des Portemonnaies nicht eingetreten wäre, ist der Verlust kausal für die Hilfebedürftigkeit; daneben sind keine für diesen Erfolg zumindest ebenso wesentlichen Bedingungen erkennbar.

Es stellt sich allerdings die Frage, ob Hans die Hilfebedürftigkeit auch grob fahrlässig herbeigeführt hat. Eine vorsätzliche Herbeiführung scheidet von vornherein aus.

Grob fahrlässig handelt derjenige, der die im Verkehr erforderliche Sorgfalt in erheblichem Maß verletzt hat (§ 45 Abs. 2 S. 3 Ziffer 3 Hs. 2 SGB X). Dies setzte voraus, dass Hans etwas getan hätte, was jeder andere mit derselben Reife, demselben Entwicklungsstand, Erfahrungshorizont, Bildung u.s.w. in der konkreten Situation unterlassen oder Hans etwas unterlassen hätte, was eine Vergleichsperson mit diesen aufgeführten Attributen getan hätte. Aufgrund Hans´ beruflicher Stellung ist von einer durchschnittlichen Intelligenz und Bildung auszugehen. Niemand, der über diese persönlichen Merkmale verfügt, würde ein Portemonnaie, in dem sich ein großer Geldbetrag befindet, den er für sich und seine Familie zum Lebensunterhalt des gesamten Monats benötigt, zu Dreiviertel aus seiner Gesäßtasche herausragen lassen und Diebe geradezu „einladen". Damit hat Hans den Verlust des Geldes und damit seine eigene Bedürftigkeit und ebenso die Bedürftigkeit seiner Familienangehörigen grob fahrlässig herbeigeführt.

Der Umstand, dass er den allergrößten Teil seiner Einkünfte auf einmal von seinem Konto abgehoben hat, hat die Bedürftigkeit zwar ebenfalls herbeigeführt, grobe Fahrlässigkeit in Bezug auf die Herbeiführung der Hilfebedürftigkeit kann Hans insoweit aber nicht vorgeworfen werden. Grundsätzlich erhöht das Abheben und zu-Hause-Aufbewahren von Geld kein besonderes Risiko dar, das das Risiko der Hilfebedürftigkeit einer Person oder Familie begründen oder erhöhen würde.

Des Weiteren müsste die Herbeiführung der Bedürftigkeit sozialwidrig erfolgt sein. Dieses ungeschriebene Tatbestandsmerkmal wurde durch die Rechtsprechung zur teleologischen Reduktion des Tatbestandsmerkmals der groben Fahrlässigkeit entwickelt.

Demnach ist ein Verhalten sozialwidrig, das in seiner Handlungstendenz auf die Einschränkung bzw. den Wegfall der Erwerbsfähigkeit oder der Erwerbsmöglichkeit, auf die Herbeiführung von Hilfebedürftigkeit bzw. der Leistungserbringung gerichtet war bzw. hiermit in „innerem Zusammenhang" stand oder bei dem ein spezifischer Bezug zu anderen nach den Wertungen des SGB II zu missbilligenden Verhaltensweisen bestand.[40] Eine „Schusseligkeit", wie ein nicht tief genug in die Tasche geschobenes Portemonnaie, ist nach dieser Wertung zwar als unklug und leichtfertig, nicht aber als sozialwidrig anzusehen, da es an einer Handlung fehlt, die darauf ausgerichtet war, die Hilfebedürftigkeit oder einen anderer, zu missbilligenden Erfolg herbeizuführen.

Darauf, ob die erhaltenen SGB II-Leistungen rechtmäßig bewilligt wurden, kommt es nicht an, denn es steht fest, dass ein Erstattungsanspruch gegenüber Hans aufgrund fehlenden sozialwidrigen Verhaltens nicht auf § 34 SGB II gestützt werden kann.

Eine Rückforderung könnte jedoch erfolgen, soweit die Leistungen an die Bedarfsgemeinschaft darlehensweise (§ 24 SGB II) erbracht worden wäre. Dies setzte eine entsprechende Verfügung im Bewilligungsbescheid voraus, die jedoch nicht getroffen wurde. Eine Umdeutung (§ 43 Abs. 2 SGB X) des Beihilfebescheids in einen Darlehensbescheid scheitert bereits daran, dass die Rechtsfolgen des umgedeuteten Verwaltungsaktes ungünstiger wären als die Rechtsfolgen des ursprünglichen Verwaltungsaktes.

---

40 BSG 16.04.2013, B 14 AS 55/12 R, Juris, Rn. 19 ff.

Eine Ermächtigungsgrundlage für eine Rückforderung der an die Bedarfsgemeinschaft erbrachten SGB II-Leistungen liegt somit nicht vor. Der Widerspruch hat Aussicht auf Erfolg.

Aufgabe 2

Bedarfe	Hans	Leni	Margit	Wolfgang
Regelbedarf	368 Euro	368 Euro	291 Euro	291 Euro
Mehrbedarf				
Unterkunftsbedarfe	150 Euro	150 Euro	Siehe Hans und	Leni
Kaltmiete	20 Euro	20 Euro	190 Euro	190 Euro
Heizung	20 Euro	20 Euro		
Weitere Nebenkosten	0 Euro	0 Euro		
Strom	190 Euro	190 Euro		
Summe				
Weitere Bedarfe	0 Euro	0 Euro	0 Euro	0 Euro
Gesamtbedarf	558 Euro	558 Euro	481 Euro	481 Euro

Die Regelbedarfshöhen ergeben sich aus § 8 RBEG und belaufen sich für Hans und Leni als Ehegatten, die in derselben Wohnung leben, auf jeweils 368 Euro, für die 11 und 13 Jahre alten Kinder auf jeweils 291 Euro. Ab 1.1.2018 betragen die Regelbedarfe für Hans und Leni jeweils 374 Euro, für Margit und Wolfgang jeweils 296 Euro. Die Gesamtbedarfe der Eltern belaufen sich dann auf jeweils 564 Euro, die der Kinder auf jeweils 486 Euro.

Die Unterkunfts- und Heizungskosten sind in voller Höhe zu berücksichtigen, weil sie angemessen sind (§ 22 Abs. 1 S. 1 SGB II); dasselbe gilt für die weiteren Nebenkosten. Stromkosten sind bereits durch den Regelbedarf sichergestellt und werden nicht – dies bedeutete nämlich ein zweites Mal (vgl. § 20 Abs. 1 SGB II: Haushaltsenergie; § 6 Abs. 1 Nr. 1 bis 3 RBEG – dort jeweils Abteilung 4: Energie) – im Rahmen der Unterkunftskosten berücksichtigt. Die Gesamtkosten für Unterkunft und Heizung in Höhe von monatlich 760 Euro sind nach dem Kopfzahlverfahren gleichmäßig auf die in der Unterkunft lebenden Personen aufzuteilen.

	Hans	Leni	Margit	Wolfgang
Einkommen	Erwerbstätigkeit		Kindergeld (§ 11 Abs. 1 S. 4 SGB II)	Kindergeld (§ 11 Abs. 1 S. 4 SGB II)
	2.200 Euro		192 Euro	192 Euro
abzgl. Soz.vers.beiträge (§ 11b Abs. 1 Nr. 2 SGB II)	445 Euro			
abzgl. Lohnsteuer (§ 11b Abs. 1 Nr. 1 SGB II)	55 Euro			
abzgl. Pauschale für Versicherungen u.s.w. (§ 11b Abs. 2 S. 1 SGB II)	100 Euro			
abzgl. „Arbeitsanreiz" (§ 11b Abs. 1 Ziffer 6 SGB II i.V.m. § 11b Abs. 3 S. 2 und 3 SGB II)	(900 x 20 %) 180 Euro zzgl. (500 x 10 %) 50 Euro insgesamt 230 Euro			
	1.370 Euro		192 Euro	192 Euro
Unmittelbare Anrechnung des Kindereinkommens auf den Bedarf des jeweiligen Kindes (Umkehrschluss aus § 9 Abs. 2 S. 2 SGB II)			481 Euro Bedarf abzgl. 192 Euro Kindergeld Ungedeckter Restbedarf: 289 Euro	wie Margit 289 Euro
Ergebnis Einkommen	1.370 Euro	0 Euro	0 Euro	0 Euro

Unter Berücksichtigung der zum 1.1.2018 wirksam werdenden Erhöhungen von Kindergeld (194 Euro) und Regelbedarf der Regelbedarfsstufe 5 (296 Euro) für Margit und Wolfgang verbleibt bei ihnen ein jeweils nicht durch eigene Mittel sichergestellter Lebensunterhaltsbedarf in Höhe von 292 Euro.

Gegenüberstellung Gesamtbedarf – Gesamteinkommen:

Gesamtbedarf	(558 + 558 + 289 + 289 Euro) 1.694 Euro			
Gesamtein-kommen:	1.370 Euro			
Differenz	324 Euro			
Individual-ansprüche	Hans	Leni	Margit	Wolfgang
	$\frac{558 \times 324}{1.694}$	$\frac{558 \times 324}{1.694}$	$\frac{289 \times 324}{1.694}$	$\frac{289 \times 324}{1.694}$
	106,72 Euro	106,72 Euro	55,28 Euro	55,28 Euro
			Rundung nach § 41 Abs. 2 S. 2 SGB II	Rundung nach § 41 Abs. 2 S. 2 SGB II

Ergebnis

Hans und Leni haben jeweils einen Anspruch auf Arbeitslosengeld II in Höhe von 106,72 Euro, Margit und Wolfgang haben jeweils Anspruch auf Sozialgeld in Höhe von 55,28 Euro. Unter Zugrundelegung der ab 1.1.2018 geltenden Beträge beläuft sich der Gesamtbedarf der Bedarfsgemeinschaft auf (564 Euro zzgl. 564 Euro zzgl. 292 Euro zzgl. 292 Euro=) 1.712 Euro. Nach Berücksichtigung des Einkommens (1.370 Euro) verbleibt ein nicht sichergestellter Lebensunterhaltsbedarf von 342 Euro, der nach § 9 Abs. 2 S. 3 SGB II auf die einzelnen Mitglieder der Bedarfsgemeinschaft verteilt wird. Die Einzelansprüche belaufen sich nach dieser Berechnungsmethode für Hans und Leni auf jeweils (342 Euro x 564 : 1.712 =) 112,67 Euro – zur Aufrundung vgl. § 41 Abs. 2 S. 2 SGB II -, für Margit und Wolfgang auf (342 Euro x 292 : 1.712 =) 58,33 Euro.

10. Fall: Jocy und Horst

Jocy und Horst leben in einer eheähnlichen Gemeinschaft. Jocy erzielt ein bereinigtes Nettoeinkommen im Sinne der §§ 11 ff. SGB II i.V.m. §§ 1 ff. Alg II-V in Höhe von 510,26 Euro im Monat, Horsts bereinigtes Nettoeinkommen beläuft sich auf 533,10 Euro im Monat. Verwertbares Vermögen im Sinne des § 12 SGB II ist nicht vorhanden. Die berücksichtigungsfähigen Unterkunftskosten für die angemessene Wohnung in Mainz belaufen sich auf 722 Euro.

Nachdem sie am 15. Februar 2017 einen Antrag auf SGB II-Leistungen gestellt und am 22. Februar 2017 jeweils eine Eingliederungsvereinbarung unterzeichnet haben, erhalten sie am 28. Februar 2017 einen Bewilligungsbescheid über die Gewährung von Arbeitslosengeld II in Höhe von jeweils 207,32 Euro.

Der Bewilligungszeitraum wurde auf den Zeitraum 1. Februar 2017 bis 31. Januar 2018 festgelegt.

Anstelle einer ausformulierten Begründung enthält der Bescheid eine tabellarische Aufstellung der einzelnen Bedarfspositionen (Regelbedarfe für Jocy und Horst jeweils 368 Euro, Unterkunftsbedarf 722 Euro) und des Einkommens, das um verschiedene Absetzungspositionen vermindert wurde. Da sich beide mithilfe einer Broschüre des Jobcenters in die Ermittlung von Lebensunterhaltsbedarfen sowie Einkommen und Vermögen eingelesen haben, können sie die Berechnung nachvollziehen und sind auch – zu Recht – davon überzeugt, dass die jeweiligen Auszahlungsbeträge richtig ermittelt wurden.

Überfordert sind sie jedoch, soweit die Tabelle bestimmte Beträge der Bundesagentur für Arbeit und andere Beträge dem Jobcenter zuweist. Im Einzelnen handelt es sich um folgende Positionen:

Bundesagentur für Arbeit	736,00 Euro
Jobcenter	307,36 Euro

Jocy und Horst verstehen die Bedeutung dieser Positionen nicht und rätseln, ob es sich dabei um zusätzliche Auszahlungsbeträge handelt oder lediglich um Berechnungen, die nichts mit ihren Ansprüchen zu tun haben.

Aufgabe

Bitte erläutern Sie kurz den Inhalt der Tabelle, soweit es die für Jocy und Horst unverständlichen Bestandteile betrifft, und die Bedeutung der dahinter stehenden gesetzlichen Regelung. Gehen Sie dabei auf Jocys und Horsts Ansprüche auf Arbeitslosengeld II ein, soweit es für die Erläuterung erforderlich ist.

Lösungsvorschlag

Träger der Grundsicherung für Arbeitsuchende sind die Bundesagentur für Arbeit und die kreisfreien Städte und Gemeinden (§ 6 Abs. 1 S. 1 SGB II). Hierbei wurde den kreisfreien Städten und Gemeinden – unter dem Vorbehalt, dass keine abweichende Regelung durch die jeweiligen Bundesländer getroffen wurde – die Trägerschaft für kommunale Eingliederungsleistungen nach § 16a SGB II, Leistungen für Unterkunft und Heizung, Leistungen nach § 24 Abs. 3 S. 1 Nr. 1 und 2 SGB II sowie für Leistungen nach § 28 SGB II zugewiesen. Die Bundesagentur für Arbeit ist Träger sämtlicher anderen Leistungen nach dem SGB II.

Da in ein und demselben Leistungsfall zwei unterschiedliche Träger für die Finanzierung von Leistungen zuständig sind, ist für diese von erheblichem Interesse, ob Einkommen und Vermögen des Leistungsberechtigten gleichmäßig, in einem bestimmten Verhältnis oder in einer bestimmten Reihenfolge auf die zu erbringenden Sozialleistungen angerechnet wird, da dies ihre eigene Leistungspflicht vermindert. Der Gesetzgeber hat diese Frage durch § 19 Abs. 3 S. 2 und 3 SGB II beantwortet und hierbei die Bundesagentur für Arbeit gegenüber den kreisfreien Städten und Gemeinden privilegiert, d.h. finanziell entlastet. § 19 Abs. 3 S. 2 und 3 SGB II regeln eine Reihenfolge der Anrechnung von Einkommen und Vermögen, nach der zu berücksichtigendes Einkommen und Vermögen zunächst die Bedarfe nach den §§ 20, 21 und 23 SGB II deckt, und nur, soweit ein Einkommens- bzw. Vermögensrest übrigbleibt, dieser auf die Unterkunfts- und Heizungsbedarfe angerechnet wird. Verbleibt nach der Deckung des Unterkunfts- und Heizungsbedarfes noch Einkommen bzw. Vermögen, mindert dieses die Bedarfe für Bildung und Teilhabe nach § 28 SGB II in der Reihenfolge der Absätze 2 bis 7. Einkommen und Vermögen sind also zunächst auf die in die Trägerschaft der Bundesagentur für Arbeit fallenden Bedarfe anzurechnen.

Jocy und Horst haben als Partner einer eheähnlichen Gemeinschaft einen Regelbedarf nach § 20 Abs. 4 SGB II in Höhe von jeweils 368 Euro, d.h. von insgesamt 736 Euro. Hierauf ist das Einkommen von insgesamt 1.043,36 Euro bedarfsdeckend anzurechnen, es verbleibt ein Einkommensrest in Höhe von 307,36 Euro (1.043,36 Euro abzgl. 736 Euro), der auf den Unterkunfts- und Heizungsbedarf (722,00 Euro) angerechnet wird.

Der Ausschnitt aus der tabellarischen Begründung spiegelt also die nach § 19 Abs. 3 SGB II vorgesehene Reihenfolge der bedarfsdeckenden Anrechnung des Einkommens wider. Es handelt sich weder um weitere Leistungsansprüche noch um Ansprüche auf Rückerstattung erhaltener Leistungen. Die nach § 19 Abs. 3 SGB II ausgewiesenen Beträge verändern die Höhe der nach §§ 7 ff., 19 ff. SGB II hinsichtlich Jocy und Horst ermittelten Leistungsansprüche nicht. Ihrem Gesamtbedarf in Höhe von (368 Euro zzgl. 368 Euro zzgl. 722 Euro =) 1.458,00 Euro steht Einkommen in Höhe von 1.043,36 Euro gegenüber, so dass ein nicht durch eigene Mittel gedeckter Gesamtbedarfsrest in Höhe von 414,64 Euro verbleibt. Dieser wird nach § 9 Abs. 2 S. 3 SGB II im Verhältnis des jeweils eigenen Bedarfs zum Gesamtbedarf auf Jocy und Horst aufgeteilt. Da ihr jeweiliger Bedarf jeweils die Hälfte des Gesamtbedarfs ausmacht, bemisst sich ihr jeweiliger Leistungsanspruch auf die Hälfte des ungedeckten Gesamtbedarfsrestes. Jocy und Horst haben deshalb jeweils einen Anspruch auf Arbeitslosengeld in Höhe von (50 Prozent von 414,64 Euro) 207,32 Euro.

Da § 19 Abs. 3 S. 1 SGB II bestimmt, dass die Leistungen zur Sicherung des Lebensunterhaltes in Höhe der Bedarfe nach den Absätzen 1 und 2 des § 19 SGB II erbracht werden, soweit diese nicht durch das zu berücksichtigende Einkommen und Vermögen gedeckt sind, lässt sich der Anspruch auf Arbeitslosengeld II näher spezifizieren. Jocy und Horst haben infolge der bedarfsdeckenden Anrechnung des Einkommens keinen Anspruch auf im Regelbedarf ausgedrückte Regelleistungen zur Sicherung ihres Lebensunterhaltes, sondern Anspruch auf Leistungen zur Deckung ihres Bedarfs für Unterkunft und Heizung nach § 22 SGB II. Da sich ihr Anspruch auf Leistungen aber in der Sozialleistung Arbeitslosengeld II ausdrückt und diese – gleich, wer die jeweilige Leistung finanziell zu tragen hat – stets durch das Jobcenter (§ 6d SGB II) erbracht wird, spielt diese Konkretisierung in der Praxis der Leistungserbringung keine Rolle. Sie kann allerdings in einem Klageverfahren relevant werden, wenn der Leistungsberechtigte den Klagegegenstand alleine auf Leistungen zur Sicherstellung seines Unterkunfts- und Heizungsbedarfs beschränken möchte. Die Rechtsprechung erlaubt diese Beschränkung unter Hinweis auf § 19 Abs. 3 SGB II.[41]

11. Fall: Susanne, Dennis und Jacqueline

Susanne, 38 Jahre, und Dennis, 40 Jahre, sind verheiratet und leben gemeinsam mit ihrer 10-jährigen Tochter Jacqueline in Hamburg. Susanne und Dennis sind erwerbsfähig, gehen zurzeit aber keiner Erwerbstätigkeit nach. Dennis ist bereits seit einigen Monaten arbeitslos, am 28. April 2017 hat er letztmalig Arbeitslosengeld in Höhe von 740,20 Euro erhalten, da der Arbeitslosengeldanspruch nach § 147 Abs. 2 SGB III auf den Zeitraum zwischen Juli 2016 und April 2017 begrenzt war. Susannes Arbeitsverhältnis wurde vor zwei Monaten gekündigt. Sie erhält seit Februar 2017 Ar-

---

41 Ständige Rechtsprechung seit BSG 07.11.2006, B 7b AS 08/06 R.

beitslosengeld in Höhe von 1.122,90 Euro pro Monat ausgezahlt; bei diesem Betrag handelt es sich um den Auszahlungsbetrag, von dem bereits die fälligen Beiträge zur gesetzlichen Kranken-, Pflege- und Rentenversicherung einbehalten und an den zuständigen Sozialversicherungsträger weitergeleitet wurden. Das Arbeitslosengeld wird stets zum Ende des Monats auf das Konto überwiesen. Susanne ist kindergeldberechtigt und erhält das Kindergeld für Jacqueline in Höhe von 192 Euro (ab 1.1.2018 194 Euro) monatlich. Über weitere Einkünfte verfügt die Familie nicht, verwertbares Vermögen im Sinne des § 12 SGB II ist nicht vorhanden.

Jacqueline besucht die 4. Klasse einer örtlichen Grundschule. Ende Juni findet eine viertägige Abschlussfahrt statt, an der Jacqueline unbedingt teilnehmen möchte. Ihre Klassenlehrerin hat gerade alle Eltern durch einen Elternbrief aufgefordert, für die Klassenfahrt innerhalb von sechs Wochen einen Betrag in Höhe von 200 Euro zu überweisen. Dieser Betrag entspricht der Höchstgrenze, die durch die Richtlinie der Behörde für Schule und Berufsbildung des Stadtstaats Hamburg festgesetzt wurde.

Für die 3-Zimmer-Wohnung bezahlt die Familie monatlich 712,20 Euro. Dieser Betrag beinhaltet die Kaltmiete, Verbrauchskosten sowie sämtliche durch den Vermieter umgelegte Kosten. Zusätzlich sind monatlich weitere 40 Euro Stromabschlag an das Energieversorgungsunternehmen zu leisten. Sämtliche, die Unterkunft betreffenden Kosten sind im Sinne des § 22 SGB II angemessen.

Dennis stellt am 3. Mai 2017 für sich und seine Familie einen Antrag auf SGB II-Leistungen; hierbei stellt er für Jacqueline einen separaten Antrag auf Leistungen zur Teilnahme an der Klassenfahrt.

Aufgaben
1. Sind die für Susanne und Jacqueline gestellten Anträge wirksam?
2. Bitte berechnen Sie für Susanne, Dennis und Jacqueline die Höhe ihrer jeweiligen Ansprüche auf Lebensunterhaltsleistungen nach dem SGB II.
3. In welcher Leistungsform sind die Ansprüche zu erfüllen?

Arbeitshinweise
1. Unterstellen Sie, dass die persönlichen Voraussetzungen (gewöhnlicher Aufenthalt, Alter u.s.w.) der jeweiligen Anspruchsnormen erfüllt sind.
2. Ohne weitere Prüfung können Sie ebenfalls davon ausgehen, dass die Regelbedarfe für Dennis und Susanne jeweils 368 Euro (ab 1.1.2018 374 Euro), für Jacqueline 291 Euro (ab 1.1.2018 296 Euro), der nach dem Kopfzahlverfahren aufgeteilte Unterkunfts- und Heizungsbedarf 237,40 Euro und Susannes um Absetzungspositionen bereinigtes anrechenbares Nettoeinkommen 1.092,90 Euro beträgt.
3. Die für die Leistungserbringung zuständige Behörde für Arbeit, Soziales, Familie und Integration hat zur Vereinheitlichung der praktischen Arbeit Fachanweisungen geschaffen. Die Fachanweisung zu §§ 28 bis 30 SGB II bestimmt, dass Ansprüche auf Leistungen zur Teilnahme an Klassenfahrten üblicherweise – sofern ein Leistungsanspruch besteht – durch personalisierte Gutscheine erbracht werden. Diese Gutscheine werden durch die Leistungsberechtigten an den jeweiligen Lehrer weitergereicht, der ihn gegenüber dem Leistungsträger gegen Geld „eintauscht". Die Fachanweisung sieht eine unmittelbare Geldleistung an Leistungsberechtigte alleine dann vor, wenn diese hinsichtlich der Kosten für die Klassenfahrt in Vorleistung getreten sind.
4. Auf Fragen der Zuständigkeit ist nicht einzugehen.

Lösungsvorschlag

1. Aufgabe

Eine wirksame Antragstellung auf SGB II-Leistungen setzt voraus, dass

- überhaupt ein Antrag, d.h. eine öffentlich-rechtliche Willenserklärung mit dem Ziel, SGB II-Leistungen zu erhalten, gestellt wurde,
- dieser Antrag bei dem hierfür zuständigen Jobcenter oder einer anderen in § 16 Abs. 1 S. 2 SGB I aufgeführten Stellen zugegangen ist,
- der Antrag durch Personen gestellt wurde, die zur Vornahme von Verfahrenshandlungen fähig sind.

Es liegt zwar eine öffentlich-rechtliche Willenserklärung mit dem Ziel, SGB II-Leistungen zu erhalten, vor, Susanne und Jacqueline haben diese Anträge jedoch selbst nicht gestellt. Die durch Dennis gestellten Anträge würden ihnen gegenüber jedoch Wirksamkeit entfalten, wenn Dennis ermächtigt wäre, sie zu vertreten. Für eine gewillkürte Vertretung gibt es keine Anzeichen.

In Bezug auf Jacqueline könnte Dennis als gesetzlicher Vertreter gehandelt haben, denn Jacqueline ist dessen minderjährige Tochter. § 1629 Abs. 1 S. 2 Halbsatz 1 BGB bestimmt jedoch, dass die Eltern das Kind *gemeinschaftlich* vertreten. Susanne hat den Antrag für ihre Tochter aber nicht gestellt. Dafür, dass Dennis durch Susanne ermächtigt wurde, sie ihrerseits bei Jacquelines Antragstellung zu vertreten, gibt der Sachverhalt nichts her; ob man bei der Beantragung von Sozialleistungen ganz allgemein oder bei der Geltendmachung von Lebensunterhaltsleistungen im Besonderen unterstellen kann, dass sich Eltern zur Antragstellung gegenseitig ermächtigt haben, kann dahinstehen, da die Voraussetzungen für die gesetzliche Vermutung einer Bevollmächtigung erfüllt sind. Nach § 38 Abs. 1 S. 1 SGB II wird vermutet, dass ein erwerbsfähiger Leistungsberechtigter bevollmächtigt ist, Leistungen nach dem SGB II auch für die mit ihm in einer Bedarfsgemeinschaft lebenden Personen zu beantragen.

Dennis ist erwerbsfähig. Seine Leistungsberechtigung wird an dieser Stelle zunächst unterstellt, da andernfalls das mit der vermuteten Vertretungsbefugnis verfolgte gesetzliche Ziel nicht erreicht werden könnte. Als erwerbsfähiger Leistungsberechtigter gehört Dennis nach § 7 Abs. 3 Nr. 1 SGB II zur Bedarfsgemeinschaft.

Jacqueline ist Dennis' unverheiratetes Kind. Sie ist jünger als 25 Jahre alt und gehört demselben Haushalt wie Dennis an. Da sie neben dem ihr nach § 11 Abs. 1 S. 5 SGB II zugerechneten Kindergeld über kein Einkommen verfügt, durch das sie ihren Lebensunterhaltsbedarf – der sich jedenfalls[42] aus ihrem Regelbedarf der Regelbedarfsstufe 5 in Höhe von 291 Euro und dem anteiligen angemessenen Unterkunftsbedarf in Höhe von 237,40 Euro zusammensetzt – sicherstellen könnte, zählt Jacqueline nach § 7 Abs. 3 Nr. 4 SGB II zu Dennis' Bedarfsgemeinschaft.

Da keine Anhaltspunkte gegen Dennis' Bevollmächtigung zur Antragstellung erkennbar sind, wird diese nach § 38 Abs. 1 S. 1 SGB II vermutet. Somit hat Jacqueline einen Antrag auf SGB II-Leistungen gestellt.

Da auch Susanne zu Dennis' Bedarfsgemeinschaft gehört und keine Anhaltspunkte gegen eine Bevollmächtigung zur SGB II-Antragstellung sprechen, wird auch insoweit eine Vertretungsbefugnis unterstellt, so dass auch Susanne einen Antrag auf

---

42 Ob auch die geltend gemachte Übernahme der Kosten für die Klassenfahrt hierzugehört, kann im Rahmen dieser kursorischen Prüfung zunächst unbeantwortet bleiben.

SGB II-Leistungen gestellt hat. Susanne zählt als mit Dennis zusammenlebende Ehefrau nach § 7 Abs. 3 Nr. 3 Buchst. a SGB II ebenfalls zur Bedarfsgemeinschaft.

§ 38 Abs. 1 S. 2 SGB II löst die Konkurrenz auf, die dadurch entsteht, dass zwei erwerbsfähige Leistungsberechtige in derselben Bedarfsgemeinschaft leben und von der gesetzlichen Vermutung begünstigt sind. Demnach greift die Vermutung der Vertretungsbefugnis nur für denjenigen, der den Antrag stellt, hier also für Dennis.

Jacquelines und Susannes Anträge sind dem zuständigen Jobcenter zugegangen.

Dennis ist 40 Jahre alt und, da er somit nach § 1 BGB volljährig und nach § 104 BGB geschäftsfähig ist, nach § 11 Abs. 1 Nr. 1 SGB X fähig, Verfahrenshandlungen für sich selbst oder Dritte vorzunehmen. Dass Jacqueline noch nicht handlungsfähig ist, da sie das 15. Lebensjahr noch nicht vollendet hat (§ 11 Abs. 1 Nr. 2 SGB X i.V.m. § 36 SGB I), spricht nicht gegen die Wirksamkeit ihres Antrags, da sie durch ihren handlungsfähigen Vater Dennis vertreten wurde.

Somit haben Jacqueline und Susanne wirksame Anträge auf SGB II-Leistungen gestellt.

2. Aufgabe

Susanne und Dennis könnten, da sie erwerbsfähig sind und die Altersgrenze des § 7a SGB II noch nicht erreicht haben, nach §§ 7 ff., 19 Abs. 1 S. 1 SGB II Anspruch auf Arbeitslosengeld II. Jacqueline könnte, da sie das 15. Lebensjahr noch nicht vollendet hat, nach §§ 7 ff., 19 Abs. 1 S. 2 SGB II Anspruch auf Sozialgeld haben.

Da kein Ausschlussgrund für Leistungsansprüche erfüllt ist und der gewöhnliche Aufenthalt aller drei Anspruchsteller im Inland liegt, hängt ein Leistungsanspruch insbesondere davon ab, dass sie hilfebedürftig sind. Hierzu dürften sie nicht in der Lage sein, ihren Lebensunterhalt aus dem zu berücksichtigenden Einkommen und Vermögen sicherzustellen (§ 9 Abs. 1 SGB II); lebten sie miteinander in einer Bedarfsgemeinschaft, wäre auch Einkommen und Vermögen der jeweils anderen Mitglieder der Bedarfsgemeinschaft zu berücksichtigen, wobei Einkommen und Vermögen von unverheirateten Kindern, die das 25. Lebensjahr noch nicht vollendet haben, hiervon ausgenommen wären (Umkehrschluss aus § 9 Abs. 2 S. 2 SGB II).

a. Bedarfsgemeinschaft

Susanne und Dennis sind als erwerbsfähige Leistungsberechtigte und mit diesem lebender – konkret: als nicht dauernd getrennt lebender – Ehepartner Mitglieder einer Bedarfsgemeinschaft (§ 7 Abs. 3 Nr. 1, 3 Buchst. a SGB II). Wer von beiden dabei als Leistungsberechtigter und wer als Ehepartner angesehen wird, spielt für die Beurteilung der Anspruchsvoraussetzungen keine Rolle. Auch Jacqueline wird – jedenfalls vorläufig – nach § 7 Abs. 3 Nr. 4 SGB II ebenfalls zur Bedarfsgemeinschaft gezählt, da sie das 25. Lebensjahr noch nicht vollendet hat und bei kursorischer Prüfung davon auszugehen ist, dass sie aus eigenen Mitteln nicht in der Lage ist, ihren aus Regelbedarf sowie Unterkunfts- und Heizungskostenanteil bestehenden Lebensunterhaltsbedarf von 528,40 Euro – (ab 1.1.2018 533,40 Euro) und eventuell weiterer 200 Euro für den Antragsmonat – zu decken.

b. Lebensunterhaltsbedarf

Susannes Lebensunterhaltsbedarf setzt sich aus dem Regelbedarf der Regelbedarfsstufe 2 in Höhe von 368 Euro (ab 1.1.2018 374 Euro) und dem – auf drei Personen gleichmäßig aufgeteilten – Unterkunfts- und Heizungsbedarfsanteil in Höhe von 237,40 Euro zusammen und beträgt damit insgesamt 605,40 Euro (ab 1.1.2018 611,40 Euro).

Dennis' Lebensunterhaltsbedarf unterscheidet sich nicht von dem seiner Ehefrau und beträgt somit ebenfalls 605,40 Euro (ab 1.1.2018 611,40 Euro).

Jacquelines regulärer monatlicher Lebensunterhaltsbedarf besteht aus ihrem Regelbedarf (291 Euro, ab 1.1.2018 396 Euro) sowie dem auf sie entfallenden Unterkunfts- und Heizungsbedarfsanteil (237,40 Euro) und beträgt somit 528,40 Euro (ab 1.1.2018 533,40 Euro). Im Antragsmonat hat sie außerdem nach § 28 Abs. 1, 2 S. 1 Nr. 2 SGB II einen Bedarf für Bildung und Teilhabe in Höhe von 200 Euro. Jacqueline hat das 25. Lebensjahr noch nicht vollendet, besucht eine allgemeinbildende Schule und erhält keine Ausbildungsvergütung; darüber hinaus überschreitet die mehrtägige Klassenfahrt die schulrechtlichen Grenzen nicht. Der nach § 37 Abs. 1 S. 2 SGB II erforderliche separate Antrag auf die nach § 28 Abs. 2 SGB II zu berücksichtigende Leistung hat Jacquelines Vater für sie wirksam gestellt.

Der Bedarf für Bildung und Teilhabe wird jedoch zunächst nicht in die weitere Berechnung nach § 7 Abs. 2 S. 3 SGB II einbezogen; ein Vergleich mit dem berücksichtigungsfähigen Einkommen findet erst statt, nachdem dieses auf die übrigen Bedarfe angerechnet wurde.

c. Einkommen

Einkommen ist Geld, das im Laufe des Bedarfszeitraums zufließt und nicht durch den Gesetzgeber ausnahmsweise von der Einkommensberücksichtigung ausgenommen wurde. Dasselbe gilt für Geldeswert, der im Zusammenhang mit einer Erwerbstätigkeit oder eines Bundes- oder Jugendfreiwilligendienstes erbracht wird (§ 11 Abs. 1 S. 1 und 2 SGB II). Susanne fließt während des am Ersten des Antragsmonats beginnenden Bedarfszeitraums Arbeitslosengeld zu; dieses ist nicht durch Gesetz – insbesondere nicht durch § 11a Abs. 3 S. 1 SGB II) – von der Berücksichtigung als Einkommen ausgeschlossen. Das um Sozialversicherungsbeiträge (§ 11b Abs. 1 S. 1 Nr. 1 SGB II) und um die Versicherungspauschale (§ 11b Abs. 1 S. 1 Nr. 3 SGB II i.V.m. § 1 Nr. 1 Alg II-VO) zu bereinigte Einkommen beläuft sich auf 1.092,90 Euro.

Daneben fließt Susanne das für Jacqueline geleistete Kindergeld in Höhe von 192 Euro (ab 1.1.2018 194 Euro) zu. Da Jacqueline jedoch zu Susannes Bedarfsgemeinschaft gehört und Jacqueline das Kindergeld zur Deckung jedenfalls eines Teils ihres eigenen Lebensunterhaltsbedarfes benötigt, wird es ihr nach § 11 Abs. 1 S. 5 SGB II als Einkommen zugerechnet.

d. Vermögen

Verwertbares Vermögen i.S.d. § 12 SGB II ist nicht vorhanden.

e. Einkommensberücksichtigung

Grundsätzlich ergibt sich aus § 9 Abs. 2 S. 3 SGB II, dass die Summe der Bedarfe der Mitglieder der Bedarfsgemeinschaft mit der Summe deren Einkommens und Vermögens zu vergleichen ist. Ist der Gesamtbedarf nicht durch das Gesamteinkommen und -vermögen sichergestellt, so ist jedes Mitglied der Bedarfsgemeinschaft hilfebedürftig. Diese horizontale Berechnungsmethode, die sämtliche Mitglieder der Bedarfsgemeinschaft zugleich erfasst, wird jedoch bei unverheirateten Kindern vor Vollendung des 25. Lebensjahres, die mit ihren Eltern oder einem Elternteil in Bedarfsgemeinschaft leben, durchbrochen und durch eine vertikale Berechnungsmethode ersetzt, innerhalb derer man den Lebensunterhaltsbedarf des Kindes mit dessen eigenem Einkommen und Vermögen vergleichen muss (Umkehrschluss zu § 9 Abs. 2 S. 2 SGB II).

Zunächst ist als das Jacqueline zugerechnete Einkommen in Höhe von 192 Euro (ab 1.1.2018 194 Euro) auf ihren eigenen Lebensunterhaltsbedarf (528,40 Euro, ab 1.1.2018 533,40 Euro) anzurechnen. Der Bedarf für Bildung und Teilhabe bleibt zunächst unberücksichtigt (§ 9 Abs. 2 S. 3 Halbsatz 2 SGB II). Jacquelines Lebensunterhaltsbedarf ist unter Berücksichtigung des Kindergeldes in einem Umfang von 336,40 Euro (ab 1.1.2018 339,40 Euro) nicht sichergestellt. In diesem Umfang geht Jacquelines Lebensunterhaltsbedarf in die weitere, nach § 9 Abs. 2 S. 3 SGB II vorzunehmende Berechnung ein.

Die Summe der Lebensunterhaltsbedarfe der gesamten Bedarfsgemeinschaft beläuft sich auf (605,40 Euro zzgl. 605,40 Euro zzgl. 336,40 Euro =) 1.547,20 Euro. Diesem Bedarf steht Einkommen in Höhe von 1.092,90 Euro gegenüber. Es verbleibt ein nicht sichergestellter Lebensunterhaltsbedarf in Höhe von 454,30 Euro (Ab dem 1.1.2018 beträgt der Gesamtbedarf 1.562,20 Euro, so dass nach Abzug des Einkommens ein nicht sichergestellter Lebensunterhaltsbedarf vn 469,30 Euro verbleibt.).

Der Anteil jedes einzelnen Mitglieds der Bedarfsgemeinschaft am Gesamtbedarf beträgt für

- Susanne $\frac{605,40 \text{ Euro x } 454,30 \text{ Euro}}{1.547,20 \text{ Euro}}$ = 177,76 Euro (ab 1.1.2018 183,67 Euro),
- Dennis $\frac{605,40 \text{ Euro x } 454,30 \text{ Euro}}{1.547,20 \text{ Euro}}$ = 177,76 Euro (ab 1.1.2018 183,67 Euro),
- Jacqueline $\frac{336,40 \text{ Euro x } 454,30 \text{ Euro}}{1.547,20 \text{ Euro}}$ = 98,78 Euro (ab 1.1.2018 101,96 Euro nach Anwendung des § 41 Abs. 2 S. 2 SGB II).

Somit haben Susanne und Dennis Anspruch auf Arbeitslosengeld II in Höhe von jeweils 177,76 Euro, Jacqueline einen Anspruch auf Sozialgeld in Höhe von 98,78 Euro (aufgerundet nach § 41 Abs. 2 S. 2 SGB II; ab 1.1.2018 beträgt der Anspruch von Susanne und Dennis jeweils 183,67 Euro, der von Jacqueline 101,96 Euro). Die Ansprüche beginnen nach § 37 Abs. 2 S. 1 und 2 SGB II mit dem Ersten der Antragstellung, d.h. ab 1. Mai 2017. Dass es sich bei diesem Tag um einen gesetzlichen Feiertag handelt, verändert den Anspruchsbeginn nicht, da es sich bei dem Beginn des Leistungszeitraums nicht um „das Ende einer Frist" im Sinne des § 26 Abs. 1 SGB X i.V.m. § 193 BGB bzw. § 26 Abs. 3 SGB X handelt. Der Anspruch endet – sofern während des Leistungszeitraums keine wesentliche tatsächliche oder rechtliche Änderung eintritt – am 30.04.2018 (§ 41 Abs. 3 S. 1 und 3 SGB II).

Jacqueline hat darüber hinaus einen Anspruch auf Leistungen der Bildung und Teilhabe nach § 28 Abs. 1, 2 S. 1 Nr. 2 SGB II in Höhe von 200 Euro.

3. Die Ansprüche auf Arbeitslosengeld II und Sozialgeld sind durch Geldleistungen zu erfüllen (§ 4 Abs. 1 Nr. 2 SGB II).

Leistungen zur Teilnahme an Klassenfahrten, die im Rahmen der Leistungen für Bildung und Teilhabe erbracht werden, sind nach § 29 Abs. 1 S. 1 SGB II grundsätzlich durch Sachleistungen, insbesondere in Form personalisierter Gutscheine oder Direktzahlungen an Anbieter zu erbringen. Da eine Direktzahlung an einen Anbieter nicht im Raum steht, kommt eine Leistung in Form eines Gutscheins in Betracht, den die Lehrerin gegenüber dem Jobcenter einlösen könnte.

Stattdessen ermächtigt § 29 Abs. 1 S. 2 SGB II den Leistungsträger dazu, im Rahmen pflichtgemäßer Ermessensbetätigung Leistungen für die Teilnahme an Klassenfahrten anstatt durch Sachleistung durch Geldleistung zu erbringen. Pflichtgemäß wird das Ermessen ausgeübt, wenn es entsprechend dem Zweck der Ermächtigung ausgeübt wird und die gesetzlichen Grenzen des Ermessens nicht überschritten werden (§ 39 Abs. 1 S. 1 SGB I). Zweck der Ermächtigung ist es nach der Gesetzesbegründung, Schwierigkeiten im Schulleben auszuräumen, die dadurch entstehen, dass „kein Anbieter existiert, mit dem eine Sachleistung oder Direktzahlung abgewickelt werden kann und infolgedessen Lehrer bzw. Pädagogen in die Zwangslage geraten, die Nichtteilnahme bedürftiger Kinder, Schülerinnen und Schüler in Kauf zu nehmen oder ungewollt in die Rolle eines Leistungsanbieters und Zwischenfinanzierers zu treten, ohne dazu verpflichtet zu sein".[43] Jacqueline hat sechs Wochen Zeit, um den für die Teilnahme an der Klassenfahrt erforderlichen Betrag von 200 Euro an ihre Lehrerin zu bezahlen. Es besteht demnach zurzeit keine besondere Eile, die befürchten ließe, dass Jacqueline andernfalls nicht an der Klassenfahrt teilnehmen könnte oder die Lehrerin die Kosten für Jacqueline gegenüber einem Dritten vorschießen müsste. Nach Sinn und Zweck des § 29 Abs. 1 S. 2 SGB II spricht nichts dafür, die Leistung für Bildung und Teilhabe durch eine Geldleistung anstatt durch die als Regelleistungsform m Gesetz angelegte Gutscheinleistung zu erbringen.

Auch eine Selbstbindung des zuständigen Leistungsträgers durch eine bisherige Verwaltungspraxis, die auf Geldleistungen ausgerichtet gewesen wäre, ist nicht erkennbar. Ganz im Gegenteil zeigt die Fachanweisung der Behörde für Arbeit, Soziales, Familie und Integration, dass der zuständige Leistungsträger die Leistung durch personalisierten Gutschein als Regelfall und die Gewährung einer Geldleistung als eng begrenzten Ausnahmefall – dessen Voraussetzung, dass der Leistungsberechtigte hinsichtlich der Kosten für die Klassenfahrt in Vorleistung getreten sein muss, hier nicht vorliegen – betrachtet. Dass diese durch die Fachanweisung geregelte enge Beschränkung dieser Leistungserbringungsform, die im Grunde genommen alleine den Inhalt des § 30 S. 1 SGB II widergibt, nicht mit dem Sinn und Zweck des § 29 Abs. 1 S. 1 SGB II vereinbar und damit rechtswidrig ist, kann hier dahinstehen, da Jacqueline hieraus keinen Anspruch auf eine bestimmte Ermessensbetätigung, konkret auf die Erbringung in Form einer Geldleistung ableiten könnte.

Der Anspruch auf Leistungen zur Bildung und Teilhabe richtet sich also auf eine Sachleistung in Form eines personalisierten Gutscheins.

12. Fall: Stefan und Jürgen

Stefan und Jürgen, beide 1968 geboren und inzwischen 49 Jahre alt, haben vor drei Jahren eine Lebenspartnerschaft im Sinne des § 1 LPartG begründet. Bei Stefan wurde vor mehr als 20 Jahren eine HIV-Infektion diagnostiziert, kurze Zeit darauf erkrankte er an AIDS. Als Nebenfolgen der Medikamente, die er damals gegen die Erkrankung einnahm, leidet er unter verschiedenen Erkrankungen und Behinderungen, aufgrund derer er seit dem Jahr 2005 seine Berufstätigkeit aufgeben musste. Er ist inzwischen dauerhaft voll erwerbsgemindert und bezieht – nach Abzug der Sozialversicherungsbeiträge – eine monatliche Erwerbsminderungsrente nach § 43 Abs. 2 SGB VI in Höhe von 442,51 Euro netto durch die DRV Rheinland. Einkommensteuer fällt hierauf nicht an. Stefan ist schwerbehindert und verfügt über einen Schwerbehindertenausweis nach § 69 Abs. 5 SGB IX, auf dem das Merkzeichen G eingetragen ist; der Grad der Behinderung beträgt 100 Prozent. Stefan verfügt über ein Tagesgeldkonto, auf dem 12.252,22 gutgeschrieben sind und mit dem er zurzeit keine Zin-

---

43 BR-Drucksache 752/12, S. 7.

sen erwirtschaftet. Dieser Betrag stammt aus einer Erbschaft, die Stefan vor einigen Jahren zugefallen ist.

Jürgen ist als angestellter Maler und Lackierer beschäftigt und verdient monatlich 1.700 Euro brutto, nach Abzug der Sozialversicherungsbeiträge in Höhe von 353,18 Euro verbleibt ihm ein Auszahlungsbetrag in Höhe von 1.346,82 Euro, der ihm jeweils zur Mitte des Monats auf seinem Girokonto gutgeschrieben wird. Einkommensteuer oder andere Abgaben fallen nicht an. Um seine Arbeitsstelle erreichen zu können, ist er auf öffentliche Verkehrsmittel angewiesen; hierzu verwendet er eine Monatskarte, die er zu Beginn des jeweiligen Monats erwirbt, da sich dies als günstigste Möglichkeit erwiesen hat. Die Monatskarte für Juni 2017 hat 74,90 Euro gekostet. Aus einer früheren flüchtigen Beziehung zu einer Frau ist ein Kind entstanden, das inzwischen 14 Jahre alt ist und bei seiner Mutter lebt. Jürgen hat sich durch notariellen Vertrag zu monatlichen Unterhaltszahlungen in Höhe von 350 Euro verpflichtet, die er auch erfüllt.

Die angemessene monatliche Warmmiete beläuft sich auf 860 Euro, hinzu kommt ein monatlicher Abschlag für Stromkosten in Höhe von 65 Euro. Die Wohnungseinrichtung, die beiden gemeinsam gehört, ist einfach und schlicht.

Stefan und Jürgen haben ihren gewöhnlichen Aufenthalt in Nordrhein-Westfalen.

Aufgabe

Bitte prüfen Sie, ob Stefan und Jürgen Ansprüche auf Leistungen zum Lebensunterhalt nach dem SGB II bzw. SGB XII haben, ggf. ab welchem Zeitpunkt und in welcher Höhe. Unterstellen Sie dabei, dass Jürgen für beide am 5. Juni 2017 entsprechende Anträge beim zuständigen Leistungsträger gestellt hat.

Lösungsvorschlag

Stefan und Jürgen könnten Ansprüche auf Lebensunterhaltsleistungen nach SGB II oder SGB XII haben, wobei Ansprüche auf Leistungen der Grundsicherung im Alter und bei Erwerbsminderung Vorrang vor Ansprüchen auf Leistungen nach dem SGB II haben. Leistungen der Hilfe zum Lebensunterhalt sind gegenüber Leistungen der Grundsicherung im Alter und bei Erwerbsminderung ebenso nachrangig wie gegenüber Leistungen der Grundsicherung für Arbeitsuchende (§ 19 Abs. 1 S. 2 SGB II, § 5 Abs. 2 SGB II, § 19 Abs. 2 S. 2 SGB XII).

I. Stefan

Stefan könnte einen Anspruch auf Leistungen der Grundsicherung im Alter und bei Erwerbsminderung (§ 19 Abs. 2 S. 1 SGB XII i.V.m. § 41 SGB XII) haben. Als dauerhaft voll Erwerbsgeminderter im Sinne des § 41 Abs. 1, 3 SGB XII i.V.m. § 43 Abs. 2 SGB VI mit gewöhnlichem Aufenthalt in Nordrhein-Westfalen – also dem Inland – gehört er zum Kreis der leistungsberechtigten Personen (§ 41 Abs. 1 SGB XII), sofern er seinen notwendigen Lebensunterhalt nicht aus Einkommen und Vermögen bestreiten könnte.

Zum notwendigen Lebensunterhalt zählen die in § 42 SGB XII aufgezählten Bedarfe, von denen nach Stefans Lebenssituation Regelbedarf, zusätzliche Bedarfe sowie Bedarfe für Unterkunft und Heizung in Betracht kommen. Der Regelbedarf beläuft sich bei einem Volljährigen, der mit einem Lebenspartner zusammenlebt, nach § 42 Nr. 1 SGB XII i.V.m. § 8 Abs. 1 Nr. 2 RBEG im Jahr 2017 auf **368 Euro** (ab 1.1.2018 374 Euro). Hinzu kommt nach § 42 Nr. 2 SGB XII i.V.m. § 30 Abs. 1 Nr. 2 SGB XII ein Mehrbedarf in Höhe von 17 vom Hundert des Regelbedarfs (368 Euro x 17/100 =) **62,56 Euro** (ab 1.1.2018 63,58 Euro) aufgrund dauerhaft voller Erwerbsminderung und Schwerbehindertenausweis mit Merkzeichen G. Des Weiteren sind nach § 42 Nr. 4 Buchst. a) SGB XII, § 42a Abs. 1 SGB XII i.Vm. § 35 Abs. 1, 4 SGB XII die angemessenen Kosten für Unterkunft und Heizung. Zu den Unterkunftskosten gehört der monatliche Stromkostenabschlag nicht. Stromkosten sind bereits in die Bemessung der Regelbedarfshöhe eingeflossen (§ 27a Abs. 1 S. 1 SGB XII: „Haushaltsenergie"; § 6 Abs. 1 Nr. 1 Abteilung 4 RBEG: „Energie"); würden die tatsächlich zu erbringenden Stromkosten neben der pauschalen Berücksichtigung im Regelbedarf zugleich auch die berücksichtigungsfähigen Unterkunftskosten erhöhen, so würde der Strombedarf zweifach gedeckt, was gegen den sozialhilferechtlichen Bedarfsdeckungsgrundsatz verstieße. Die angemessenen Kosten für Unterkunft und Heizung belaufen sich auf 860 Euro. Da diese Kosten nicht nur Stefans, sondern auch Jürgens Unterkunfts- und Heizungsbedarf decken, sind sie nach dem Kopfzahlverfahren auf beide Personen zu gleichen Teilen umzulegen. Somit ist nach § 42 Nr. 4 Buchst. a) SGB XII, § 42a Abs. 1 SGB XII SGB XII i.Vm. § 35 Abs. 1, 4 SGB XII ein Betrag in Höhe von **430 Euro** zu berücksichtigen. Stefans **Gesamtbedarf** beträgt somit (368 Euro zzgl. 62,56 Euro zzgl. 430 Euro =) **860,56 Euro** (ab 1.1.2018 867,58 Euro).

Als Einkommen sind Geld oder Geldeswert anzusehen, die während des Bedarfszeitraums zufließen. Der Bedarfszeitraum beginnt mit dem Zeitpunkt des potentiellen Leistungsbeginns, der nach § 44 Abs. 2 S. 1 SGB XII grundsätzlich der Erste des Antragsmonats ist, und endet mit dem gesetzlich vorgesehenen Leistungsende. Der Bedarfszeitraum beginnt somit am 1. Juni 2017 und endet nach Ablauf von zwölf Monaten (§ 44 Abs. 3 S. 1 SGB XII), d.h. am 31. Mai 2018. Einkommen und Vermögen sind dem Lebensunterhaltsbedarf jeweils monatlich gegenüberzustellen.

Im Juni 2017 – und voraussichtlich in den darauffolgenden Monaten – fließt Stefan Rente aus der gesetzlichen Rentenversicherung in Höhe von **142,51 Euro** zu. Erwerbsminderungsrenten nach dem SGB VI sind nicht kraft Gesetzes von der Einkommensberücksichtigung ausgeschlossen. Nach § 82 Abs. 2 Nr. 2 SGB XII sind von der Rentenzahlung die entrichteten Sozialversicherungsbeiträge abzusetzen, d.h. abzuziehen. Bei dem Betrag von 442,51 Euro handelt es sich bereits um den Auszahlungsbetrag nach Abzug der Sozialversicherungsbeiträge. Anhaltspunkte für weitere Absetzungspositionen sind nicht erkennbar, so dass Stefan über ein zu berücksichtigendes Einkommen in Höhe von 442,51 Euro verfügt. Unter Berücksichtigung dieses Einkommens verbleibt ein nicht sichergestellter Bedarfsrest in Höhe von (860,56 Euro abzgl. 442,51 Euro =) 418,05 Euro (ab 1.1.2018 425,07 Euro).

Als Vermögen, d.h. Geld oder Geldeswert, die zu Beginn des Bedarfszeitraums bereits vorhanden waren, ist die Wohnungseinrichtung zu erkennen. Da diese schlicht und einfach ist, ist sie jedoch nach § 90 Abs. 2 Nr. 4 SGB XII als angemessener Hausrat vor einer Verwertung geschützt.

Darüber hinaus verfügt Stefan über ein Tagesgeldkonto, das ein Guthaben in Höhe von **12.252,22 Euro** aufweist. Da dieses Guthaben zum Beginn des Bedarfsdeckungszeitraums bereits vorhanden ist, handelt es sich um Vermögen, das nach Maßgabe des § 90 Abs. 2 Nr. 9 SGB XII i.Vm. § 1 Nr. 1 VO zur Durchführung des § 90 Abs. 2 Nr. 9 SGB XII zu behandeln ist. Demnach beträgt der von der Verwertung ausgenommene Vermögensbetrag 5.000 Euro. Dieser Betrag wird durch weitere 5.000 Euro, die für seinen nach § 43 Abs. 1 S. 2 SGB XII zur Einsatzgemeinschaft zählenden Lebenspartner Jürgen berücksichtigt werden, erhöht. Unter Berücksichtigung des kleineren Barbetrags von zusammen 10.000 Euro verbleibt als grundsätzlich verwertbares Vermögen, das zu verbrauchen ist, bevor sozialhilferechtliche Lebensunterhaltsleistungen erbracht werden, ein Betrag in Höhe von (12.252,22 Euro abzgl.

10.000 Euro =) 2.252,22 Euro. Unter Rückgriff auf dieses Vermögen Stefan in der Lage, seinen Lebensunterhaltsbedarf in Höhe von 860,56 Euro für mehr als zwei Monate sicherzustellen.

Grundsätzlich sind auch Jürgens Einkommen und Vermögen anzurechnen, da er mit Stefan in einer Lebenspartnerschaft lebt (§ 43 Abs. 1 S. 2 SGB XII). Dass Jürgen aufgrund seines Alters und seiner Erwerbsfähigkeit selbst keine Lebensunterhaltsleistungen nach dem SGB XII erhalten könnte, spielt hierbei keine Rolle. Wesentlich ist alleine das Zusammenleben in einer eingetragenen Lebenspartnerschaft, da der Gesetzgeber in einem solchen Fall unterstellt, dass der eine für den anderen durch sein Einkommen und Vermögen aufkommen wird, soweit ihm dies ohne Gefährdung seines eigenen notwendigen Lebensunterhaltes möglich ist. Zur Beantwortung der Frage, nach welchem Recht – SGB II oder SGB XII – Lebensunterhaltsbedarf, Einkommen und Vermögen des zu einem anderen Leistungssystem gehörenden Partners einer Einsatzgemeinschaft zu ermitteln sind, wenn die nachfragende Person Leistungen nach dem SGB XII begehrt, der Partner der Einsatzgemeinschaft jedoch grundsätzlich zum Kreis der Leistungsberechtigten nach dem SGB II gehört (sog. gemischte Einsatzgemeinschaft), hat das Bundessozialgericht aus dem Wortlaut des § 43 Abs. 1 SGB XII („nach diesem Buch") abgeleitet, dass für den SGB XII-Leistungen Nachfragenden die **Vorschriften des SGB XII** anzuwenden seien. Besonderheiten, die sich aus dem Regelungskonzept des SGB II ergeben würden, seien durch Härtefallregelungen (z.B. § 90 Abs. 3 SGB XII) aufzulösen. Dasselbe gelte für den Fall, dass Leistungen nach dem SGB II beansprucht würden und der Partner der Bedarfsgemeinschaft von SGB II-Leistungen ausgeschlossen sei.[44] Auf eine Ermittlung von Jürgens Lebensunterhaltsbedarf sowie seines Einkommens und Vermögens zur Feststellung, ob ein Überschuss vorhanden ist, der Stefan als Einkommen oder Vermögen anzurechnen ist, kommt es vorliegend jedoch nicht an, da bereits feststeht, dass Stefan infolge seines eigenen Vermögens nicht hilfebedürftig ist und gegenwärtig keinen Anspruch auf Leistungen der Grundsicherung im Alter und bei Erwerbsminderung nach §§ 19, 41 ff. SGB XII hat.

II. Jürgen

Es stellt sich jedoch die Frage, ob Jürgen einen Anspruch auf Lebensunterhaltsleistungen hat. Da Jürgen erwerbsfähig und jünger als 67 Jahre alt ist, kommen Ansprüche auf Leistungen der Grundsicherung im Alter und bei Erwerbsminderung nicht in Betracht. Jürgen könnte aber Anspruch auf Lebensunterhaltsleistungen nach dem SGB II, insbesondere auf Arbeitslosengeld II haben.

Einen Anspruch auf Arbeitslosengeld II hat derjenige, dessen Lebensalter innerhalb der Grenzen des § 7 Abs. 1 S. 1 Nr. 1 SGB II i.V.m. § 7a SGB II liegt, der außerdem erwerbsfähig und hilfebedürftig ist (§§ 7 Abs. 1, 19 Abs. 1 S. 1 SGB II), seinen gewöhnlichen Aufenthalt in der Bundesrepublik hat und der nicht die Voraussetzungen für einen Leistungsausschluss erfüllt.

Jürgen ist 49 Jahre alt. Sein Lebensalter liegt damit innerhalb der durch § 7 Abs. 1 S. 1 Nr. 1 SGB II i.V.m. § 7a SGB II gesetzten Grenzen, die von der Vollendung des 15. Lebensjahres bis zur Vollendung des 67. Lebensjahres reichen.

Aufgrund Jürgens Berufstätigkeit und mangels entgegensprechender Anhaltspunkte ist zu unterstellen, dass er erwerbsfähig im Sinne des § 7 Abs. 1 S. 1 Nr. 2 SGB II i.V.m. § 8 Abs. 1 SGB II ist.

---

44 BSG 09.06.2011, B 8 SO 20/09, Rn. 20; BSG 25.04.2013, B 8 SO 8/12 R, Rn. 20.

Jürgen müsste zudem hilfebedürftig sein (§ 7 Abs. 1 S. 1 Nr. 3 SGB II). Hilfebedürftig ist nach der Legaldefinition des § 9 Abs. 1 SGB II, wer seinen Lebensunterhalt nicht oder nicht ausreichend aus dem zu berücksichtigenden Einkommen oder Vermögen sichern kann und die erforderliche Hilfe nicht von anderen erhält. Nicht nur das Einkommen und Vermögen des Antragstellers, sondern auch das Einkommen und Vermögen des Partners sind zu berücksichtigen, sofern dieser zur Bedarfsgemeinschaft des Antragstellers gehört (§ 9 Abs. 2 S. 1 SGB II). Da Stefan Jürgens Partner einer eingetragenen Lebenspartnerschaft ist und von ihm nicht dauerhaft getrennt lebt, zählt er zu dessen Bedarfsgemeinschaft (§ 7 Abs. 3 Nr. 3 Buchst. b SGB II), so dass Stefans Einkommen und Vermögen bei der Beantwortung der Frage, ob Jürgen hilfebedürftig ist, grundsätzlich ebenfalls zu berücksichtigen ist. Dass Stefan aufgrund seiner dauerhaften vollen Erwerbsminderung nicht SGB II-Leistungsberechtigter sein kann, spielt hierbei keine Rolle, da der Gesetzgeber die Leistungsberechtigung nicht zum Tatbestandsmerkmal für eine Bedarfsgemeinschaft erhoben hat. Man spricht hier von einer **gemischten Bedarfsgemeinschaft**.

Zunächst ist Jürgens Lebensunterhaltsbedarf zu prüfen.

Jürgens Regelbedarf zur Sicherung des Lebensunterhalts beträgt nach § 20 Abs. 1, 4, 5 SGB II i.V.m. § 8 Abs. 1 Nr. 2 RBEG **368 Euro** (ab 1.1.2018 374 Euro), da er als erwachsene Personen in derselben Wohnung mit seinem Lebenspartner zusammenlebt (Regelbedarfsstufe 2).

Anhaltspunkte für Mehrbedarfe (§ 21 SGB II) oder für Bedarfe nach §§ 24 bis 28 SGB II sind nicht erkennbar.

Der angemessene Unterkunfts- und Heizungsbedarf (§ 22 SGB II) wird im Recht der Grundsicherung für Arbeitsuchende grundsätzlich ebenso ermittelt wie nach § 30 SGB XII im Sozialhilferecht; auch das Kopfzahlverfahren findet Anwendung. Damit beträgt der bei Jürgen zu berücksichtigende Unterkunfts- und Heizungsbedarf **430 Euro**.

Jürgens Gesamtbedarf, d.h. die Summe seiner zu berücksichtigenden Bedarfe, beläuft sich auf (368 Euro zzgl. 430 Euro =) **798 Euro** (ab 1.1.2018 804 Euro). Um zu ermitteln, ob Jürgen Anspruch auf Arbeitslosengeld II hat, ist dieser Gesamtbedarf in einem ersten Schritt seinem Einkommen und Vermögen gegenüberzustellen.

Das Bundessozialgericht definiert Einkommen i.S.d. § 11 Abs. 1 S. 1 SGB II grundsätzlich alles das, was jemand nach der Antragstellung wertmäßig dazu erhält, wobei vom Zeitpunkt des tatsächlichen Zuflusses auszugehen ist, es sei denn, rechtlich wird ein anderer Zeitpunkt als maßgeblich bestimmt (modifizierte Zuflusstheorie; vgl. BSG 10.8.2016, B 14 AS 51/15 R, Rn. 15). Da der Antrag auf den Ersten des Antragsmonats zurückwirkt (§ 37 Abs. 2 S. 2 SGB II) und seit 1. August 2016 Zuflüsse bestimmter Geldeswerte als Vermögen zu berücksichtigen sind, ist nunmehr Einkommen Geld oder Geldeswert, der im Zusammenhang mit einer Erwerbstätigkeit oder einem Bundes- bzw. Jungendfreiwilligendienst erbracht wird, die seit dem Ersten des Antragsmonats während des Bewilligungszeitraums zufließen. Jürgen erhält in Monat der Antragstellung und voraussichtlich in jedem weiteren Monat während des Bewilligungszeitraums Gehalt aus Erwerbstätigkeit in Höhe von **1.700 Euro** brutto. Zwar ist nach § 2 Abs. 1 Alg II-VO bei der Berechnung des Einkommens aus nichtselbständiger Arbeit grundsätzlich von den Bruttoeinnahmen auszugehen, diese sind jedoch nach Maßgabe des § 11b SGB II i.V.m. § 6 Alg II-VO zu bereinigen, d.h. es sind die dort durch den Gesetzgeber vorgesehenen Abzüge vorzunehmen. Hierzu gehören zunächst die **Beiträge zur Sozialversicherung**, die bei Jürgen in Höhe von **353,18 Euro** anfallen (§ 11b Abs. 1 S. 1 Nr. 2 SGB II).

Es ist nicht bekannt, ob Jürgen **Beiträge zu** öffentlichen bzw. privaten **Versicherungen** – z.B. einer Hausrat- oder Haftpflichtversicherung – oder vergleichbaren Einrichtungen im Sinne des § 11b Abs. 1 Nr. 3 SGB II zu zahlen hat. § 6 Abs. 1 Nr. 1 Alg II-VO bestimmt unabhängig davon, ob entsprechende Beitragsverpflichtungen bestehen, bei volljährigen Leistungsberechtigten eine pauschale Abgeltung vom Einkommen in Höhe von **30 Euro monatlich.** Ebenfalls abzusetzen sind die mit der Erzielung des Einkommens verbundenen notwendigen Ausgaben (§ 11b Abs. 1 Nr. 5 SGB II). Um das Erwerbseinkommen erzielen zu können, ist Jürgen auf die **Nutzung öffentlicher Verkehrsmittel** angewiesen, für die er monatlich **74,90 Euro** aufwenden muss. Dieser Betrag ist nach § 11b Abs. 1 S. 1 Nr. 5 SGB II als mit der Erzielung des Einkommens verbundene notwendige Ausgabe ebenfalls grundsätzlich vom Erwerbseinkommen abzusetzen. Die pauschale Absetzung nach § 6 Abs. 1 Nr. 5 Alg II-V kommt nur bei Benutzung eines Kraftfahrzeugs in Betracht; da Jürgen kein Kraftfahrzeug, sondern öffentliche Verkehrsmittel für den Weg zu seiner Arbeitsstelle benutzt, werden die für die günstigste Monatskarte anfallenden tatsächliche Kosten berücksichtigt. Die **Summe** der nach § 11b Abs. 1 S. 1 Nr. 3 und Nr. 5 SGB zu berücksichtigenden Positionen beträgt **104,90 Euro.** § 11b Abs. 2 S. 1 SGB II bestimmt bei erwerbsfähigen, erwerbstätigen Leistungsberechtigten eine pauschale Abgeltung der nach § 11b Abs. 1 S. 1 Nr. 3 bis 5 SGB II anfallenden Absetzungen in Höhe von **100 Euro (Grundfreibetrag).** Der Grundfreibetrag ersetzt die Summe der nach § 11b Abs. 1 S. 1 Nr. 3 und Nr. 5 SGB II absetzbaren Beträge nicht nur dann, wenn er höher als diese ist, sondern auch, wenn er geringer ist. Eine solche Begrenzung der Absetzungspositionen findet jedoch nach § 11b Abs. 2 S. 2 SGB II nicht statt, wenn das monatliche Einkommen aus Erwerbstätigkeit 400 Euro übersteigt. Jürgens Einkommen beträgt 1.700 Euro und übersteigt somit den Grundfreibetrag, so dass nicht die Pauschale in Höhe von 100 Euro, sondern die Summe der nach § 11b Abs. 1 S. 1 Nr. 3 bis 5 SGB II i.V.m. § 6 Abs. 1 Nr. 1 Alg II-V ermittelten Beträge in Höhe von **104,90 Euro** abgesetzt wird.

Abzusetzen sind zudem nach § 11b Abs. 1 S. 1 Nr. 7 SGB II Jürgens Aufwendungen zur Erfüllung seiner Unterhaltspflicht gegenüber seinem minderjährigen Kind, zu denen er sich durch notariellen Vertrag verpflichtet hat (**350 Euro**). Als **Anreiz**, eine **Erwerbstätigkeit** aufzunehmen oder – wie hier – aufrecht zu erhalten, bestimmt § 11b Abs. 3 SGB II eine weitere Absetzungsposition für erwerbstätige Leistungsberechtigte. Demnach ist von dem Teil des monatlichen Einkommens, der 100 Euro übersteigt und nicht mehr als 1.000 Euro beträgt, 20 vom Hundert abzusetzen, für den darüber hinausgehenden Teil des Einkommens – bis zu einem Höchstbetrag von 1.200 Euro bzw. 1.500 Euro, sofern der Leistungsberechtigte ein minderjähriges Kind hat oder mit einem minderjährigen Kind in Bedarfsgemeinschaft lebt – sind weitere 10 vom Hundert abzusetzen. Maßstab für die Höhe der Absetzung ist das Bruttoeinkommen des Leistungsberechtigten ohne Berücksichtigung von Absetzungspositionen des § 11b Abs. 1 und 2 SGB II, da der Gesetzgeber den Begriff „Einkommen" auch an anderer Stelle – so in § 11 Abs. 1 S. 1 SGB II und in § 11b Abs. 1 S. 1 SGB II – als entsprechendes Bruttoeinkommen verstanden hat.

Jürgen verfügt über ein Bruttoeinkommen in Höhe von 1.700 Euro, von dem in einem ersten Schritt aus der Differenz zwischen 1.000 Euro und 100 Euro (= 900 Euro) 20 vom Hundert, d.h. 180 Euro abgesetzt werden. In einem zweiten Schritt sind von dem darüberhinausgehenden Teil des Einkommens bis zu einem Betrag von 1.500 Euro (= 500 Euro) – Jürgen lebt zwar nicht mit einem minderjährigen Kind in Bedarfsgemeinschaft, erfüllt aber die alternative Tatbestandsvoraussetzung des § 11b Abs. 3 S. 3 SGB II „die mindestens ein minderjähriges Kind haben" -, werden

weitere 10 vom Hundert, d.h. 50 Euro abgesetzt. Der als Arbeitsanreiz zu berücksichtigende Absetzungsbetrag beläuft sich für Jürgen also auf insgesamt (180 Euro
zzgl. 50 Euro =) **230 Euro**.

Das zu berücksichtigende Einkommen mindert sich somit unter Berücksichtigung
sämtlicher Absetzungspositionen (353,18 Euro, 104,90 Euro, 350,00 Euro, 230,00
Euro) auf **661,92 Euro**.

Jürgens Lebensunterhaltsbedarf in Höhe von 798 Euro wird durch sein zu berücksichtigendes Einkommen in Höhe von 661,92 Euro nicht sichergestellt. Es verbleibt
ein ungedeckter Bedarfsrest in Höhe von **136,08 Euro** (ab 1.1.2018 142,08 Euro).

Dieser Bedarfsrest kann auch nicht durch die Verwertung eigenen Vermögens aufgefangen werden. Zum Vermögen zählen nach § 12 Abs. 1 SGB II alle verwertbaren
Vermögensgegenstände. Als Reflex des Zuflussprinzips gehören hierzu Geld und
Geldeswert, die bereits vor Antragstellung beim Antragsteller vorhanden waren und
rechtlich und tatsächlich verwertbar sind, außerdem Zuflüsse während des Bedarfszeitraums, die weder mit Erwerbstätigkeit noch Bundes- oder Jugendfreiwilligendienst zusammenhängen (arg. ex § 11 Abs. 1 S. 2 SGB II). Jürgen verfügte bei Beginn des Bedarfszeitraums über eine Wohnungseinrichtung, die in seinem Miteigen-
tum stand. Da diese als einfach und schlicht beschrieben wird, ist sie für eine Person, die SGB II-Leistungen beantragt, als angemessen anzusehen und somit nach
§ 12 Abs. 3 S. 1 Nr. 1 SGB II vom Vermögenseinsatz ausgenommen. Weiteres Vermögen ist nicht vorhanden.

Da Jürgen mit Stefan in einer (gemischten) Bedarfsgemeinschaft lebt, sind grund-
sätzlich auch Stefans Einkommen und Vermögen heranzuziehen, soweit es dessen
Lebensunterhaltsbedarf übersteigt. Lebensunterhaltsbedarf, Einkommen und Vor-
mögen sind hier nach dem SGB II, nicht nach dem SGB XII zu ermitteln.[45] Stefans
Regelbedarf beträgt nach § 20 Abs. 1, 4, 5 SGB II i.V.m. § 8 Abs. 1 Nr. 2 RBEG **368
Euro** (Regelbedarfsstufe 2, ab 1.1.2018 374 Euro). Darüber hinaus wird ein Mehrbe-
darf in Höhe von 17 Prozent seines Regelbedarfs (**62,56 Euro**; ab 1.1.2018 63,58
Euro) berücksichtigt, da Stefan nicht erwerbsfähig, voll erwerbsgemindert nach dem
SGB VI und Inhaber eines Ausweises nach § 69 Abs. 5 SGB IX mit dem Merkzeichen
G ist (§ 23 Nr. 4 SGB II). Der angemessene Unterkunfts- und Heizungsbedarf (§ 22
SGB II) beträgt, wie bei Jürgen festgestellt, **430 Euro**. Stefans Gesamtbedarf beläuft
sich auf **860,56 Euro** (ab 1.1.2018 867,58 Euro).

Während des Bedarfszeitraums fließt Stefan Rente aus der gesetzlichen Rentenversicherung in Höhe von **442,51 Euro** zu. Die Berücksichtigung dieser Rente als Einkommen ist nicht nach § 11a SGB II ausgeschlossen. Abzusetzen sind die Beiträge
zur gesetzlichen Sozialversicherung (§ 11b Abs. 1 S. 1 Nr. 2 SGB II). Bei dem Rentenbetrag handelt es sich bereits um den um Sozialversicherungsbeiträge verminderten
Auszahlungsbetrag. Stefans Lebensunterhaltsbedarf nach dem SGB II in Höhe von
860,56 Euro (ab 1.1.2018 867,58 Euro) wird durch sein Einkommen (442,51 Euro)
nicht sichergestellt, so dass ein Einkommensüberschuss, der Jürgen angerechnet
werden könnte, nicht vorliegt.

Stefan verfügt aber über Vermögen in Höhe von 12.252,22 Euro, da ihm dieser Betrag bereits zu Beginn des Bedarfszeitraums rechtlich und tatsächlich verwertbar zur
Verfügung stand. Die Prüfung Stefans eigenen Anspruchs auf Lebensunterhaltsleistungen nach dem SGB XII ergab, dass er über ein Überschussvermögen in Höhe von
2.252,22 Euro verfügt. Es stellt sich die Frage, ob dieser Betrag Jürgen als Vermö-

---

45   BSG 09.06.2011, B 8 SO 20/09, Rn. 20; BSG 25.04.2013, B 8 SO 8/12 R, Rn. 20.

gen angerechnet werden darf. Rechnete man diesen Betrag auf Jürgens Leistungsanspruch an, so stünde er rechtlich schlechter, als wenn er mit einem nicht von
SGB II-Leistungen ausgeschlossenen Partner zusammenlebte. In diesem Fall wäre
vom Vermögen ein Grundfreibetrag in Höhe von 150 Euro je vollendetem Lebensjahr
für jede in der Bedarfsgemeinschaft lebende volljährige Person und ihren Partner,
mindestens aber jeweils 3.100 Euro (§ 12 Abs. 2 S. 1 Nr. 1 SGB II), abzusetzen. Der
Höchstabsetzungsbetrag beliefe sich nach § 12 Abs. 2 S. 2 Nr. 3 SGB II auf jeweils
10.050 Euro. Jürgen und Stefan sind 49 Jahre alt, so dass für sie jeweils ein Grundfreibetrag in Höhe von 7.350 Euro anzusetzen wäre. Dieser Betrag läge innerhalb der
durch Mindest- und Höchstbetrag gezeichneten Grenzen, so dass sie gemeinsam
über einen Grundfreibetrag in Höhe von 14.700 Euro verfügten. Darüber hinaus wäre
jeweils ein Freibetrag für notwendige Anschaffungen in Höhe von 750 Euro (gemeinsam 1.500 Euro) zu berücksichtigen. Somit würde der nach § 12 Abs. 2 SGB II abzu-
setzende Vermögensfreibetrag insgesamt (14.700 Euro zzgl. 1.500 Euro =) 16.200
Euro betragen, so dass Stefans Vermögen in Höhe von 12.252,22 Euro unterhalb
des geschützten Vermögensfreibetrags liegen würde. Dass Jürgens Anspruch auf
Arbeitslosengeld II von dem Zufall abhängt, ob sein Lebenspartner zum leistungsberechtigten Personenkreis des SGB XII oder dem des SGB II zugehört, hat seinen
Grund darin, dass der Gesetzgeber es versäumt hat, die Leistungssysteme des
SGB II und SGB XII aneinander anzupassen. Besonderheiten, die sich aus dem Regelungskonzept des SGB II ergeben, ist mit Hilfe der Härteregelungen Rechnung zu
tragen.[46] Jürgen Leistungen zu versagen, weil ihm Vermögen seines Lebenspartners
angerechnet wird, das ihm nicht angerechnet würde, wenn dieser zum leistungsberechtigten Personenkreis des SGB II gehört, stellt eine besondere Härte im Sinne
des § 12 Abs. 3 S. 1 Nr. 6 SGB II dar. Stefans Sparguthaben ist somit nicht als Vermögen zu berücksichtigen.

Somit verfügt Stefan lediglich über Einkommen in Höhe von 442,51 Euro, das allerdings unterhalb seines Lebensunterhaltsbedarfs von 798 Euro (ab 1.1.2018 804 Euro) liegt. Deckt das eigene Einkommen eines von Arbeitslosengeld II ausgeschlossenen Partners einer gemischten Bedarfsgemeinschaft dessen Lebensunterhaltsbedarf
nicht, so darf es nicht in die Berechnung nach § 9 Abs. 2 S. 3 SGB II einbezogen
werden. Somit wird Stefans Einkommen bei der Ermittlung Jürgens Leistungsanspruch nicht berücksichtigt.

Da somit weder Stefans Einkommen noch dessen Vermögen berücksichtigt werden,
verbleibt bei Jürgen ein nicht sichergestellter Lebensunterhaltsbedarf in Höhe
136,08 Euro (ab 1.1.2018 142,08 Euro).

Da kein Anhaltspunkt für einen Leistungsausschluss erkennbar ist, hat **Jürgen einen
Anspruch auf Arbeitslosengeld II in Höhe von 136,08 Euro** (ab 1.1.2018 142,08
Euro).

Oben wurde festgestellt, dass Stefan keinen Anspruch auf Leistungen der Grundsicherung im Alter und bei Erwerbsminderung nach §§ 19 Abs. 2, 41 SGB XII hat, da
sein Vermögen höher ist als der sozialhilferechtliche Vermögensfreibetrag. Zugleich
wurde im Rahmen der Prüfung der SGB II-Ansprüche von Jürgen inzident festgestellt, dass Stefans Vermögen nach Maßgabe des § 12 SGB II nicht zu berücksichtigen ist. Somit stellt sich die Frage, ob Stefan Anspruch auf Leistungen zur Sicherung des Lebensunterhalts nach Maßgabe des SGB II hat.

---

46   BSG, Urt. v. 20.09.2012, B 8 SO 13/11 R unter Verweis auf BSGE 108, 241 ff. Rn. 20 und 24.

Ein Anspruch auf Arbeitslosengeld II kommt nicht in Betracht, weil Stefan dauerhaft voll erwerbsgemindert und somit nicht erwerbsfähig im Sinne des § 19 Abs. 1 S. 1 SGB II i.V.m. § 7 Abs. 1 Nr. 2 SGB II i.V.m. § 8 SGB II ist. Stefan könnte allerdings Anspruch auf **Sozialgeld** haben. Hierzu müsste Stefan als nicht erwerbsfähiger Leistungsberechtigter mit einem erwerbsfähigen Leistungsberechtigten in einer Bedarfsgemeinschaft leben und keinen Anspruch auf Leistungen nach dem Vierten Kapitel des SGB XII, d.h. nach § 19 Abs. 2 SGB XII i.V.m. §§ 41 ff. SGB XII haben. Stefan ist nicht erwerbsfähig und lebt mit dem erwerbsfähigen Jürgen in einer Bedarfsgemeinschaft (§ 7 Abs. 3 Nr. 3 Buchst. b SGB II). Er gehört grundsätzlich zum leistungsberechtigten Personenkreis, da er seinen Lebensmittelpunkt (Wohnung, Lebenspartner) und somit seinen gewöhnlichen Aufenthalt im Sinne des § 30 Abs. 3 S. 2 SGB I im Inland hat, und keinen Ausschlusstatbestand nach § 7 Abs. 4 bis 5 SGB II erfüllt.

Da Stefans Einkommen (442,51 Euro) unterhalb seines Lebensunterhaltsbedarfs (860,56 Euro; ab 1.1.2018 867,58 Euro) liegt, und sein Vermögen auch unter Heranziehung des § 12 SGB II nicht berücksichtigt wird, hat er einen Anspruch auf Sozialgeld in Höhe der Differenz zwischen Lebensunterhaltsbedarf und Einkommen. Stefans **Anspruch auf Sozialgeld** beläuft sich auf **418,05 Euro** (ab 1.1.2018 425,07 Euro).

Jürgen hat Anspruch auf Arbeitslosengeld II in Höhe von 131,18 Euro (ab 1.1.2018 142,08 Euro) ab dem Ersten des Antragsmonats, d.h. ab dem 1. Juni 2017 (§ 37 Abs. 2 S. 2 SGB II), Stefan hat ab demselben Zeitpunkt Anspruch auf Sozialgeld in Höhe von 418,05 Euro ab 1.1.2018 425,07 Euro).

13. Fall: Roland

Wenige Wochen, bevor Rolands Anspruch auf Arbeitslosengeld endet, begibt er sich zum zuständigen Jobcenter seiner Heimatstadt – einer gemeinsamen Einrichtung i.S.d. §§ 6 i.V.m. 44b SGB II – und beantragt Arbeitslosengeld II. Bei einem Folgetermin, der wenige Tage später stattfindet, legt der zuständige Sachbearbeiter Roland ein mit „Eingliederungsvereinbarung" überschriebenes Dokument vor. Der Text des Dokumentes lautet:

„In Kenntnis meiner gesetzlichen Verpflichtung (§ 2 Abs. 1 S. 2 SGB II, § 15 SGB II) zum Abschluss einer Eingliederungsvereinbarung treffe ich mit dem Jobcenter der Stadt L.-Stadt folgende Vereinbarung:

1. Ich verpflichte mich dazu, mich auf jedes zumutbare Jobangebot zu bewerben, das mir durch das Jobcenter L.-stadt übermittelt wird.
2. Ich verpflichte mich dazu, jede zumutbare Arbeit aufzunehmen, die mir von Arbeitgebern angeboten wird.
3. Ich verpflichte mich dazu, mich in jedem Kalendermonat auf mindestens 10 zumutbare und meinen beruflichen Qualifikationen und persönlichen Fähigkeiten entsprechende Berufstätigkeiten schriftlich zu bewerben. Bei der Auswahl der Arbeitgeber werde ich mich an Stellenausschreibungen, die ich im Internet oder in überregionalen Tageszeiten suchen werde, orientieren oder mich aus eigener Initiative bei geeigneten potentiellen Arbeitgebern bewerben.
4. Das Jobcenter L.-stadt verpflichtet sich, mir zeitnah Angebote für Fortbildungen zu den Themen
   – „Wie bewerbe ich mich richtig?"
   und

– „Textverarbeitung mit Word für Fortgeschrittene"

zu übermitteln und die Kosten für die Fortbildungen und die zur Teilnahme erforderlichen Fahrtkosten zu übernehmen. Im Gegenzug verpflichte ich mich dazu, an den Fortbildungen teilzunehmen und alles zu unterlassen, was einem erfolgreichen Abschluss der Fortbildungen entgegensteht, d.h. insbesondere verpflichte ich mich zum pünktlichen Erscheinen, Einhalten der Pausenzeiten und Nichtstören der Fortbildungsveranstaltungen.

Diese Eingliederungsvereinbarung wird am (Datum) für die Dauer von sechs Monaten geschlossen." Es folgt eine ausführliche und verständliche schriftliche Belehrung über die Rechtfolgen eines Verstoßes gegen die in der Eingliederungsvereinbarung geregelten Pflichten.

Der Sachbearbeiter erklärt dem 40jährigen Roland, dass die aufgeführten Fortbildungen durch die zuständige Fachabteilung nach der Überprüfung und Analyse seines Lebenslaufes, insbesondere seiner Berufsausbildung und seines weiteren beruflichen Werdeganges, als der geeignete erste Einstieg in die berufliche Eingliederung ausgewählt worden sei. Man plane, ihm anschließend weitere Fortbildungen anzubieten, die spezielle berufliche Kenntnisse erweiterten. Darüber hinaus weist er ihn zutreffend auf die Rechtslage hin, insbesondere darauf, dass die in der Eingliederungsvereinbarung enthaltenen Verpflichtungen nach § 15 Abs. 1 S. 6 SGB II durch Verwaltungsakt geregelt werden sollen, sofern Roland die Eingliederungsvereinbarung nicht unterzeichnet oder die Eingliederungsvereinbarung aus anderen Gründen nicht zustande kommt. Auf die Frage, ob Roland andere Fortbildungsmaßnahmen für besser geeignet hält, schüttelt dieser den Kopf, greift zu einem Kugelschreiber und setzt seine Unterschrift an das Ende der Vereinbarung. Auch der Sachbearbeiter unterzeichnet im Auftrag des Jobcenters.

Vier Monate später befindet sich Roland bereits im SGB II-Leistungsbezug. Er erhält Arbeitslosengeld II in Höhe von 909 Euro, das sich aus dem Regelbedarf (409 Euro; ab 1.1.2018 416 Euro) und dem Unterkunftsbedarf (500 Euro Warmmiete) zusammensetzt, und hat die beiden Fortbildungen erfolgreich absolviert. Auf 60 Bewerbungen, die er im ersten Monat des Leistungsbezugs schriftlich und per E-Mail an unterschiedliche Arbeitgeber gerichtet hat, hat er nicht einmal eine einzige Antwort erhalten. Völlig frustriert unterlässt er daraufhin weitere Bewerbungen. Bei einem Besprechungstermin im Juni 2017 erklärt Roland dem Sachbearbeiter, dass er nach März 2017 keine Bewerbungen mehr vorgenommen habe und sich auch weigere, dies noch einmal in Angriff zu nehmen, da er Bewerbungen für zwecklos halte. Wenige Tage später erhält Roland per Post ein ordnungsgemäßes Anhörungsschreiben, das ihm wegen des Verstoßes gegen die in der Eingliederungsvereinbarung geregelte Pflicht zu zehn Bewerbungen im Monat eine Minderung des Arbeitslosengeld II um 30 vom Hundert angekündigt und ihm zugleich Gelegenheit zur Stellungnahme innerhalb von drei Wochen einräumt. Roland antwortet hierauf innerhalb der ihm gesetzten Frist:

„Ich habe kein Geld für schriftliche Bewerbungen. Wenn Ihr wollt, dass ich mich weiterhin schriftlich bewerbe, gebt mir gefälligst mehr Geld." Nach Ablauf der Anhörungsfrist erlässt das Jobcenter am 16. Juni 2017 einen Verwaltungsakt, der feststellt, dass der Anspruch auf Arbeitslosengeld II ab 1. Juli 2017 bis 30. September 2017 um 122,70 Euro auf 786,30 Euro vermindert ist. Zur Begründung wird vorgetragen, Roland habe die Kosten für die Bewerbungen aus dem Regelsatz zu leisten. Im Übrigen enthält die Begründung dieselben tatsächlichen und rechtlichen Argumente, die in der Anhörung genannt waren.

Roland erhebt Widerspruch gegen die Minderung.

1. Darf der Minderungsbescheid vollzogen werden, obwohl Roland Widerspruch erhoben hat?
2. Ist der Widerspruch begründet?

Lösungsvorschlag

1. Der Minderungsbescheid dürfte nicht vollzogen werden – anders ausgedrückt: Die Vollziehbarkeit des Verwaltungsaktes wäre gehemmt -, wenn der Widerspruch aufschiebende Wirkung hätte. Ein Anfechtungswiderspruch hat nach § 86a Abs. 1 S. 1 SGG grundsätzlich aufschiebende Wirkung, sofern diese nicht gesetzlich ausgeschlossen wurde.

Es kann dahinstehen, ob der durch die gemeinsame Einrichtung – die durch den kommunalen Träger und die Bundesagentur für Arbeit gebildet wurde (§ 44b Abs. 1 S. 1 SGB II) – erlassene Verwaltungsakt ein Verwaltungsakt der Bundesagentur für Arbeit im Sinne des § 86a Abs. 2 Nr. 2 SGG ist, der eine laufende Leistung herabsetzt, ist, da jedenfalls § 86a Abs. 2 Nr. 4 SGG i.V.m. § 39 Nr. 1 SGB II die aufschiebende Wirkung eines Widerspruchs ausschließt.

Da der Widerspruch keine aufschiebende Wirkung hat, darf der die Minderung feststellende Verwaltungsakt vollzogen werden.

2. Der Widerspruch wäre begründet, wenn der die Minderung des Regelbedarfs feststellende Verwaltungsakt formell oder materiell rechtswidrig wäre.

Der Verwaltungsakt vom 16. Juni 2017 ist formell rechtmäßig, insbesondere ist Roland vor dem Erlass ordnungsgemäß angehört worden. Die Anhörung war nach § 24 Abs. 1 SGB X geboten, da beabsichtigt war, in die durch den Alg II-Bewilligungsbescheid begründete Rechtsposition einzugreifen, und die gesetzlichen Voraussetzungen für ein Absehen von der Anhörung nach § 24 Abs. 2 SGB X nicht erfüllt waren. Das Anhörungsschreiben führte die tatsächlichen und rechtlichen Gründe auf, auf die das Jobcenter die geplante Entscheidung stützen wollte, so dass sie Roland die durch § 24 Abs. 1 SGB X bezweckte Möglichkeit der Einflussnahme auf die angekündigte Entscheidung eröffnete. Da die Angelegenheit weder besondere tatsächliche noch besondere rechtliche Schwierigkeiten aufwies und Roland auch keine Tatsachen vortrug, die geeignet waren eine längere Anhörungsfrist auszulösen, erscheinen drei Wochen zur Stellungnahme ausreichend.

Der Verwaltungsakt wäre materiell rechtmäßig, wenn die Minderung des Anspruchs auf Arbeitslosengeld II um 30 Prozent auf einer gesetzlichen Grundlage erfolgt wäre. Als Rechtsgrundlage kommt § 31a Abs. 1 S. 1 SGB II in Betracht, da dieser als Rechtsfolge die eine Minderung feststellende Regelung – konkret eine Minderung des Arbeitslosengeld II um 30 Prozent des maßgebenden Regelbedarfs – bestimmt. Diese Minderung tritt, wie § 31b S. 1 SGB II verdeutlicht, kraft Gesetzes ein und wird durch Verwaltungsakt, der zugleich den ursprünglichen Bewilligungsbescheid nach § 48 SGB X abändert, festgestellt.

§ 31a Abs. 1 S. 1 SGB II setzt eine Pflichtverletzung nach § 31 SGB II voraus. Gemäß § 31 Abs. 1 S. 1 Nr. 1 SGB II verletzen erwerbsfähige Leistungsberechtigte ihre Pflichten, wenn sie sich trotz schriftlicher Belehrung über die Rechtsfolgen oder deren Kenntnis weigern, in der Eingliederungsvereinbarung – oder in einem diese ersetzenden Verwaltungsakt – festgelegte Pflichten zu erfüllen, insbesondere in ausreichendem Umfang Eigenbemühungen nachzuweisen. In der Eingliederungsvereinbarung hatte sich Roland zu mindestens zehn Bewerbungen im Monat verpflichtet. Obwohl er schriftlich über die Rechtsfolgen einer Verletzung dieser Pflicht belehrt worden war, hat seit April 2017 keine Bewerbungen mehr vorgenommen.

Ein wichtiger Grund, die Bewerbungen zu unterlassen, der eine Pflichtverletzung im Sinne des § 31 Abs. 1 S. 2 SGB II ausschließen würde, liegt nicht vor. Der Umstand, dass bereits 60 Bewerbungen erfolglos waren, rechtfertigt es nicht, weitere Bewerbungen zu unterlassen. Die persönliche Enttäuschung hierüber hebt die Eingliederung des erwerbsfähigen Leistungsberechtigten in den Arbeitsmarkt, die eines der primären Ziele des SGB II ist, und die Pflicht zu Eigenbemühungen um eine Erwerbstätigkeit nicht auf, zumal eine Aufnahme einer Erwerbstätigkeit weiterhin möglich erscheint. Der Misserfolg der bisherigen Bewerbungen kann unterschiedliche Ursachen haben (Arbeitsmarkt, aktuell fehlende freie Stellen bei den kontaktierten Unternehmen u.s.w.), er ist keineswegs sicherer Anhaltspunkt für einen zukünftigen Misserfolg. Bereits die nächste Bewerbung – sogar bei einem bereits in der Vergangenheit erfolglos kontaktierten Unternehmen – könnte Erfolg haben.

Die im Bescheid vom 16. Juni 2017 festgestellte Minderung des Regelbedarfs erfolgte in dem durch § 31 Abs. 1 S. 1 SGB II vorgesehenen Umfang von 30 Prozent des maßgebenden Regelbedarfs – 30 Prozent von 409 Euro = 122,70 Euro – und für den durch § 31b Abs. 1 S. 1 und 3 SGB II bestimmten Zeitraum von drei Monaten, beginnend mit dem Kalendermonat, der auf das Wirksamwerden des Feststellungsbescheids folgt, d.h. von Juli bis September 2017.

Gleichwohl wäre der Verwaltungsakt rechtswidrig, wenn die Eingliederungsvereinbarung selbst unwirksam wäre. In diesem Fall begründete die Eingliederungsvereinbarung keine Obliegenheiten, gegen die Roland verstoßen mit der Rechtsfolge einer Minderung seines Regelbedarfs verstoßen könnte. Die Wirksamkeit der Eingliederungsvereinbarung richtet sich nach § 40 Abs. 1 S. 1 SGB II i.V.m. §§ 53 ff. SGB X, da eine Eingliederungsvereinbarung ihrer Rechtsnatur nach ein öffentlich-rechtlicher Vertrag in Form eines subordinationsrechtlichen Austauschvertrags ist.

Ein öffentlich-rechtlicher Vertrag ist infolge der von Roland und dem im Auftrag der Behörde handelnden Sachbearbeiters abgegebenen, inhaltlich übereinstimmenden Willenserklärungen (§ 61 S. 2 SGB X i.V.m. §§ 145 ff. BGB) zustande gekommen. Auch das zwingende Schriftformerfordernis des § 56 SGB X wurde eingehalten.

Fraglich ist jedoch, ob die Eingliederungsvereinbarung wegen eines qualifizierten Rechtsverstoßes gegen ein gesetzliches Verbot nichtig ist. Dies käme nach § 58 Abs. 1 SGB X i.V.m. § 134 BGB im Falle eines Formenmissbrauchs in Betracht, wenn lediglich der Anschein eines öffentlich-rechtlichen Vertrages erzeugt, tatsächlich aber durch das Jobcenter eine „verkappte" einseitige Regelung getroffen worden wäre. Für einen Formenmissbrauch spricht, dass die einzelnen durch Roland zu erfüllenden Obliegenheiten und damit der wesentliche Inhalt der Eingliederungsvereinbarung bereits bei Gesprächsbeginn vorbereitet und vorformuliert waren, so dass nach diesen äußeren Umständen der Eindruck entsteht, die Obliegenheiten seien von Rolands Willen und Einfluss unabänderlich. Dass die konkret vorformulierten Obliegenheiten auf der Grundlage einer Potentialanalyse, die Rolands Lebenslauf und beruflichen Werdegang berücksichtigte, erfolgten und dem Zweck des § 15 Abs. 1 SGB II entsprechen, für den Leistungsberechtigten aufgrund seiner Eignung, Neigung und persönlichen Lebenssituation passende, „maßgeschneiderte" Eingliederungsmaßnahmen zu finden, die seine Eingliederung in Arbeit befördern, rechtfertigt keinesfalls die Schlussfolgerungen, dass Roland ohnehin von sich aus bestrebt gewesen sei, die durch das Jobcenter konkret ausgesuchten Maßnahmen – Bewerbungsaktivitäten und Fortbildungen – zum Inhalt der Eingliederungsvereinbarung zu machen. Eine antizipierte Zustimmung zu aus objektiver Sicht günstigen oder eine Eingliederung befördernden Eingliederungsmaßnahmen anzunehmen, widerspricht dem Wesen einer Vereinbarung und dem Ziel des § 15 SGB II, den Leistungsempfänger gerade durch seine persönliche Einbindung und Zustimmung bei Eingliederungsmaßnahmen besonders zu motivieren. Gegen einen Formenmissbrauch spricht allerdings deutlich, dass der Sachbearbeiter des Jobcenters Rolands Wünsche in Hinblick auf Fortbildungen abfragte. Es ist kein Anhaltspunkt zu erkennen, der darauf schließen ließe, dass der Sachbearbeiter einen durch Roland formulierten Wunsch nicht ernsthaft in Betracht gezogen hätte. Von einer Unabänderlichkeit des vorformulierten Inhalts der Eingliederungsvereinbarung und einem „verkappten Verwaltungsakt", der Rolands Rechte einseitig „von oben nach unten" regelte, kann keine Rede sein. Die Eingliederungsvereinbarung ist nicht wegen Formenmissbrauchs nichtig.

Die Nichtigkeit der Eingliederungsvereinbarung ergibt sich aber aus § 58 Abs. 3 SGB X, weil sich das Jobcenter entgegen dem sogenannten Koppelungsverbot des § 58 Abs. 2 Nr. 4 SGB X von Roland eine nach § 55 SGB X unzulässige Gegenleistung versprechen ließ. Nach § 55 Abs. 1 S. 2 SGB X muss eine Gegenleistung, zu der sich ein Vertragspartner einer Behörde verpflichtet, den gesamten Umständen nach angemessen sein. Der 14. Senat des BSG hat es in einer Entscheidung vom 23.6.2016, B 14 AS 30/15 R, für unangemessen gehalten, in einer Eingliederungsvereinbarung einerseits eine mit der Sanktion einer Minderung des Arbeitslosengeldes II um 30 Prozent strafbewehrte Obliegenheit zu Bewerbungsbemühungen zu verlangen, andererseits aber die Kosten für die geforderten Bewerbungen – als mittelbare Obliegenheit – auf den Schultern des Leistungsempfängers zu belassen. Ein ausgewogenes Verhältnis der vertraglich festgelegten wechselseitigen Verpflichtungen bc stehe nur dann, wenn das Jobcenter zumindest dem Grunde nach die Übernahme der Kosten für die verlangten Bewerbungskosten zusage. Da das Jobcenter von Roland verschiedene mit Kosten verbundene Bewerbungsaktivitäten verlangte, sich aber nicht zur Übernahme der Kosten verpflichtete, ist die Eingliederungsvereinbarung insoweit nichtig. Da nicht anzunehmen ist, dass sich das Jobcenter ohne die von Roland verlangten Bewerbungsaktivitäten geweigert hätte, ihm die versprochenen Fortbildungen zu finanzieren, ist die Eingliederungsvereinbarung nach § 58 Abs. 3 SGB X nicht im Ganzen nichtig. Die Nichtigkeit beschränkt sich auf Ziffern 1 und 3 der Eingliederungsvereinbarung.

Infolge der Nichtigkeit der Eingliederungsvereinbarung ist die Grundlage für einen Verstoß von durch die Eingliederungsvereinbarung geregelten Pflichten weggefallen. Mit dem Wegfall einer Pflichtverletzung im Sinne des § 31 Abs. 1 Nr. 1 SGB II entfällt auch eine gesetzliche Minderung des Regelbedarfs nach § 31a Abs. 1 S. 1 SGB II. Da auch keine andere Ermächtigungsgrundlage zur Minderung des Regelbedarfs in Betracht kommt, ist der Widerspruch begründet.

B. Tipps und Ratschläge für gelungene Klausuren im Recht des SGB II und SGB XII

I. Vorbemerkungen

Haben Sie auch schon einmal erlebt, dass Sie viel gelernt und vermeintlich alles für die Prüfung Relevante gewusst hatten und doch eine persönlich enttäuschende Benotung erhielten, die in keinem angemessenen Verhältnis zur Dauer und Intensität der Vorbereitung und dem betriebenen Aufwand zu stehen schien? In den Rechtswissenschaften scheint dieses Phänomen nicht nur sehr häufig aufzutreten, es hat sogar den Anschein, eine besonders strenge Benotung habe seit unvordenklicher Zeit Tradition: Niemand kann sich erinnern, dass es jemals anders gewesen ist.

Gleichwohl zeigen gute und sehr gute Klausuren – auch wenn sie vergleichsweise selten sind -, dass es auch anders geht. Verfügen derart erfolgreiche Studierende über besondere, geradezu magische Fähigkeiten, die es ihnen ermöglichen, den Lernprozess richtig zu strukturieren, zu planen und sich sklavisch an Struktur und Plan zu halten? Vermögen Sie besser als andere, zu lernen und ihr angesammeltes Wissen innerhalb des Klausurprozesses umzusetzen?

Mir ist keine empirische Studie bekannt, die eine befriedigende Antwort hierauf gibt. Übrigens: Ich kenne die Antwort auch nicht. Meine über 20jährige Erfahrung als Korrektor hat mich allerdings gelehrt, dass sich gute juristische Klausuren nicht alleine durch das in ihnen dargelegte profunde juristische Wissen auszeichnen, sondern ebenso dadurch, dass sie Fehler in nichtjuristischen Bereichen vermeiden. Psychologie, Zeitmanagement, Effizienz, Präzision, Konzentrationsfähigkeit, Klausurtaktik und auch sprachliche Ausdrucksfähigkeit müssen stimmen. Außerdem benötigt man zum erfolgreichen Bestehen einer Klausur auch Glück. Glück haben kann man nicht vorbereiten und nicht planen. Anders ist es jedoch hinsichtlich der übrigen Voraussetzungen. Was dies in Hinblick auf die Erstellung einer juristischen Klausur – insbesondere einer sozialhilferechtlichen oder grundsicherungsrechtlichen Klausur – bedeutet, sollen die folgenden Tipps und Ratschläge verdeutlichen.

Der Aufbau der Tipps und Ratschläge ist, verglichen mit vielen anderen Ratgebern zum erfolgreichen juristischen Arbeiten, ungewöhnlich. Er folgt dem Ablauf der typischen Klausursituation. Die Tipps und Ratschläge beginnen in dem Moment, in dem der Klausurtext ausgeteilt wird und vor dem Studierenden liegt und enden mit der Abgabe der bearbeiteten Lösung. Zahlreiche Zitate aus Prüfungsklausuren sollen typische Fehler am praktischen Beispiel veranschaulichen.

Die hier vorgelegten Tipps und Ratschläge beanspruchen keine Allgemeingültigkeit. Sie sind geprägt von persönlichen Erfahrungen als Klausurersteller und Korrektor, sollen Lernende vor allem für Problembereiche sensibilisieren und ihnen dadurch helfen, typische Fehler zu vermeiden. Andere Autoren geben eventuell aufgrund ihrer eigenen, individuellen Erfahrungen andere Ratschläge. Testen Sie, welche Ratschläge sich bei *Ihnen* als nützlich erweisen. Nur darauf kommt es an.

II. Nach dem Austeilen des Klausurtextes

1. Lesen der Klausuraufgabe

Vor Ihnen liegt der soeben ausgeteilte Klausurtext. Sie sind es gewohnt, einen Text von oben nach unten, hierbei von links nach rechts und Zeile für Zeile zu lesen. Da juristische Klausuren regelmäßig mit dem Sachverhalt beginnen, lesen Sie also zunächst den Sachverhalt, anschließend die Aufgabe und zum Schluss die sich eventuell anschließenden Bearbeitungshinweise. Falls Sie ebenfalls so vorgehen, werden Sie den Klausursachverhalt nach dem ersten Lesen wohl ein weiteres Mal lesen müssen, damit sie ihn gedanklich in einen Zusammenhang zur Klausurfrage stellen können. Ist diese Vorgehensweise empfehlenswert?

Hierzu werden unterschiedliche Auffassungen vertreten. Zum Teil wird das soeben beschriebene Vorgehen empfohlen. *Putzke* aber empfiehlt beispielsweise, die Klausuraufgabe beim ersten Lesen auszusparen und zunächst den Sachverhalt mehrfach zu lesen, damit sich dieser im Gedächtnis einprägt. Sein Vorschlag lautet, sich erst im Anschluss an das mehrfache Lesen des Sachverhaltes die Fallfrage zu erschließen und dann nochmals den Sachverhalt zu lesen.[47]

Diese Vorgehensweise kann erfolgreich sein. Denkbar ist aber auch ein anderer Weg: Sie könnten nach Erhalt der Klausur **zunächst die Aufgabe** lesen und gerade nicht den Klausursachverhalt, der der Aufgabe voransteht.

Aus welchem Grund? Wenn Sie zuerst die Aufgabe lesen, wissen Sie, was der Klausurersteller von Ihnen verlangt. Sie werden nun bei der Lektüre des Sachverhaltes einen Filter einsetzen, der Sie das, was zur Lösung der Aufgabe wichtig ist, ebenso erkennen lässt wie das, was der Ersteller der Klausur nur zur Ausschmückung des Falles oder mit dem Zweck, den von ihm entwickelten Fall in einen plausiblen, der Lebenswirklichkeit entsprechenden Kontext zu stellen, formuliert hat.

Gehen Sie umgekehrt vor und lesen zunächst den Klausursachverhalt und dann erst die Aufgabe, so kann es geschehen, dass Sie den Sachverhalt beim Lesen aus einem falschen Blickwinkel heraus betrachten. Sie machen sich dann vielleicht Anmerkungen zu vermeintlichen Problemen, die für die zu bearbeitende Klausur jedoch keinerlei Relevanz haben und übersehen die tatsächlich relevanten Angaben im Text.

Im besten Fall verlieren Sie durch diese Vorgehensweise Zeit – schlimm genug, denn Zeit ist eine der wichtigsten Ressourcen zum Bestehen der Klausur.

Im schlimmsten Fall werden Sie die Klausur nicht bestehen. Dies kann geschehen, wenn Sie sich bei der Interpretation der Fallfrage von einer während des Lesens des Sachverhaltes vorschnell gebildeten Auffassung darüber, was für die Lösung relevant „sein muss", leiten lassen. Dies kann dazu führen, dass Sie die Aufgabe aus ihrem durch das Lesen des Textes gebildeten Erwartungshorizont heraus interpretieren.

Beispiel

Eine Studierende liest den Sachverhalt, ohne sich zuvor über den Inhalt der Aufgabe zu vergewissern. Nach dem ersten Absatz atmet sie erleichtert auf, denn es wird die finanzielle Situation einer Familie geschildert. Offenbar sollen Ansprüche der Familienmitglieder auf Lebensunterhaltsleistungen geprüft werden, vermutet die Studierende. Hierauf hatte sie sich gut vorbereitet, bei anderen Themen jedoch weitgehend „auf Lücke gesetzt". Als sie die Aufgabe liest, in der etwas von einer „Aufrechnung" von Ansprüchen steht, überlegt sie nicht lange, welche Bedeutung dieser Begriff hat, sondern interpretiert ihn im Sinne ihrer durch das Lesen des Sachver-

---

47 Holm Putzke, Juristische Arbeiten erfolgreich schreiben, Rn. 9 ff.

haltes vorgeprägten Meinung, dies sei sicher nur ein anderer Begriff für „Prüfung" von Ansprü-
chen. Diese Interpretation ist jedoch falsch. Die Studierende bearbeitet eine Aufgabe, die der
Klausurersteller nicht gestellt hat und besteht die Klausur deshalb nicht.

Sie sehen: Bereits zur Frage, in welcher Reihenfolge Sachverhalt und Aufgabe gelesen werden sollten, um einen möglichst guten Klausurerfolg zu erzielen, werden unterschiedliche Auffassungen vertreten. Welchen Weg Sie persönlich wählen, bleibt Ihnen überlassen. Wichtig erscheint jedenfalls Folgendes: Sie müssen beim ersten Lesen des Sachverhaltes unbedingt unvoreingenommen bleiben. Konstruieren Sie hingegen vorschnell eine Verbindung des Sachverhaltes zu Ihren persönlichen Erwartungen an den Inhalt der Klausur, zu Ihren Erfahrungen aus zuvor bearbeiteten Probeklausuren und jüngst gelesenen aktuellen Gerichtsentscheidungen oder zu Ihrem kürzlich erworbenen Wissen, so laufen Sie Gefahr, inhaltlich „auf den falschen Dampfer" zu geraten und nicht zutreffende Anspruchs- oder Ermächtigungsgrundlagen zu prüfen.

Um sich selbst vor einer vorschnellen Prägung zu schützen, sollten Sie beim ersten Lesen des Sachverhaltes **keinesfalls** Textbestandteile oder Begriffe durch **Unterstreichungen oder farbige Markierungen** hervorheben.

2. Verstehen der Klausuraufgabe

Lesen Sie die Klausuraufgabe nicht nur einmal, sondern am besten zwei- oder dreimal, bis Sie sich ganz sicher darüber sind, was der Aufgabensteller von Ihnen erwartet. Verstehen Sie die Aufgabe falsch, so kann Ihre Lösung ebenfalls nur falsch sein. Beginnen Sie die weitere Bearbeitung erst, wenn Sie sich ganz sicher sind, dass Sie die Frage (richtig) verstanden haben.

Oft ist es nicht einfach, sich den Inhalt einer Aufgabe zu erschließen. Sollten Sie hierbei auf Probleme stoßen, lassen Sie sich zunächst keinesfalls von ihren Erwartungen und ebenso wenig von ihren Erfahrungen aus vorherigen Klausuren und erst recht nicht von Ihrem angesammelten Fachwissen leiten. Betrachten Sie Wort für Wort und analysieren Sie deren Inhalte zunächst nach dem allgemeinen Sprachgebrauch. Erst in einem zweiten Schritt sollten Sie Ihr juristisches Fachwissen mit einbeziehen. Nutzen Sie hierbei auch das Stichwortverzeichnis Ihrer Gesetzessammlung. Hätte die Studierende im obigen Beispiel dort nach dem Begriff „Aufrechnung" gesucht, hätte sie drei Paragrafen gefunden, die sich mit der Aufrechnung beschäftigen.

Wenn Sie so vorgehen, bleiben Sie skeptisch und aufmerksam, bis Sie den Inhalt der Frage wirklich aufgedeckt haben und geraten nicht in die Gefahr, dass Sie die Frage so interpretieren, dass sie zu Ihrem Wissen bzw. Ihren Erwartungen „passt".

Beispiel aus einer Klausur

Die Aufgabe lautete: „Bitte prüfen Sie, ob Trudchen und Theo Ansprüche auf Sozialhilfeleistungen nach dem SGB XII haben". Im Sachverhalt war zunächst die Lebenssituation des Edwin beschrieben, zu dem Trudchen und Theo gezogen waren.

*Obwohl dies nicht Gegenstand der Aufgabe war, prüften zwei Bearbeiter, ob **Edwin** Anspruch auf Grundsicherungsleistungen nach § 19 Abs. 2 SGB XII i.V.m. § 41 SGB XII hatte. Diese Prüfung nahm so viel Zeit in Anspruch, dass die Prüfung der prüfungsrelevanten Ansprüche von Trudchen und Theo so kurz und oberflächlich erfolgte, dass die Arbeiten mit viel Wohlwollen gerade noch als „ausreichend" bewertet werden konnten.*

3. Erstes Lesen des Klausurtextes

Nun lesen Sie den Klausurtext *zweimal*. Während des ersten Lesens versuchen Sie, den Sachverhalt zu verstehen und sich, wenn möglich, bereits einzuprägen. Sie kennen die Aufgabe ja bereits und wissen „wohin der Hase läuft". Dies erleichtert das Verständnis des Sachverhaltes und das Einprägen der relevanten Tatsachen.

4. Zweites Lesen des Klausurtextes

Das zweite Lesen des Klausurtextes sollten Sie nutzen, um den Sachverhalt inhaltlich zu strukturieren. Gerne erledigen Studierende dies mithilfe von **farbigen Textmarkern bzw. Unterstreichungen**. Denken Sie immer daran, dass Sie nicht nur den Text, sondern auch Ihr Verständnis des Textes durch farbiges Markieren prägen und bestimmte Textbestandteile in der Regel unwiderruflich und dauerhaft hervorheben und damit verändern. Wollen Sie das wirklich? Überwiegen die Vorteile, die Sie sich durch das Hervorheben versprechen, mögliche Nachteile? Können Sie die unterbewusste Prägung, die Sie durch das farbige Markieren eines Textbestandteils vorgenommen haben, nachträglich revidieren, wenn Sie bemerken, dass der Textbestandteil eine andere Bedeutung hat, als Sie zunächst angenommen haben? Und zuletzt: Hilft es dem Verständnis des Textes, dem Wiederfinden von Textbestandteilen oder der Subsumtion, wenn Sie den gesamten Text durch sechs verschiedene Farben zum expressionistischen Kunstwerk verändern oder beeinträchtigt diese Reizüberflutung vielleicht das Textverständnis?

Eine **Strukturierung** des Textes oder seines Inhaltes kann hingegen sinnvoll sein. Dies bietet sich beispielsweise an, wenn sich einzelne Aufgaben nur auf ganz bestimmte Bestandteile des Textes beziehen. Bezieht sich beispielsweise die erste Klausuraufgabe auf die ersten beiden Absätze des Klausurtextes, so könnte der Text nach dem zweiten Absatz mithilfe eines horizontalen Striches geteilt werden. Sie werden sich während der Bearbeitung durch diesen Strich davon abhalten lassen, beim Suchen zur Subsumtion relevanter Sachverhalte in den darunter stehenden Textbestandteil abzuschweifen. Darüber hinaus kann ein psychologisch vorteilhafter Effekt eintreten: Nach der Bearbeitung der Aufgabe werden Sie den entsprechenden Teil des Klausurtextes „innerlich abhaken", was beruhigend und motivierend wirken kann.

5. Skizzieren zeitlicher Abläufe und rechtlicher Beziehungen

Es kann hilfreich sein, vor dem Beginn der Erarbeitung der Klausurlösung die Beziehungen zwischen den Beteiligten und zeitliche Abläufe zu skizzieren, sofern diese für die Lösung relevant sein können. Sind im Sachverhalt mehrere Personen aufgeführt, zwischen denen tatsächliche und/oder rechtliche Beziehungen bestehen, so verschafft man sich Klarheit über dieses Beziehungsgeflecht und ein Fundament für eine Struktur der anzufertigenden Arbeit, wenn man die rechtlichen oder tatsächlichen Beziehungen kurz skizziert. Hierzu genügt ein Strich, den Sie auf einem separaten Blatt zwischen den Namen der Beteiligten setzen und die Beziehung zwischen ihnen schriftlich formulieren. Können Sie diese Beziehungen bereits sicher juristisch bewerten, so bietet es sich an, sie durch Paragrafen oder Stichworte zu kennzeichnen. Erkennt man z.B., dass aufgrund des Zusammenlebens bestimmter Personen eine Bedarfsgemeinschaft vorliegt, so sollte man den Begriff „Bedarfsgemeinschaft", eine gebräuchliche Abkürzung (z.B. „BG") oder einen passenden Paragrafen notieren. Ist man sich noch nicht sicher, so sollte man ein „?" dahinter setzen. So wird man häufig erst nach einer umfangreichen Prüfung der Bedarfspositionen und des Einkommens und Vermögens eines unverheirateten Kindes genau einschätzen können, ob das Kind mit den mit ihm zusammenlebenden Eltern in einer Bedarfsgemeinschaft lebt, denn diese setzt nach § 7 Abs. 3 Nr. 4 SGB II voraus, dass das Kind seinen Lebensunterhalt nicht durch Einkommen und Vermögen sicherstellen kann.

Kommt es in einer Klausur auf die zeitliche Abfolge von Geschehnissen an – denken Sie nur an die Ereignisse, die bei der Frage der Bekanntgabe eines Verwaltungsaktes zu analysieren sein können: Ausfertigung des Verwaltungsaktes, Aufgabe zur Post, Einwurf in den Briefkasten des Adressaten, tatsächliche Kenntnis vom Inhalt des Verwaltungsaktes, Bekanntgabefiktion -, dann bietet es sich an, die wesentlichen Daten mithilfe eines Zeitstrahls festzuhalten, auf dem Sie die Daten und wichtigen Ereignisse festhalten. Dies erleichtert im Laufe der weiteren Bearbeitung das ggf. mehrfach erforderliche Finden der relevanten Daten und erspart Ihnen damit Zeit.

Geht es aber nur um zwei Personen und um eine einzige zwischen ihnen bestehende rechtliche Beziehung oder spielen Daten keine Rolle, dann erübrigen sich entsprechende schematische oder skizzenhafte Aufarbeitungen.

6. Frühes Notieren von Gedanken und Ideen

Sehr wichtig ist, die Gedanken und Ideen, die sich beim Lesen des Sachverhaltes und der Aufgabe aufgedrängt haben, **sofort** stichwortartig niederzuschreiben. Damit reduzieren Sie die Gefahr, dass diese im Laufe der Bearbeitung in Vergessenheit geraten. Was Sie notiert haben, werden Sie später noch einmal lesen und sicher nicht vergessen.

Notieren Sie sich diese Gedanken aber keinesfalls im Klausurtext, sondern auf einem separaten Papier, damit der Klausurtext übersichtlich bleibt und Sie sich vor einer falschen Prägung schützen.

Beim Niederschreiben der Klausur sollten Sie die bereits „verarbeiteten" Stichworte sofort durchstreichen. Hierdurch vermeiden Sie mehrfaches Lesen bereits irrelevant gewordener Gedanken und sparen Zeit.

7. Nochmals: Lesen des Sachverhaltes und der Klausuraufgabe

Nun sollten Sie Sachverhalt und Klausuraufgabe ein weiteres Mal lesen. Dieses Lesen wird Ihnen innere Sicherheit geben, denn es bestätigt Sie in Ihrem Wissen um Sachverhalt und Aufgabe. Außerdem sollten Sie überprüfen, ob der Klausurtext – so, wie Sie ihn verstanden haben -, zur Aufgabe „passt". Wenn sich hier Abweichungen ergeben, sollten Sie diese sofort auflösen. Vielleicht haben Sie den Sachverhalt oder die Frage missverstanden.

III. Noch immer nicht: Die Bearbeitung der Klausur

1. Finden der klausurrelevanten Vorschriften

Kern einer sozialrechtlichen Klausur ist es regelmäßig, einen konkreten Sachverhalt danach zu überprüfen, ob Rechtsansprüche bestehen – häufig geht es um Ansprüche von Leistungsberechtigten gegenüber Leistungsträgern, gelegentlich um Ansprüche von Leistungsträgern gegenüber anderen Leistungsträgern oder Dritten – oder herauszufinden, ob eine Behörde einen Eingriff auf der Grundlage einer Ermächtigungsnorm vornehmen darf bzw. rechtmäßig vorgenommen hat. Diese Anforderungen bestehen in der Regel auch dann, wenn die Klausur einmal in einem „anderen Gewand" daherkommt und beispielsweise die Erfolgsaussichten eines Rechtsbehelfs zu prüfen sind, das Anfertigen eines Verwaltungsaktes oder eines Urteils gefordert wird oder sich der Klausurersteller als naher Angehöriger ausgibt, der einen Studierenden, Sachbearbeiter einer Behörde oder einen Sozialarbeiter um Rat fragt. Im universitären Studium finden sich (leider) gelegentlich auch Klausuren, die das Sozialrecht nur als „Anker" für eine verfassungsrechtliche Prüfung verstehen.

Wegweisend für Ihre Prüfung und entscheidend für Ihren Erfolg ist, dass Sie – gleich, ob es sich um ein Gutachten, einen Verwaltungsakt oder ein Urteil handelt – die zur Lösung der Aufgabe in Frage kommenden **gesetzlichen Regelungen** zunächst einmal **finden**. Die „richtigen" Vorschriften sind diejenigen, die die in der Aufgabe gestellte Frage beantworten könnten. Die Aufgabenstellung kann Sie im besten Fall direkt auf die zu prüfende Vorschrift hinweisen („Hat A einen Anspruch auf Leistungen der Grundsicherung im Alter und bei Erwerbsminderung nach § 19 Abs. 2 SGB XII i.V.m. § 41 SGB XII?"). In der Regel werden Sie es jedoch nicht so leicht haben, sondern die anzuwendenden Normen selbst finden müssen.

Gerade im Sozialrecht wird es dabei oft um die Frage gehen, ob ein Antragsteller einen Anspruch auf eine bestimmte Sozialleistung hat. Wenn die Aufgabenstellung nicht bereits selbst den jeweiligen Anspruch identifiziert („Hat B einen Anspruch auf Sozialgeld?", so dass Sie die in Betracht kommende Anspruchsgrundlage leicht finden werden), müssen Sie anhand des Sachverhaltes das wohlverstandene rechtliche Interesse herausarbeiten.

Beispiel 1

Auch wenn ein Beteiligter wörtlich formuliert, dass er „sein Arbeitslosengeld II" haben möchte, so handelt es sich nicht in jedem Fall um einen Antrag auf Arbeitslosengeld II. Wurde ihm zuvor Arbeitslosengeld II nach § 66 Abs. 1, 3 SGB I entzogen, so führte ein Neuantrag zu einem geringeren rechtlichen Vorteil als ein (erfolgreicher) Widerspruch gegen den Entziehungsbescheid. Der Beteiligte ist in der Klausur wie im „richtigen Leben" meistens nicht in der Lage, die juristischen Zusammenhänge richtig zu erkennen. Er konzentriert sich auf die Lebenswirklichkeit, auf das, was ihm fehlt (Geld-, Sach- und Dienstleistungen), kann jedoch häufig nicht erkennen, auf welchem Weg er zu diesem Ziel kommt. Es ist die Aufgabe des Klausurbearbeiters, die das tatsächliche Begehren konkretisierenden Vorschriften aufzufinden und zu prüfen und sich hierbei von dem leiten zu lassen, was dem Betroffenen am meisten hilft und für ihn rechtlich möglich ist.

Beispiel 2

Es wäre verfehlt, bei demjenigen, der als behinderter Mensch sein Studium nicht ohne Hilfsmittel fortsetzen kann, zu prüfen, ob er einen Anspruch auf Lebensunterhaltsleistungen hat, da sich sein wohlverstandenes rechtliches Interesse auf Leistungen der Eingliederungshilfe für behinderte Menschen richtet.

Notieren Sie sämtliche Anspruchs- und Ermächtigungsgrundlagen, die Ihnen zur Lösung der gestellten Aufgabe spontan einfallen, sofort auf einem separaten Blatt, damit die Normen später nicht in Vergessenheit geraten. Dasselbe gilt für Vorschriften, die in einem weiteren Zusammenhang mit Anspruch oder Ermächtigungsgrundlage stehen, z.B. einen Anspruch ausschließen oder von einem Antrag abhängig machen.

Geht es um einen **Anspruch auf eine Sozialleistung**, so werden Sie sämtliche Vorschriften in Betracht ziehen, die bei Erfüllung bestimmter Tatbestandsvoraussetzungen in der Rechtsfolge einen Anspruch auf die beanspruchte Sozialleistung oder einen Anspruch auf eine pflichtgemäße Ermessensausübung, die in der Gewährung der beanspruchten Sozialleistung besteht, vorsehen.

Geht es jedoch um die Frage, ob ein Leistungsträger berechtigt war, einen bestimmten Rechtseingriff vorzunehmen, kommen sämtliche Vorschriften in Betracht, die bei Erfüllung bestimmter Tatbestandsmerkmale eine Ermächtigung zum Eingriff in Rechte eines Beteiligten vorsehen.

Beispiel

Maria, 45 Jahre alt, lebt mit ihrem pflegebedürftigen Ehemann Albrecht, 63 Jahre alt, in einer gemeinsamen Wohnung. Marias Kraft ist erschöpft, sie benötigt aus medizinischen Gründen eine dreiwöchige stationäre Rehabilitationsmaßnahme. Maria sorgt sich darum, was aus ihrem Ehemann werden soll, während sie abwesend sein wird. Zwar wird der pflegerische Bedarf durch einen Pflegedienst gedeckt, hierzu gehört jedoch nicht eine Fortführung des Haushaltes. Maria stellt sich die Frage, ob das Sozialamt ihr helfen kann.

Nutzen Sie bei der Suche nach Vorschriften sämtliche Hilfsmittel. Das **Inhaltsverzeichnis** Ihrer Gesetzessammlung kann Ihnen bei der Suche nach möglichen Anspruchsgrundlagen eine ebenso wertvolle Hilfestellung geben wie die **Inhaltsübersicht** zu Beginn der jeweiligen Gesetze oder das **Stichwortverzeichnis** der Gesetzessammlung. Unter Zuhilfenahme dieser Hilfsmittel werden Sie rasch auf § 70 SGB XII stoßen, dessen Überschrift „Hilfe zur Weiterführung des Haushalts" lautet. Bei kursorischer Betrachtung werden Sie sehen, dass § 70 SGB XII Tatbestandsmerkmale enthält, bei deren Vorliegen ein Anspruch auf Leistungen zur Weiterführung des Haushalts entsteht, so dass diese Norm als zu prüfende Anspruchsgrundlage in Betracht kommt.

2. Die Lösungsskizze: Wenn schon, dann aber richtig

Geradezu dogmatisch durchzieht die Anleitungen zur Erstellung juristischer Klausuren der Ratschlag, vor der Ausarbeitung der Klausur eine Lösungsskizze anzufertigen.[48]

Bevor man sich ein Bild darüber verschaffen kann, ob man selbst dieser Empfehlung folgen sollte und ggf. inwieweit, muss man sich vergegenwärtigen, welchen Zweck eine Lösungsskizze haben soll: Sie soll die Prüfung der Klausur kursorisch vorwegnehmen. Stichwortartig sollen die zur Klausurlösung maßgeblichen Rechtsvorschriften in ihre Tatbestandsmerkmale aufgelöst, diese Merkmale definiert und anschließend eine Subsumtion vorgenommen werden. Über Einzelheiten – wie z.B. über die Frage, ob sämtliche[49] oder nur die wesentlichen[50] Tatbestandsmerkmale aufgeführt werden sollen – besteht Uneinigkeit.

---

48 Für alle *Butzer/Epping*, Arbeitstechnik im Öffentlichen Recht, 3. Aufl. 2006. S. 11; Bringewat, Klausurenschreiben leicht gemacht, S. 10, 14 ff.; nach dem Typ des Studierenden differenzierend Putzke, Rn. 12.
49 *Niederlag/Ropetter*, Rechtsanwendung, 2. Auflage 2006, S. 189.
50 *Butzer/Epping*, Arbeitstechnik im Öffentlichen Recht, 3. Aufl. 2006, S. 23.

Im Sinn der Lösungsskizze zeigt sich auch ihr möglicher Unsinn. Gerade häretisch ist man geneigt zu fragen: Wenn doch die Lösungsskizze nichts anderes beinhaltet als die Ausarbeitung, warum soll ich mir doppelte Arbeit machen und in einem ersten Schritt alles prüfen, was ich in einem zweiten Schritt noch einmal prüfen muss, zumal ich nur eine begrenzte Zeit zur Erarbeitung habe?! Und zudem: Wenn mir geraten wird, die Erstellung der Lösungsskizze solle nicht mehr als ein Drittel der Klausurbearbeitungszeit in Anspruch nehmen[51], dann macht mir das Angst, denn heißt das nicht, dass ich zur „eigentlichen" Klausurlösung vielleicht nur Zweidrittel der zur Verfügung stehenden Bearbeitungszeit habe?

Diese Befürchtungen und Entgegnungen sind nicht vollends von der Hand zu weisen. Andererseits können mögliche Vorteile einer Lösungsskizze nicht übersehen werden. Zu ihnen zählt, dass Sie, wenn Sie die Klausur bereits einmal durchdacht haben, frühzeitig bemerken werden, an welchen Stellen Sie die Schwerpunkte der Bearbeitung setzen sollten und an welchen Stellen eine vertiefte Darlegung abwegig wäre. Auch können Sie nach Fertigstellung der Lösungsskizze reflektieren, ob Sie alle auf den ersten Blick nicht nur als Ausschmückung des Sachverhalts erkannten Tatsachen des Sachverhaltes „verarbeiten" konnten – dies ist **ein ganz wesentlicher Indikator für den „richtigen" Lösungsweg.** Wenn weite Teile des Sachverhaltes bei Ihrer Lösung unberücksichtigt geblieben sind, spricht einiges dafür, dass

- die falschen Vorschriften geprüft wurden,
- noch nicht sämtliche relevanten Vorschriften geprüft wurden oder
- zwar die richtigen Vorschriften geprüft wurden, aber der Sachverhalt noch nicht vollständig subsumiert wurde (evtl. wurde übersehen, dass der übrig gebliebene Sachverhalt zur Begründung des Vorliegens/Nichtvorliegens eines Tatbestandsmerkmals wichtig ist, evtl. ist dieses Sachverhaltsfragment (auch) für die Ausübung einer Ermessensentscheidung relevant).

Hinzu kommt ein **psychologischer Effekt**: Sie werden, wenn Sie die Klausur einmal durchdacht haben, ruhiger und gelassener, denn das „Projekt" Klausur erscheint Ihnen bereits nach kurzer Zeit beherrschbar und Sie werden selbstsicherer. Ein späteres Abarbeiten der Lösungsskizze mag den einen oder anderen davor bewahren, während der Arbeit geradezu in Panik zu geraten, weil er Sorge hat, er schaffe die Klausurlösung nicht in der zur Verfügung stehenden Zeit. Ein Blick auf die Lösungsskizze zeigt ihm, was bereits geschafft ist und was noch vor ihm liegt.

Ein weiterer Vorteil einer Lösungsskizze liegt darin, dass Sie die Chance haben, frühzeitig zu bemerken, dass ein zuvor eingeschlagener Lösungsweg falsch gewesen ist. Hatten Sie sich frühzeitig auf „Hilfe bei Krankheit" gestürzt, bemerken aber bei der Erarbeitung der Lösungsskizze, dass es um Bedarfe der „Pflege und Wartung" geht, dann haben Sie vielleicht nur 10 Minuten verloren. Bemerken Sie dies aber erst während der Ausarbeitung, dann sind Sie vielleicht bereits eine Stunde auf „dem falschen Paragraphen geritten".

Wenn Sie die möglichen Vorteile den Gefahren einer Lösungsskizze gegenüberstellen, erkennen Sie vielleicht, dass sie weder vollständig auf sie verzichten sollten noch sie zu sorgfältig und zeitaufwändig erarbeiten sollten. Wie so oft, erscheint ein Mittelweg geeignet, Vorteile zu nutzen und Nachteile zu umgehen.

Die Lösungsskizze sollte in Stichpunkten die anzuwendenden Vorschriften und deren Tatbestandsmerkmale aufführen. Sie sollten **sämtliche** Tatbestandsmerkmale sorgfältig prüfen, d.h. sie definieren und den Sachverhalt darunter subsumieren. Ob

---

51 Z.B. *Butzer/Epping*, Arbeitstechnik im Öffentlichen Recht, 3. Aufl. 2006, S. 23.

Sie die gesamte Prüfung in der Lösungsskizze stichwortartig niederlegen oder die
Prüfung nur im Kopf vornehmen, entscheiden Sie am besten nach den Erfahrungen,
die Sie gesammelt haben, und nach Ihrer Schreibgeschwindigkeit. Vermerken Sie
das Ergebnis Ihrer sorgfältigen Prüfung in jedem Fall mit „+" oder mit „-", je nachdem, zu welchem Ergebnis Sie gekommen sind. Falls Ihnen zur Lösung gute Argumente eingefallen sind, deren Verlust Sie befürchten, sollten Sie diese auf jeden Fall
zusätzlich **stichwortartig** notieren. Dieser Weg garantiert Ihnen, dass Sie aller Voraussicht nach nicht ein Drittel Ihrer Klausurbearbeitungszeit mit der Erstellung der
Skizze verbringen, und dennoch alle wichtigen Probleme sehen und bearbeiten. Eine
mit einer stichwortartigen Begründung versehene Lösungsskizze erlaubt es dem
Korrektor später sogar, Ihnen Punkte hierauf zu geben, falls Sie wider Erwarten mit
der Klausur innerhalb der zur Verfügung stehenden Zeit nicht zu Ende gekommen
sein sollten.

Keinesfalls sollen Sie in Ihre Lösungsskizze **ausformulierte Sätze** aufnehmen.
Wenn Sie hierzu neigen, können Sie auch sofort mit der Ausarbeitung beginnen.
Nennenswerte Vorteile hat die Lösungsskizze in Ihrem Fall nicht. Sie verlieren nur
Zeit.

3. Bearbeitungshinweise

Die Bearbeitungshinweise sind wichtig. Sie enthalten wertvolle Hinweise darauf, was
Sie zu prüfen und – was ebenso wichtig ist – was Sie *nicht* zu prüfen haben sowie
über Tatsachen und Regelungen, die Ihrer Prüfung (nicht) zugrunde zu legen sind.

Es ist ein häufig anzutreffender – und **oft folgenschwerer – Missstand**, dass die
Bearbeitungshinweise nicht beachtet werden. Dies kann dazu führen, dass die Klausurbearbeitung vollständig in die falsche Richtung läuft. Bestenfalls verlieren Sie lediglich Zeit, indem Sie Überflüssiges erarbeiten und schreiben.

Bitte bedenken Sie: Wenn laut Bearbeitungshinweis eine Prüfung *nicht* vorzunehmen
ist, dann ist sie *nicht* vorzunehmen. Sie erhalten keine Punkte darauf, dass Sie sie
dennoch vornehmen. Auch verbieten sich geradezu entschuldigende Hinweise Ihrerseits darauf, dass sie die Prüfung ja gerne vorgenommen hätten, der Bearbeitungshinweis dies aber nicht zugelassen hat. Auch dezente Hinweise dahingehend, dass
Sie durchaus gewusst hätten, welche Regelungen anzuwenden gewesen wären,
wenn Sie nur gefragt worden wären, sind fehl am Platz. Sie kosten Zeit, ohne dass
Sie darauf einen Punkt erhalten können.

Beispiel aus einer Klausur

„2. Zuständigkeit

*Gemäß der Bearbeitungshinweise ist die Zuständigkeit nicht zu prüfen. Sie richtet sich im Übri-
gen nach den §§ 3, 97 und 98 SGB XII in Verbindung mit dem AG zum SGB XII".*

4. Rechtsansichten im Sachverhalt: Indikatoren für Schwerpunkte

Äußern die Protagonisten Ihrer Klausur – Antragsteller, Leistungsempfänger, Vertreter
einer Behörde oder Dritte – im Klausurtext Rechtsansichten, so ist dies ein sehr
deutlicher Indikator für einen Klausurschwerpunkt. Wenn Sie die Augen schließen
und sich konzentrieren, werden Sie den Klausurersteller geradezu körperlich vor sich
sehen, wie er Ihnen zuwinkt und ruft: „Verweile hier und tobe Dich aus. Hier möchte
ich sehen, ob Du juristisch arbeiten und argumentieren kannst. Ich hatte Sorge, dass

Du das Problem vielleicht nicht von alleine sehen würdest. Jetzt aber musst Du etwas dazu schreiben. Ich habe Dir schon einmal den Boden für die juristische Argumentation bereitet."

Widerstehen Sie dieser verlockenden Einladung auf keinen Fall. Der Klausurersteller meint es gut mit Ihnen. Das heißt allerdings nicht, dass alle im Sachverhalt aufgeführten Argumente juristisch überzeugend oder auch nur vertretbar wären. Eben dies zu beurteilen ist Ihre Aufgabe, der Sie sich nicht entziehen dürfen. Achten Sie darauf, sämtliche geäußerten Argumente juristisch zu bewerten.

Die juristischen Argumente haben für Sie übrigens noch einen weiteren Nutzen: Sie sind ein Indikator dafür, dass Sie die „richtigen" Vorschriften gefunden haben. Wenn die Argumente in keiner Weise irgendeinen Bezug zu den Tatbestandsvoraussetzungen oder den Rechtsfolgen (Ermessen!) einer bislang herangezogenen Vorschrift haben können, spricht manches dafür, dass es eine Vorschrift gibt, die Sie übersehen haben.

IV. Jetzt endlich: Die Klausurausarbeitung

Sie wissen nun, welche Rechtsansprüche oder Ermächtigungsgrundlagen Sie zu prüfen haben und haben sich gewiss auch bereits Gedanken über die Reihenfolge der Prüfung gemacht. Also kann es nun losgehen: Die Klausurausarbeitung beginnt.

1. Keine Wiederholung oder Erläuterung der Fallfrage

Häufig beginnen Studierende ihre Ausarbeitung damit, dass Sie die Fallfrage abschreiben. Der Grund hierfür ist nicht zu erkennen, wahrscheinlich hat es etwas Beruhigendes, bereits etwas auf das Papier gebracht zu haben, das keinesfalls falsch sein kann. Einen sachlichen Grund gibt es jedoch nicht.

Um es deutlich zu sagen: Das Abschreiben der Aufgabe ist **Zeitverschwendung**. Sie reduzieren ohne Not aus eigenem Entschluss Ihre geringen zeitlichen Ressourcen, die Sie zur „wirklichen" Bearbeitung der Klausur benötigen. **Sie schaden sich selbst**, wenn Sie die Aufgabe abschreiben.

Daher: **Schreiben Sie die Fallfrage nicht ab!** Fassen Sie sie auch nicht zusammen und interpretieren oder erläutern Sie sie nicht.

Beispiel aus einer Klausur

Frage 1 lautete: „Prüfen Sie in Hinblick auf die Pflegebedürftigkeit des Herrn Paul Koch, ob und ggf. in welchem Umfang zu seinen Gunsten Leistungen nach dem SGB XII zu erbringen sind." Die Klausurbearbeitung einer Studierenden begann wie folgt:

„Aufgabe 1: Welche Leistungen könnten im Hinblick auf die Pflegebedürftigkeit des Herrn Paul Koch im Umfang und Höhe zu seinen Gunsten erbracht werden?"

Andere schrieben die Fallfrage wörtlich ab. Beides war überflüssig und kostete Zeit, Energie und Konzentration. Etwas Richtiges, das durch einen Korrektor bewertet werden könnte, hatten die Studierenden jedenfalls nichts geschrieben. Aus einer anderen Perspektive betrachtet könnte man auch formulieren: Der Korrektor der Klausur erwartet eine Antwort bzw. den Beginn der Antwort der gestellten Frage und nicht deren Wiederholung. Sollten Sie zweifeln, beantworten Sie sich selbst folgende Frage: Werden Sie statt einer Bewertung mit „mangelhaft" die Bewertung „ausreichend" erhalten, wenn Sie die Aufgabe richtig abgeschrieben haben?

Also: **Lassen Sie das sein!**

In einer anderen Klausur lautete die Frage: „Hat X einen Anspruch auf Leistungen?" Der Bearbeitungshinweis enthielt die Einschränkung, dass Leistungen nach § 8 Nr. 1 und 2 SGB XII nicht zu überprüfen seien. Viele Bearbeiter begannen ihre Ausarbeitung damit, dass sie § 8 Nr. 3 bis 7 SGB XII abschrieben und ergänzend bemerkten, dass Leistungen nach § 8 Nr. 1 und 2 SGB XII laut Bearbeitervermerk ausgeschlossen seien.

Wie sollten Sie stattdessen beginnen? In der Regel bietet es sich an, durchaus inhaltlich auf die gestellte Frage Bezug zu nehmen und sie mit der zu prüfenden Vorschrift zu verbinden.
Lautet die Frage: „Hat A einen Anspruch auf Sozialhilfe?", so könnte die Lösung mit dem Satz „A könnte einen Anspruch auf Hilfe zur Pflege nach § 19 Abs. 3 SGB XII i.V.m. §§ 61 ff. SGB XII haben."

2. Einleitende allgemeine Darlegungen

Einleitende Darlegungen sind ebenfalls **überflüssig** und haben daher zu unterbleiben. Bitte unterlassen Sie, wenn die Frage gestellt wird, ob A Anspruch auf Sozialhilfeleistungen hat, dem Leser zunächst die Geschichte des Sozialhilferechts aufzudrängen

Beispiel
„Zunächst muss man wissen, dass die fürsorgerechtlichen Regelungen des Jahres 1924 keinen Rechtsanspruch auf Fürsorge enthielten…"

Sachnäher – aber gleichwohl an dieser Stelle überflüssig – begann ein Bearbeiter einer Klausur, der zu prüfen hatte, ob eine Person Ansprüche auf Sozialhilfeleistungen hat, mit dem Satz:

„Jeder hat ungeachtet seines Alters einen eigenen Rechtsanspruch auf Sozialhilfe".

Inhaltlich war diese Aussage nicht zu kritisieren, aber *an dieser Stelle* hatte sie keinen Bezug zur Fallfrage. Anders ausgedrückt: Der Verfasser der Klausur hat an dieser Stelle nichts geschrieben, was durch einen Korrektor zu einer besseren Bewertung der Klausur herangezogen werden könnte. Also handelt es sich um reine **Zeitverschwendung**.

Orientieren Sie sich an der Fallfrage. **Was nicht zur Lösung der Frage beiträgt, gehört grundsätzlich nicht in die Klausurbearbeitung.**

Damit hat auch in Fällen, in denen zu überprüfen ist, ob Ansprüche auf Leistungen zum Lebensunterhalt nach SGB II oder SGB XII bestehen, ein abstraktes, an den Beginn der Arbeit gestelltes episches Werk über die Abgrenzungsregelungen der § 5 Abs. 2 SGB II, § 28 Abs. 1 S. 1 SGB II, § 19 Abs. 2 S. 3 SGB XII zu unterbleiben. Die aus diesen Vorschriften abzuleitende Prüfungsreihenfolge lautet in aller Regel „Grundsicherung im Alter und bei Erwerbsminderung", „Leistungen zur Sicherung des Lebensunterhaltes nach SGB II", „Hilfe zum Lebensunterhalt". Bejaht ein Bearbeiter die Anspruchsvoraussetzungen der Grundsicherung im Alter und bei Erwerbsminderung, so kann er anhand der nun greifenden Konkurrenzregelung erläutern, dass keine weitere Prüfung nachrangiger Ansprüche in Betracht kommt.

3. Keine Erläuterung des Vorgehens bzw. des Klausuraufbaus

Es ist i.d.R. nicht zu kritisieren, wenn in der Einleitung *einer Thesis* dargelegt wird, wie und aus welchen Gründen der Verfasser/die Verfasserin den konkreten Aufbau der Arbeit gewählt hat. Anders aber in einer Klausur: Hier sind entsprechende Ausführungen fehl am Platz. Sie schreiben daher niemals: „Ich beginne mit der Prüfung des § 53 SGB XII, anschließend werde ich mich § 61 SGB XII zuwenden".

Nichts anderes gilt für Erläuterungen, aus welchem Grund Sie zuerst den einen Paragraphen, dann den anderen prüfen. Sie gehören nicht in die Klausur. Haben Sie jedoch eine gegenüber einer anderen Vorschrift vorrangige Regelung geprüft und bejaht, haben Sie Anlass zu formulieren, dass eine Prüfung der anderen Vorschrift unterbleibt, weil sie nachrangig ist.

Denkbar ist, zu Beginn einer Prüfung darauf hinzuweisen, dass zwei unterschiedliche Vorschriften als Anspruchsgrundlage/Ermächtigungsgrundlage in Betracht kommen, wobei die eine als speziellere Vorschrift (lex specialis derogat legi generali) vor der anderen geprüft wird.

4. Grundsatz: Kein Abschreiben des Gesetzes

Schlechte Klausuren zeichnen sich nicht selten dadurch aus, dass ihre Verfasser einzelne Vorschriften eines Gesetzes vollständig abgeschrieben haben. Um keine Missverständnisse aufkommen zu lassen: Die Klausur wird nicht als „mangelhaft" bewertet, *weil* der Gesetzeswortlaut abgeschrieben wurde. Aber die Erfahrung zeigt, dass diejenigen, die das Gesetz abgeschrieben haben, sehr häufig versäumten, es anschließend auch zu prüfen. Zudem fehlte ihnen zumeist die Zeit, um eine Klausurlösung zu erstellen, die sämtliche relevanten Rechtsfragen behandelte.

Bedenken Sie: Vor Ihnen liegt die soeben ausgeteilte Klausur. Es handelt sich um eine juristische Arbeit, in der mithilfe wissenschaftlicher Arbeitstechnik Fragen beantwortet werden sollen und deren Ergebnis ein wertvoller Baustein für den Abschluss Ihrer akademischen Ausbildung ist. Wird es wohl Ihre Aufgabe sein, Paragraphen aus dem Gesetz abzuschreiben?

Nein, natürlich nicht! Sie sollen **prüfen**, wie der sich vor ihnen entfaltende Lebenssachverhalt juristisch zu bewerten ist. Selbstverständlich erfolgt Ihr Gutachten auf der Grundlage von Vorschriften. Diese müssen Sie daher benennen („§ XY Z-Gesetz"), prüfen (insbesondere die Tatbestandsmerkmale benennen, definieren und den Sachverhalt darunter subsumieren) und auf der Grundlage dieser Prüfung entscheiden, welche Rechtsfolge sich aus ihnen ergibt.

Beispiel

Der Einführungssatz in Ihrer Klausur kann richtigerweise lauten:

„A könnte einen Anspruch auf Sozialhilfe nach § 19 Abs. 3 SGB XII i.V.m. § 48 SGB XII haben."

Nun schreiben Sie im Anschluss daran keinesfalls § 19 Abs. 3 SGB XII und anschließend § 48 SGB XII ab (Lassen Sie das sein!). Vielmehr arbeiten Sie nacheinander sämtliche Anspruchsvoraussetzungen des § 19 Abs. 3 SGB XII i.V.m. § 48 SGB XII ab.

Sie könnten also in der Prüfung fortfahren: „Nach § 48 SGB XII setzt dies zunächst voraus, dass A an einer Krankheit leidet."

Als nächstes folgt die Definition des Tatbestandsmerkmals „Krankheit": „Krankheit wird als regelwidriger und behandlungsbedürftiger Körper- oder Geisteszustand definiert."

Ihr nächster Schritt besteht darin, den Sachverhalt im Hinblick auf den Körper- und Geisteszustand des A zu durchforsten und das Ergebnis festzustellen. „A leidet an Magengeschwüren."

Anschließend müssen Sie den derart gefilterten Sachverhalt unter die Definition subsumieren. Sie prüfen also, ob A aufgrund seines Gesundheitszustandes das Merkmal „Krankheit" erfüllt. „Magengeschwüre weichen vom Gesundheitsbild eines gesunden Menschen ab und sind daher regelwidrig. Da sie laut der ärztlichen Einschätzung des Herrn Dr. Blum dringend medikamentös behandelt werden müssen, damit einer Verschlimmerung des Gesundheitszustandes vorgebeugt und die Selbstheilung eingeleitet wird, sind die Magengeschwüre auch behandlungsbedürftig."

Bitte vergessen Sie das Ergebnis der Prüfung des ersten Tatbestandsmerkmals nicht:

„Damit leidet A an einer Krankheit."

Da es „sonnenklar" ist, dass ein Magengeschwür eine Krankheit darstellt, können Sie an dieser Stelle auch auf den Gutachtenstil verzichten[52] und im **Urteilsstil** arbeiten. **Dies entbindet Sie jedoch weder von der Definition noch von der Subsumtion**, beide werden lediglich in anderer Reihenfolge wiedergegeben.

Beispiel

„A's Magengeschwüre stellen eine Krankheit dar, da sie zum einen bei einem gesunden Menschen nicht vorkommen – und infolgedessen regelwidrig sind – und zum anderen behandlungsbedürftig sind, denn nach der ärztlichen Einschätzung des Dr. Blum sind Medikamente erforderlich, um einer Verschlimmerung des Gesundheitszustands des A vorzubeugen und die Selbstheilung einzuleiten."

Ebenso gehen Sie mit den weiteren Voraussetzungen des § 48 SGB XII um, bevor Sie anschließend § 52 SGB XII i.V.m. §§ 27 ff. SGB V prüfen. Die Einkommens- und Vermögenslage (§ 19 Abs. 3 SGB XII i.V.m. §§ 82 ff., 90 f. SGB XII) ist schließlich ebenso zu prüfen.

Haben Sie gesehen? Das Gesetz wurde geprüft, aber nicht abgeschrieben. Schreiben Sie doch einmal „nur zum Spaß" § 19 Abs. 3 SGB XII und anschließend § 61a Abs. 1 SGB XII ab, und messen Sie die Zeit, die Sie hierfür benötigt haben. Es ist nicht alleine diese Zeitspanne von 10 bis 15 Minuten, die sie zum Abschreiben benötigen und die Ihnen am Ende der Klausurbearbeitungszeit vielleicht fehlt, die schwer wiegt. Hinzu kommt die trügerische Illusion, die sich bei Ihnen einstellen kann, Sie hätten bereits etwas zur Lösung beigetragen.

Es geht immer noch schlimmer: In einer Klausur aus dem Jahr 2009 schrieb ein Bearbeiter zunächst § 19 Abs. 3 SGB XII ab, unmittelbar darauf § 61 Abs. 1 S. 1 SGB XII in der damaligen Fassung, woran sich eine ungenaue Zusammenfassung der Tatbestandsmerkmale anschloss: „Somit sind folgende Punkte zu prüfen: 1. Vorliegen einer körperlichen Behinderung, 2. Hilfe bei den gewöhnlichen regelmäßig wiederkehrenden Verrichtungen des täglichen Lebens, 3. Der Tatbestand „auf Dauer", 4. Die Erheblichkeit der Hilfe zur Pflege". Um es zusammenzufassen: Zunächst schrieb der Bearbeiter den Gesetzestext ab und anschließend fasste er seine Wiederholung zusammen. Fazit: Doppelt Zeit verschwendet. **Lassen Sie das!**

Anders ist dies nur ausnahmsweise dann, wenn der Gesetzgeber eine Tatbestandsvoraussetzung, die Sie gerade zu prüfen haben, definiert hat. Eine solche **Legaldefinition** nehmen Sie in Ihre Falllösung auf, d.h. Sie schreiben sie als Definition des jeweiligen Tatbestandsmerkmals ab. (Beispiele für Legaldefinitionen: § 8 Abs. 1 SGB II definiert „Erwerbsfähigkeit", § 11 S. 1 SGB I und § 12 S. 1 SGB I „Sozialleistung" und „Sozialleistungsträger", § 30 Abs. 3 S. 2 SGB I „gewöhnlicher Aufenthalt" und § 45 Abs. 2 S. 3 Nr. 3 Halbsatz 2 SGB X „grobe Fahrlässigkeit").

---

52 Kritisch zum >bedingungslosen Einsatz des Gutachtenstils< auch Putzke, Juristische Arbeiten erfolgreich schreiben, Rn. 5.

5. Kein Abschreiben des Sachverhaltes – außer im Rahmen der Subsumtion

Ihre Aufgabe lautet einen bestimmten Sachverhalt juristisch zu beurteilen. Im Sozialhilferecht bedeutet das, dass Sie in aller Regel Stellung nehmen müssen zu den Fragen: Hat jemand Anspruch auf eine sozialhilferechtliche Leistung? Ist ein Sozialhilfeträger berechtigt einen bestimmten Rechtseingriff gegenüber einem Sozialhilfeempfänger vorzunehmen? Hat ein Bürger oder eine Behörde aufgewendete Sozialhilfeleistungen zu erstatten?

Die Antwort auf diese Fragen haben Sie aus dem Gesetz zu erarbeiten. In aller Regel sind die Tatbestandsvoraussetzungen zu definieren und anschließend die Subsumtion vorzunehmen, d.h. die Definition ist mit dem Sachverhalt zu vergleichen.

Einzig und allein bei der Subsumtion spielt der Sachverhalt eine Rolle. Bei der Subsumtion eines Tatbestandsmerkmals beschränkt sich die Wiedergabe des Sachverhaltes auf denjenigen Teil, der im Zusammenhang mit dem konkret geprüften Tatbestandsmerkmal steht.

Beispiel

„A müsste zudem erwerbsfähig sein (§ 7 Abs. 1 Nr. 2 SGB II). Nach der Legaldefinition des § 8 Abs. 1 SGB II ist erwerbsfähig, wer nicht wegen Krankheit oder Behinderung auf absehbare Zeit außerstande ist, unter den üblichen Bedingungen des allgemeinen Arbeitsmarktes mindestens drei Stunden täglich erwerbstätig zu sein. *A ist nach den Feststellungen der Bundesagentur für Arbeit behinderungsbedingt nur noch in der Lage, eine Stunde am Tag erwerbstätig zu sein.* Damit ist A nicht erwerbsfähig."

Hier wurde der Sachverhalt (kursiv) im Rahmen der Subsumtion in die Arbeit eingefügt. Dort gehört er hin.

Beschränken Sie sich bei der Subsumtion auf das, was erforderlich ist. Es ist überflüssig – und streng genommen kann es im Einzelfall sogar falsch sein – wenn Sie im Rahmen der Subsumtion Sachverhalt aufführen, der zur Beurteilung, ob das jeweilige Tatbestandsmerkmal erfüllt ist, nicht benötigt wird.

6. Kein „laut Sachverhalt" bei der Subsumtion

Die Formulierung „laut Sachverhalt" ist **unnütz und überflüssig**. Der Leser weiß, dass das, was Sie im Rahmen der Subsumtion heranziehen, aus dem Sachverhalt stammt. Konzentrieren Sie sich darauf, nur das, was tatsächlich zur Subsumtion benötigt wird, bei der Subsumtion „aufs Papier" zu bringen.

Beispiel aus einer Klausur

„Ausgehend vom Sachverhalt liegt die Information vor, dass Gerda 14 Jahre alt ist".

Anstatt 13 Worte zu verwenden, hätte die Verfasserin ebenfalls schreiben können: „Gerda ist 14 Jahre alt" und hierdurch Zeit sparen können.

Ein **häufiger Fehler** – der Punkte kostet – ist es, **„laut Sachverhalt" zu schreiben, ohne den Sachverhalt zu benennen.**

Beispiel aus einer Klausur

„A müsste behindert sein. Das ist er laut Sachverhalt".

Im Sachverhalt waren bestimmte Gesundheitseinschränkungen des A aufgeführt, anhand derer zu prüfen gewesen wäre, ob eine Behinderung im Sinne des § 2 Abs. 1 SGB IX vorliegt. Die Worte „laut Sachverhalt" ersetzen niemals den Vergleich des konkreten Sachverhaltes mit der Definition.

Beispiel aus einer Klausur

„Aufgrund der Darstellungen im Sachverhalt ist ein Familienzuschlag nicht zu berücksichtigen".

Durch diese Formulierung wurde der Sachverhalt – die nachfragende Person lebte alleine – nicht unter die Voraussetzungen des § 85 Abs. 1 Nr. 3 SGB XII subsumiert, sondern ohne Begründung ein Ergebnis „geliefert".

7. Und überhaupt: Die Subsumtion

Subsumieren bedeutet, einen konkreten Sachverhalt den Tatbestandsvoraussetzungen einer Regelung unterzuordnen. Es ist also ein Vergleich vorzunehmen zwischen den – zunächst zu definierenden – Tatbestandsmerkmalen und dem Sachverhalt.

Beispiel

A müsste an einer Krankheit leiden. Eine Krankheit ist ein regelwidriger, behandlungsbedürftiger Körper- oder Geisteszustand. A´s Backenzahn ist schmerzhaft vereitert. Da dieser Zustand nicht dem Regelbild eines gesunden Körpers entspricht und damit regelwidrig ist und zudem einer zahnärztlichen Behandlung bedarf, leidet A an einer Krankheit.

Ein häufig anzutreffender Missstand ist, dass zwar die Subsumtion vorgenommen wird, dies jedoch „im Stillen", ohne es dem Leser der Arbeit – d.h. dem Korrektor – zu zeigen.

Dies zeigt sich auch in folgendem Beispiel aus einer Klausur zu § 61 SGB XII in der bis 31.12.2016 geltenden Fassung:

> *„Gewöhnliche und regelmäßig wiederkehrende Verrichtungen im Sinne des § 61 Absatz 1 S. 1 SGB XII sind die in § 61 Abs. 5 SGB XII genannten Tätigkeiten in den Bereichen Körperpflege, Ernährung, Mobilität und hauswirtschaftliche Versorgung. Somit ist auch dieses Kriterium erfüllt".*

> *§ 61 SGB XII lautete „Personen, die wegen einer körperlichen, geistigen oder seelischen Krankheit oder Behinderung für die gewöhnlichen und regelmäßig wiederkehrenden Verrichtungen im Ablauf des täglichen Lebens auf Dauer, voraussichtlich für mindestens sechs Monate, in erheblichem oder höherem Maße der Hilfe bedürfen, ist Hilfe zur Pflege zu leisten. Hilfe zur Pflege ist auch kranken und behinderten Menschen zu leisten, die voraussichtlich für weniger als sechs Monate der Pflege bedürfen oder einen geringeren Bedarf als nach Satz 1 haben oder die der Hilfe für andere Verrichtungen als nach Absatz 5 bedürfen; für Leistungen für eine stationäre oder teilstationäre Einrichtung gilt dies nur, wenn es nach der Besonderheit des Einzelfalles erforderlich ist, insbesondere ambulante oder teilstationäre Leistungen nicht zumutbar sind oder nicht ausreichen."*

Im Aufgabentext war deutlich hervorgehoben, dass die nachfragende Person einen Hilfebedarf hatte, der unter die aufgeführten Bereiche hätte subsumiert werden müssen. Die Verfasserin hatte den konkreten Hilfebedarf der nachfragenden Person jedoch mit keiner Silbe erwähnt und damit keine Begründung für ihre Schlussfolgerung vorgenommen, der Hilfebedarf beziehe sich auf gewöhnliche und regelmäßig wiederkehrende Verrichtungen.

8. Unterschiedliche Personen – unterschiedliche Prüfungen

Lautet die Frage: „Haben A, B und C Anspruch auf Leistungen nach dem SGB II?", hat für jede Person eine separate Prüfung zu erfolgen, da das SGB II weder gemeinsame Ansprüche mehrerer Personen noch Ansprüche „der Bedarfsgemeinschaft" vorsieht.

Der Sachverhalt, der unter einzelne Tatbestandsmerkmale zu subsumieren ist, ist bei unterschiedlichen Personen in aller Regel unterschiedlich. So kann es sein, dass sich der gewöhnliche Aufenthalt des A, der mit B und C in einer Bedarfsgemeinschaft lebt, aus dem Ort der Unterkunft und dem Ort, an dem er seiner Erwerbstätigkeit nachgeht, ergibt, der gewöhnliche Aufenthalt der B aus dem Ort der Unterkunft und den in derselben Stadt unterhaltenen sozialen Kontakten. Bei C sind beispielsweise Unterkunft, Vereinsaktivitäten und Schulbesuch Maßstab für den gewöhnlichen Aufenthalt. Der Sachverhalt wäre nicht vollständig ausgeschöpft, wenn man eine einheitliche Prüfung von A, B und C vornähme und hierbei kurz auf die gemeinsame Wohnung hinweisen würde.

9. Arbeiten Sie effizient

Arbeiten Sie, gerade wenn Sie in Zeitnot geraten – aber auch, um sich vor Zeitnot zu bewahren -, effizient. Hierzu gehört, dass Sie auf Prüfungen verzichten, die nicht erforderlich sind.

Wenn Sie zu prüfen haben, ob eine 53-jährige erwerbsfähige Person Anspruch auf Leistungen zum Lebensunterhalt hat, so wäre es nicht zielführend, Ansprüche auf Leistungen der Grundsicherung im Alter und bei Erwerbsminderung nach § 19 Abs. 2 SGB XII i.V.m. § 41 SGB XII über das Tatbestandsmerkmal „dauerhaft voll erwerbsgemindert" hinaus zu prüfen.

Berücksichtigen Sie dies, so haben Sie Zeit, sich der naheliegenden Anspruchsgrundlage § 7 SGB II i.V.m. § 19 Abs. 1 S. 1 SGB II zu widmen.

10. Verlieren Sie niemals den Bezug zur Klausurfrage

Ausführungen, die nicht in unmittelbarem Zusammenhang mit der Prüfung der einzelnen Anspruchs- oder Ermächtigungsgrundlagen stehen, sind überflüssig und damit streng genommen falsch. Sie tragen in keiner Weise zur Lösung der gestellten Aufgabe. Sie erhalten keine Punkte dafür, dass Sie in einer Klausur, die erkennbar alleine Leistungen der Grundsicherung im Alter und bei Erwerbsminderung zum Gegenstand hat, wunderbare, geniale Gedanken in Bezug auf die Eingliederungshilfe für behinderte Menschen äußern.

Also: Lassen Sie das sein!

Beispiel aus einer Klausur

Die Fallfrage lautet, ob A einen Anspruch auf Hilfe zum Lebensunterhalt hat. Die Lösung beginnt wie folgt: „Das Sozialhilferecht hat die Aufgabe, dem Empfänger ein Leben zu ermöglichen, das der Menschenwürde entspricht. Wünschen des Betroffenen ist Folge zu leisten."

Diese Ausführungen hatten an dieser Stelle nichts mit der Fallfrage zu tun und waren damit überflüssig.

Häufig finden sich in Klausuren allgemeine Abhandlungen über das Sozialhilferecht „an sich" und seine Strukturprinzipien (Kenntnisgrundsatz, Bedarfsdeckungsgrundsatz u.s.w.), ohne dass dies an der vom Bearbeiter gewählten Stelle erforderlich wäre. Damit wird viel Platz, Tinte und vor allem Zeit verschwendet. Für diese Ausführungen können selbst dann, wenn sie außergewöhnlich gut und brillant sind, keine

Leistungspunkte vergeben werden. Stattdessen hinterlassen Sie einen schlechten Eindruck beim Korrektor, der Ihren Aufbau und den verloren gegangenen roten Faden kritisieren wird. Sind die überflüssigen Ausführungen dann noch fehlerhaft, wirkt sich dies ebenfalls auf den Eindruck des Korrektors – wenn nicht sogar auf die Benotung – aus.

Allgemein lässt sich sagen, dass nur dasjenige positiv bewertet wird, was auch tatsächlich auf dem Weg zwischen der Klausurfrage und der Beantwortung dieser Frage erforderlich ist.

11. Verweise nach oben, Verweise nach unten

Verweise auf spätere Ausführungen sind ein sicherer Hinweis dafür, dass die Ausführungen an dieser Stelle nicht erforderlich sind – und damit auch nicht der Verweis nach unten.

Beispiel aus einer Klausur

„A und B leben zusammen. Hierauf ist später noch einzugehen bei der Frage, ob sie eine ehe-ähnliche Gemeinschaft sind und welche Konsequenzen sich hieraus in Bezug auf den Einkommenseinsatz ergeben".

Offensichtlich hat das Zusammenleben von A und B an der Stelle, an der auf spätere Ausführungen verwiesen wird, nichts zu suchen. Sie beeindrucken den Korrektor nicht, indem Sie ihn bereits an dieser Stelle mit etwas überraschen, was dort nicht hingehört. Sie haben vielmehr Zeit verloren. Darüber hinaus besteht die Gefahr, dass Sie nun auch den roten Faden verlieren oder sich eingehend über die Frage der ehe-ähnlichen Gemeinschaft und die Folgen im Hinblick auf die Anrechnung von Einkommen ergehen.

Also: **Verweis nach unten – lassen Sie das!**

Verweise auf bereits Geschriebenes, d.h. „nach oben" sind hingegen richtig, z.B. wenn Sie sich – zu Recht – ersparen wollen, ein und dieselbe Definition mehrmals zu formulieren.

12. Vorsicht bei der Verwendung des Urteilsstils

Zweifellos kann man, wenn man den Urteilsstil sicher beherrscht *und* richtig anwendet, *etwas* Zeit sparen. Bevor Sie sich jedoch dazu entscheiden, den Urteilsstil zu verwenden, bedenken Sie die Risiken und wägen Sie diese gegenüber den möglichen Vorteilen gut ab.

Bereits oben wurde aufgezeigt, dass sich der Urteilsstil in seinen Prüfschritten nicht vom Gutachtenstil unterscheidet. Alleine die Reihenfolge der Prüfschritte ist anders, weil das Ergebnis an den Anfang gestellt wird.

Verlockend klingt, dass Sie nicht mehr schreiben werden: „Darüber hinaus müsste A seinen gewöhnlichen Aufenthalt im Inland haben" und nach der Definition des Begriffs „gewöhnlicher Aufenthalt" und dem Vergleich der Definition mit dem im Sachverhalt dargestellten Sachverhalt und der anschließenden Definition des Begriffs „Inland" sowie der anschließenden Subsumtion zum Ergebnis kommen werden: „A hat seinen gewöhnlichen Aufenthalt im Inland". Vielmehr werden Sie beginnen mit: „A hat seinen gewöhnlichen Aufenthalt im Inland" und setzen dies fort mit der Definition und Subsumtion der Tatbestandsmerkmale „gewöhnlicher Aufenthalt" und „Inland".

In jedem Fall werden Sie sich nun den abschließenden und das Ergebnis der Prüfung der Tatbestandsmerkmale widergebenden Satz „A hat seinen gewöhnlichen Aufenthalt im Inland" ersparen, denn diesen haben Sie ja bereits an den Anfang gestellt.

Voraussetzung für die Anwendung des Urteilsstils ist, dass Sie das Ergebnis der Prüfung vorab bereits kennen, da Sie dieses an den Anfang Ihrer Ausführungen setzen wollen. Kennen Sie denn das Ergebnis bereits, bevor Sie zu schreiben beginnen? Oder entwickeln sie es erst im Laufe der Klausur?

Wenn Sie das Ergebnis nur oberflächlich „eingeschätzt" haben, besteht die Gefahr, dass Sie sich nicht etwa Zeit ersparen, sondern im Gegenteil sehr viel Zeit verschwenden, wenn Sie während der im Urteilsstil verfassten Lösung merken, dass Sie Ihr Pferd in die falsche Richtung geführt haben.

Dies spricht dafür, den Urteilsstil auf die Prüfung von Tatbestandsmerkmalen zu beschränken, deren Vorliegen oder Nichtvorliegen „auf den ersten Blick" und ohne Zweifel zu erkennen ist. Diese Arbeitsweise setzt Erfahrung und profundes Wissen voraus, fördert zugleich eine gewisse – sehr gefährliche – Überheblichkeit.

Sehr oft zeigt sich in Klausuren, die im Urteilsstil verfasst sind, dass das Gesetz nicht sorgfältig geprüft wurde.

Beispiel aus einer Klausur

„A hat Einkommen von 806,83 Euro durch Rente von der DRV Hessen. Sozialversicherungsbeiträge und Steuern wurden bereits abgezogen. Einkommen ist das, was A während des Bedarfszeitraums zufließt an Geld."

Neben den grammatikalischen Unfertigkeiten fallen Begründungsschwächen auf. Begründungsschwäche ist eine höfliche Umschreibung der Erkenntnis, dass der Verfasser der Klausur im Grunde genommen überhaupt nichts begründet hat. Zunächst formuliert er, wie es der Urteilsstil vorsieht, das Ergebnis „Rente = Einkommen". Im nächsten Satz findet sich jedoch weder die Definition des Begriffs Einkommen noch eine Subsumtion, die dem Leser erklärt, dass es sich bei der Rentenzahlung deshalb um Einkommen handelt, weil sie im Laufe des Bedarfszeitraums zufließt und der Gesetzgeber keine hiervon abweichende Regelung geschaffen hat. Stattdessen erfolgt eine Einbeziehung der Absetzungspositionen des § 82 Abs. 2 Nr. 1 und 2 SGB XII – die wiederum voraussetzen, dass es sich bei der Rentenleistung überhaupt um Einkommen handelt, was der Verfasser zuvor allerdings nicht geprüft hat; eine Benennung der Vorschrift erfolgt ebenso wenig. Mit der Prüfung, *ob* es sich bei der Rentenzahlung um Einkommen handelt, haben die Absetzungspositionen nichts zu tun. Zum Abschluss gibt der Verfasser die Definition des Begriffs Einkommen wieder, die nun allerdings ohne inhaltlichen Bezug zum davorstehenden Satz steht.

13. Ebenfalls wichtig: Zitieren Sie das Gesetz exakt!

Bei der Ausfertigung Ihrer Klausur ist die jeweilige Vorschrift exakt zu benennen.

Beispiel

§ 45 Abs. 2 S. 3 Nr. 3 Halbs. 2 SGB X

Häufig ist ein ungenaues Zitieren des Gesetzes ein Indiz dafür, dass das Gesetz überhaupt nicht geprüft wurde, sondern sich der Verfasser seiner Erinnerung bedient hat. Und das Gedächtnis wiederum ist die Quelle vieler Fehler. Denken Sie daran:

Das Gesetz ist in der Klausur **Ihr einziger Freund.** Es beantwortet Ihnen jede Frage – Sie müssen es allerdings lesen.

14. Roter Faden

Bereits oben wurden Sie auf den roten Faden hingewiesen, der sich – beginnend mit dem Einleitungssatz, der an die Fragestellung anknüpft und endend mit der Beantwortung der Frage – durch ihre Klausur spannen soll. Es verwundert nicht, dass Sie dieses Kapitel wahrscheinlich nicht auf sich beziehen, denn sicherlich gehen Sie – wie wohl jeder von uns – davon aus, dass er bei einer Prüfung den Weg des Erforderlichen nicht verlässt und nur dasjenige schreibt oder sagt, was tatsächlich zielführend ist. Die Wirklichkeit lehrt uns aber, dass wir den geraden Weg häufig verlassen.

Um diesen roten Faden zu schaffen, bietet es sich zumeist an, die Arbeit zu gliedern. Verwenden Sie hierbei die üblichen Gliederungs- und Untergliederungsbezeichnungen (z.B. *A Zulässigkeit der Klage, I. Rechtswegeröffnung, II. Statthaftigkeit der Klage, 1. Klägerisches Begehren, 2. Verwaltungsakt, 3. Kein Ausschlussgrund, III. Klagebefugnis (..), B Begründetheit der Klage, I. Ermächtigungsgrundlage u.s.w.).* Eine derartige Gliederung hilft Ihnen, nur zur Sache gehörende Ausführungen zu machen und anderes, was Sie wissen und gerne „loswerden" wollen, was aber nicht zur Aufgabenlösung – oder an eine andere Stelle innerhalb der Prüfung – gehört, nicht oder an anderer Stelle zu schreiben.

Die Gliederung der Arbeit ist nicht willkürlich, sondern Spiegelbild des Gesetzes. Die Klausurfrage bestimmt den Kreis der anzuwendenden gesetzlichen Regelungen. Die gesetzlichen Regelungen bestimmen die zu prüfenden Tatbestandsmerkmale und die sich daran anschließenden Rechtsfolgen. All dies sollte sich auch in der Gliederung widerspiegeln.

15. Tabu: Verändern des Sachverhaltes

Ein immer wieder zu beobachtender Fehler ist, dass Bearbeiter die Klausurfrage oder den durch den Klausurtext vorgegebenen Sachverhalt so lange „zurechtbiegen", bis er zu ihrem Wissen passt. Da das nun dargestellte Wissen aber nicht zur Klausurfrage passt, gibt es hierfür keine Punkte. Ganz im Gegenteil versperren Sie sich, weil Sie eine nicht gestellte Frage beantworten oder einen falschen Sachverhalt würdigen, die Möglichkeit, Ihre Klausur erfolgreich abzuschließen.

Beispiel aus einer Klausur

Ein Hilfesuchender hatte die Widerspruchsfrist unverschuldet um einen Tag versäumt. Ein Bearbeiter der Klausur hatte den Zeitpunkt der Bekanntgabe zunächst über die Dreitagesfiktion des § 37 Abs. 2 S. 1 SGB X bestimmt und hiervon ausgehend Beginn und Ende der Widerspruchsfrist fehlerfrei bestimmt. Er kam zu Recht zu dem Ergebnis, dass der Widerspruch verfristet sei. Dieses Ergebnis behagte ihm offenbar nicht – vielleicht kannte er die Regelungen zur Wiedereinsetzung in den vorigen Stand § 84 Abs. 2 S. 3 SGG i.V.m. § 67 SGG nicht -, denn nun verlegte er einfach die die Dreitagesfiktion auslösende Aufgabe des Verwaltungsaktes zur Post um einen Tag nach hinten, indem er die bisher richtigen Daten mit seinem Kugelschreiber überschrieb. Hierdurch wurde die bis dahin richtige Lösung insgesamt falsch.

Dass ein Sachverhalt oder eine Klausurfrage bewusst verändert werden, ist die Ausnahme. Häufiger kommt es vor, dass die Veränderung eine Folge ungenauen Lesens des Sachverhaltes oder der Fallfrage ist oder der Klausurbearbeiter den Sachverhalt im Laufe der Bearbeitung mit einem früher zu Übungszwecken bearbeiteten Sachverhalt verwechselt. Gegen diese Fehler hilft nur mehrfaches Lesen der Fallfrage und des Sachverhaltes (siehe oben).

16. Tabu: Erweitern des Sachverhaltes

Das Erweitern des Sachverhaltes ist streng genommen ebenfalls eine Form des Veränderns. Häufig liegen ihm allerdings andere Motive zugrunde.

Beispiel 1

Der Sachverhalt gab vor, eine voll erwerbsgeminderte Person habe sozialhilferechtliche Leistungen zum Lebensunterhalt beantragt. In einer Klausur fanden sich folgende Ausführungen:

„Ein Mehrbedarf könnte nach § 30 Abs. 1 Nr. 2 SGB XII bestehen, da Julia voll erwerbsgemindert ist und daher sicher einen Ausweis mit dem Merkzeichen G nachweisen kann."

In der Folge erkannte die Bearbeiterin den Mehrbedarf an. Dass Julia Inhaberin eines Schwerbehindertenausweises mit Merkzeichen G war, konnte dem Sachverhalt jedoch an keiner Stelle entnommen werden. Die Ausführungen zu § 30 Abs. 1 Nr. 2 SGB XII waren damit falsch. Richtig gewesen wäre es, § 30 Abs. 1 Nr. 2 SGB XII anzusprechen – denn Julia erfüllte immerhin zwei von drei Tatbestandsmerkmalen – und einen Mehrbedarf abzulehnen, weil kein Schwerbehindertenausweis mit Merkzeichen G vorhanden war.

Beispiel 2

Laut Aufgabenstellung war zu überprüfen, ob die Voraussetzungen für die Rücknahme eines Sozialhilfe-Bewilligungsbescheides nach § 45 SGB X erfüllt waren. Der Bescheid war von einem Vermögensfreibetrag (§ 1 VO zu § 90 Abs. 2 Nr. 9 SGB XII in der bis zum 31.12.2016 geltenden Fassung) in Höhe von 2.856 € ausgegangen. Der Verfasser einer Klausur stellte zu Recht fest, dass der Freibetrag der Adressatin des Bescheides 2.600 € betrug und die Voraussetzungen für eine Erhöhung dieses Freibetrages um 256 € nicht erfüllt waren, weil sie ihren Sohn nicht überwiegend unterhielt. Gleichwohl zog der Verfasser hieraus nicht die rechtliche Konsequenz, dass der Freibetrag zu hoch angesetzt worden war, sondern formulierte:

„Doch gemäß § 2 VO zu § 90 Abs. 2 Nr. 9 SGB XII ist das Schonvermögen bei einer besonderen Notlage im Einzelfall angemessen zu erhöhen. Daher kann unterstellt werden, dass die Behörde rechtmäßig den Schonbetrag auf 2.856 € erhöht hat."

Für diese Erweiterung des Sachverhaltes gab es keinen Anhaltspunkt.

17. Lebensnahe Interpretation des Sachverhalts

Von der Veränderung des Sachverhaltes zu unterscheiden ist die Frage der Interpretation des Sachverhaltes.

Sie können grundsätzlich davon ausgehen, dass der Sachverhalt *vollständig* ist und damit sämtliche Angaben enthält, die Sie zur Subsumtion und damit zur Falllösung benötigen. Falls er – ganz ausnahmsweise – tatsächlich ergänzungsbedürftig sein sollte, **so ergänzen Sie ihn lebensnah**, d.h. so, dass es dem typischen Normalfall im „wirklichen Leben" entspricht.

Sie können ebenso davon ausgehen, dass der Sachverhalt *richtig* ist und Ihrerseits keiner Richtigstellung bedarf.

Beispiel aus einer Klausur

Der Sachverhalt wies aus, dass für eine 51-jährige behinderte Frau Kindergeld geleistet wurde. Durch das kindergeldberechtigte Elternteil wurde das Kindergeld an das behinderte Kind weitergeleitet. Einigen Bearbeitern war der Sachverhalt suspekt, da sie offenbar nicht wussten, dass das EStG ebenso wie das BKGG Kindergeld auch für erwachsene Kinder vorsehen, wenn diese behindert sind. Anstatt dies mithilfe des Gesetzes zu überprüfen oder, sofern die entsprechenden Gesetze nicht vorlagen, den Sachverhalt so, wie er vorgegeben war, in die sozialhilferechtliche Klausur einzubinden – also festzustellen, dass das Kindergeld Einkommen ist und sich zu fragen, wem das Einkommen im Sinne des § 82 SGB XII zuzurechnen ist -, erklärten sie die Kindergeldgewährung als „offensichtlich rechtswidrig" und beendeten insoweit ihre Prüfung.

Ein weiteres Beispiel aus einer Klausur

Eine Aufgabe in der Klausur bezog sich auf den 63-jährigen Herrn Weber, dem bereits eine Altersrente gewährt wurde. Im Jahr 1996 hatte er einen schweren Verkehrsunfall erlitten, so dass er noch zum Zeitpunkt der Geltendmachung von Sozialhilfeansprüchen laufende Schmerzensgeldzahlungen erhielt. Außerdem litt er an Magengeschwüren. Darüber, ob Herr Weber noch in der Lage war, drei Stunden am Tag unter den üblichen Bedingungen des Arbeitsmarktes erwerbstätig zu sein – und damit darüber, ob er voll erwerbsgemindert war – enthielt der Sachverhalt keine Angaben.

Dennoch beurteilten einige Studierende Herrn Weber als voll erwerbsgemindert. Die einen begründeten dies mit seinem Anspruch auf Altersrente, die anderen mit seinem Gesundheitszustand. Das Beziehen von Altersrente ist jedoch mit einer vollen Erwerbsminderung keineswegs gleichzusetzen. Der Gesundheitszustand des Herrn Weber rechtfertigte keinesfalls den Schluss, er sei nicht mehr in der Lage, drei Stunden am Tag auf dem allgemeinen Arbeitsmarkt unter üblichen Bedingungen erwerbstätig zu sein.

18. Eindeutige, exakte und konkrete Formulierungen

Das wichtigste Werkzeug der Juristen ist die (geschriebene) Sprache. Daher müssen Sie besonderes Augenmerk auf Ihre Formulierungen verwenden und sich so präzise wie möglich ausdrücken.

Dies stellt Sie in den Rechtswissenschaften bereits deshalb vor hohe Anforderungen, weil der allgemeine Sprachgebrauch nicht immer mit dem juristischen Sprachgebrauch übereinstimmt, obwohl dieselben Worte verwendet werden. So gebraucht der Laie vielleicht den Begriff „Besitzer", wenn er „Eigentümer" im Rechtssinne meint. Wer „gilt" sagt, meint damit noch lange nicht eine gesetzliche Fiktion. Man kann viele weitere Beispiele finden.

Das eigentliche Problem liegt nicht darin, dass die Rechtswissenschaft bestimmte Fachtermini benutzt – dies kennt man aus anderen Wissenschaften, bspw. der Chemie, Physik oder Medizin. Wer Medizin studiert, muss den Begriff Appendix verwenden, wenn er umgangssprachlich den Blinddarm meint. Hieran stören sich nur Laien, für die Mediziner bedeutet der Fachterminus jedoch Sicherheit, da jedermann aus dieser Berufsgruppe klar ist, welcher Teil des Körpers gemeint ist und regionale sprachliche Unterschiede damit überwunden werden.

Das Erlernen der juristischen Fachtermini ist auf den ersten Blick schwieriger, weil sich Fachsprache und Umgangssprache häufig derselben Ausdrücke bedienen, ihnen jedoch, wie oben gezeigt, teilweise eine unterschiedliche Bedeutung zukommt.

Bei der Erarbeitung einer Klausur haben Sie darauf zu achten, dass Sie den juristischen Sprachgebrauch verwenden. Das sichere Verwenden von Fachtermini wird Ihnen aber nur gelingen, wenn Sie sie zunächst einmal erlernt haben. Wie wird Ihnen das gelingen? Es gibt im Grunde nur einen einzigen Weg: Um die juristische Sprache zu verinnerlichen, ist es unabdingbar, juristische Literatur (Aufsätze, Urteile, Bücher) zu lesen. Je mehr Sie lesen, desto besser wird Ihr Ausdrucksvermögen, desto besser werden in aller Regel auch Ihre juristischen Klausuren, Seminararbeiten und nicht zuletzt die Bachelorthesis.

Eine Quelle von Fehlern ist aber auch die unsichere Verwendung der deutschen Sprache. Wer nicht in der Lage ist, seine Gedanken verständlich zu formulieren, mag ein guter Wissenschaftler in anderen Disziplinen werden, nicht jedoch in den Rechtswissenschaften.

Und was, wenn *Sie* bemerken, dass Sie enorme Schwierigkeiten haben, sich juristisch präzise auszudrücken? Was, wenn Sie in den Korrekturanmerkungen häufig Fragezeichen und „A" (Ausdruck) finden? Dann ist das ein deutlicher Hinweis darauf, dass Sie dringend juristische Texte lesen müssen. Sie müssen lesen, lesen, lesen, lesen. Ziehen Sie *zu jedem* Bereich, den Sie lernen (müssen), juristische Fachtexte (Kommentare, Aufsätze) und Urteile heran und lesen Sie diese. Allmählich werden Sie unbewusst die juristische Ausdrucksweise annehmen, Ihr Ausdruck wird besser und besser. Aber seien Sie gewarnt: Dies wird nur gelingen, wenn Sie diesen steinigen Weg einige Monate gehen. Wer nur ein oder zwei Urteile liest, verbessert seine Ausdrucksweise nicht.

19. Abkürzungen

Verwenden Sie Abkürzungen! Aber verwenden Sie nur diejenigen Abkürzungen, die allgemein oder im juristischen Sprachgebrauch gebräuchlich sind.

Goldene Regel: Verwenden Sie keinesfalls – d.h. niemals und ohne Ausnahme – selbst erfundene Abkürzungen.

Handelt es sich um gebräuchliche Abkürzungen (BGB, SGB XII, VwGO, z.B., u.s.w.), so besteht keine Notwendigkeit, sie beim ersten Gebrauch auszuschreiben. Sie werden also nicht „Paragraf (§) 40 Absatz (Abs.) 1 Verwaltungsgerichtsordnung (VwGO)", sondern § 40 Abs. 1 VwGO schreiben.

Sind Sie sich nicht sicher, ob eine Abkürzung gebräuchlich ist, verschaffen Sie sich Gewissheit, indem Sie ein juristisches Abkürzungs-Handbuch (z.B. Kirchner/Butz) und ein Wörterbuch der deutschen Sprache zur Hand nehmen. In einer Klausur stehen Ihnen diese nicht zur Verfügung, so dass Sie besser auf eine Abkürzung, die Sie nicht sicher kennen, verzichten sollten.

Abkürzen dürfen und sollten Sie die Namen der Protagonisten des Sachverhaltes. Schreiben Sie also nicht: „Frau Emilie Hannelore Fischer könnte einen Anspruch auf (…) haben", sondern „F. könnte einen Anspruch auf (…) haben. Bei der ersten Verwendung der Abkürzung sollten Sie den Namen allerdings einmal ausschreiben („Frau Fischer (F.) könnte einen Anspruch auf (…) haben".)

20. Über die Worte „kann" und „darf"

Sie wissen vielleicht bereits, dass der Gesetzgeber unter anderem dann, wenn er in Hinblick auf eine Rechtsfolge „kann" oder „darf" verwendet, der jeweiligen Behörde in der Regel Ermessen einräumt. Sind Begriffe des Alltags derart eng mit einem juristischen Inhalt belegt, sollten Sie bei deren Verwendung im juristischen Kontext – also z.B. in einer Klausur, Hausarbeit, Seminararbeit oder Thesis – sehr vorsichtig sein.

Beispiel aus einer Klausur
„Somit dürfen 182 Euro abgesetzt werden".

Die Bearbeiterin erweckt den Eindruck, als ob es im Ermessen des Sozialhilfeträgers stünde, diesen Betrag von den Einkünften des Betroffenen abzuziehen. § 82 Abs. 3 SGB XII, der hier geprüft wurde, stellt diese Absetzung jedoch keineswegs in das Ermessen des Sozialhilfeträgers, sondern verpflichtet den Sozialhilfeträger zur Absetzung.

Sie sehen: Die Verwendung der Worte „kann" und „darf" führt leicht zu Missverständnissen. Auch wenn es kein Tabu ist, sie zu verwenden, sollten Sie sie, wenn möglich, alleine im Zusammenhang mit einer Ermessenseröffnung verwenden und im Übrigen möglichst auf sie verzichten.

21. Psychologie

Unterlassen Sie all das, was den Korrektor unbewusst gegen Sie einnehmen könnte oder zu einem Vorurteil gegen Sie veranlassen könnte.

Versuchen Sie niemals – **niemals!** – ihn durch Mitleid („Sicher ist meine Klausur sehr schlecht, ich hatte zwei Wochen Grippe und konnte nicht lernen"), Humor (hierzu unten mehr) oder herzförmige Punkte über dem Buchstaben „i" auf Ihre Seite zu ziehen. Sie werden genau das Gegenteil erreichen. Ein Korrektor will objektiv sein und reagiert sehr empfindlich auf derartige Beeinflussungsversuche. Er wird Ihnen, falls er im Zweifel zwischen zwei Noten ist, die schlechtere Note geben, weil er sich nicht dem Vorwurf aussetzen wird, Sie hätten es geschafft, ihm seine Objektivität zu nehmen. Also erreichen Sie das Gegenteil von dem, was Sie (vielleicht) erreichen wollten.

Wichtiger noch als das Bewusste ist das Unbewusste. Passen Sie auf, dass Sie den Korrektor nicht unbewusst gegen sich aufbringen.

Wie man es schafft, einen Korrektor unterbewusst gegen sich aufzubringen? Ganz einfach: Versetzen Sie sich in die Situation eines Korrektors, der gerade die 281. Klausur korrigiert und nervlich am Abgrund steht. Nun hält er Ihre Klausur in Händen.

Bereits die erste Seite lässt sich kaum lesen, weil Sie Vor- und Rückseite eines sehr saugfähigen Papiers mit einem Füller mit breiter, **großzügig Tinte spendender Feder** beschrieben haben, so dass sich das Geschriebene der Vorderseite auch auf der Rückseite lesen lässt und umgekehrt. Nun muss sich der Korrektor erheblich konzentrieren, um aus dem Übereinander des Geschriebenen auf der Vor- und der Rückseite Lesbares und Verständliches herauszufiltern. Anstatt die Klausur in 10 Minuten lesen zu können, braucht er bei Ihnen 30 oder 40 Minuten. Wie wird er sich fühlen? Können Sie sich vorstellen, dass auch ein erfahrener, sich selbst reflektierender Prüfer unterbewusst einen schlechten Eindruck von Ihrer Arbeitsweise haben kann, der sich auf die Benotung auswirkt? Sie sollten es sich vorstellen und versuchen, diesen Eindruck nicht entstehen zu lassen.

Auch wenn Sie sehr dünne Federn verwenden oder diese zu fest auf das Papier pressen, so kann ein schlechter Eindruck entstehen, sofern sie mit der Feder **Löcher in das Papier reißen**. Beschreiben Sie nun auch die Rückseite, so besteht die Gefahr, dass kleinere Stellen nicht mehr lesbar sind oder sogar größere Lücken entstehen.

Ähnliches gilt, wenn die Schrift selbst für einen erfahrenen Korrektor fast **nicht zu entziffern** ist.

Versetzen Sie sich einmal in den Prüfer, der **keinen Rand für Korrekturbemerkungen** vorfindet und versuchen muss, seine Anmerkungen und Korrekturhinweise irgendwo zwischen Ihre Ausführungen zu setzen. Glauben Sie nicht auch, dass die Gefahr besteht, dass sich sein Ärger – auch wenn ihm dies selbst nicht bewusst ist – in der Bewertung Ihrer Klausur niederschlagen kann?

Also: Schreiben Sie mit einem Füllfederhalter oder einem Kugelschreiber, den Sie zuvor ausprobiert haben und von dem Sie wissen, dass Sie damit weder Tintenflecken noch Löcher im Papier hinterlassen werden. Beschreiben Sie das Papier nur einseitig, wenn die Gefahr besteht, dass die Tinte auf der anderen Seite zu erkennen ist. Und lassen Sie einen Korrekturrand von ca. einem Viertel bis einem Drittel der Papierbreite.

Und es gibt noch einen weiteren, sehr wichtigen Aspekt, den Sie beachten sollten: Versetzen Sie sich in den Korrektor, der zwischen den geschriebenen Worten in der Klausur **„weder Punkt noch Komma"** oder Abstände zwischen den einzelnen Worten vorfindet und nur unter erheblicher Konzentration in der Lage ist nachzuvollziehen, was Sie geschrieben haben oder an welcher Stelle der Prüfung Sie sich gerade befinden.

Glauben Sie tatsächlich, dass es gut für Ihre Benotung ist, wenn sich der Korrektor die Mühe machen muss, jedes Wort zu entziffern und deshalb wirklich jedes Wort liest und abwägt, ob es richtig gesetzt ist? Oder ist es nicht vielmehr besser, wenn der Korrektor Ihren Text überfliegt, weil er leicht lesbar ist, der Korrektor die erwarteten Schlagworte findet und mit flinker Handbewegung einen Haken daneben setzt?

Denken Sie daran: Korrektoren sind Vielleser, die sich in aller Regel Techniken zum schnellen Lesen und Erfassen von Texten angeeignet haben. Diese Techniken zielen zumeist darauf ab, den Sinn und Inhalt des Geschriebenen zu erfassen, ohne sich jedes Wort in jeder verwendeten grammatischen Beugung zu vergegenwärtigen. Es kommt nicht selten vor, dass hierbei „unsaubere" oder sogar fehlerhafte Formulierungen überlesen und als richtig bewertet werden, weil die richtigen Schlagworte verwendet werden und der Sinn der Ausführungen insgesamt betrachtet stimmig erscheint.

Wehe dem, der den Korrektor – indem er sehr klein, sehr undeutlich, unleserlich krakelnd schreibt – **zwingt, jedes Wort zu entziffern…**

Und außerdem: Wer hat Ihnen geraten, möglichst klein zu schreiben, damit Sie oder Ihre Hochschule geringere Ausgaben für Klausurpapier hat? Wer hat Ihnen auferlegt, auch die Rückseite des Klausurbogens zu beschreiben? Wer hat Ihnen verboten, Gliederungspunkte mit Überschriften (1.1 Rechtswegeröffnung, 1.2. Statthaftigkeit, 1.3 Klagebefugnis, 1.4…) zu versehen, die es dem Korrektor leichtmachen, über Ihre Arbeit „hinweg zu fliegen", die erwarteten Stichworte abzuhaken und Ihnen eine gute Note zu geben, ohne wirklich jedes Wort bewusst gelesen zu haben – und die Ihrer Arbeit gleichzeitig zu innerer Struktur und rotem Faden verhelfen? Wer hat Ihnen verboten, mit einem Kugelschreiber zu schreiben? Niemand!

Übrigens: Glauben Sie wirklich, dass Ihre Arbeit dem Korrektor positiv auffallen wird, wenn sie in roter, pinkfarbener oder hellgrüner Tinte geschrieben wurde?

22. „Tatbestandsmerkmal", „Tatbestandsvoraussetzung" oder „Anspruchsvoraussetzung"?

Zuweilen wird die Auffassung vertreten, die Begriffe „Tatbestandsmerkmal", „Tatbestandsvoraussetzung" und „Anspruchsvoraussetzung" stünden nicht gleichberechtigt nebeneinander. Vielmehr gebe es Rechtsgebiete, in denen nur die eine oder nur die andere Formulierung verwendet werden dürfte.

Zu Ihrer Beruhigung: Das Bundessozialgericht verwendet in seinen Entscheidungen alle drei Begriffe nebeneinander, ohne einen inhaltlichen Unterschied zu machen. Also dürfen *Sie* dies – jedenfalls auf dem Gebiet des Sozialrechts – ebenfalls tun.

23. Noch einmal: Gutachten- und Urteilstechnik

Gutachten- und Urteilsstil unterscheiden sich darin, dass der Urteilsstil das Ergebnis der juristischen Prüfung an die vordere Stelle der Ausarbeitung steht, der Gutachtenstil an die letzte Stelle. Grundsätzlich spielt es für die Lösung einer gestellten Aufgabe und damit für die Benotung der Klausur keine Rolle, in welchem der Stile gearbeitet wurde. Dies ist nur dann anders, wenn die Prüfungsordnung des jeweiligen Studiengangs etwas anderes bestimmt oder Sie zu einer gutachtlichen Prüfung aufgefordert wurden. **Machen Sie sich unbedingt mit der Prüfungsordnung Ihres Studiengangs vertraut, bevor Sie eine Klausur schreiben.**

24. Das Ergebnis

Haben Sie die gesetzlichen Voraussetzungen geprüft, so müssen Sie die **Rechtsfolge** bestimmen. Handelt es sich um eine Pflichtentscheidung, so ist die Benennung der Rechtsfolge einfach, denn sie ergibt sich unmittelbar aus dem Gesetz.

Wie ist aber zu verfahren, wenn der Gesetzgeber durch Verwendung von Begriffen wie „darf" oder „kann" verdeutlicht hat, dass eine Ermessensentscheidung zu treffen ist?

Halten Sie sich immer vor Augen, aus welchem Grund der Gesetzgeber der Exekutive Ermessen einräumt. Im Fall der Ermessenseröffnung hat der Gesetzgeber es für richtig gehalten, nicht für sämtliche denkbaren Fallgestaltungen dieselbe Rechtsfolge anzuordnen, weil er erkannte, dass damit in einer Vielzahl von Fällen Rechtsfolgen herbeigeführt würden, die er nicht beabsichtigte. Um eine seinem Willen entsprechende Regelung des Einzelfalls zu ermöglichen, hat er der jeweils zuständigen Behörde die Aufgabe auferlegt, den Sachverhalt zu ermitteln und die Rechtsfolge dem Zweck der Ermächtigungsnorm entsprechend selbst durch Verwaltungsakt zu setzen.

Dem entsprechend gibt § 39 SGB I die Anleitung für die Ausübung von Ermessen: Der Zweck der Ermächtigungsnorm – d.h. derjenigen Vorschrift, die die Ermessensausübung anordnet – ist Maßstab für die Entscheidung. Sie müssen also zunächst den Zweck der Vorschrift darstellen und anschließend anhand des konkreten Sachverhaltes Überlegungen anstellen, wie die konkrete Ermessensbetätigung unter Beachtung des Zwecks der Vorschrift auszusehen hat. Hierbei dürfen Sie nur diejenigen Tatsachen aus dem Sachverhalt in die konkrete Entscheidung einbeziehen, die in einem Zusammenhang mit dem Zweck der Ermächtigungsnorm stehen.

Zusätzlich zu dem Zweck der zur Ermessensbetätigung ermächtigenden Norm (vgl. § 39 Abs. 1 SGB I) ist im Rahmen einer sozialrechtlichen Ermessensausübung zu beachten, dass die sozialen Rechte möglichst weitgehend verwirklicht werden (§ 2 Abs. 2 SGB I), auch § 33 SGB I ist zu berücksichtigen.

Selbstverständlich dürfen Sie bei der Ermessensausübung die sich aus einfachem Recht oder der Verfassung ergebenden Grenzen nicht verletzen. So wäre eine Entscheidung, die Art. 1 GG, Art. 3 Abs. 1 GG oder – bei in Rechte eingreifenden Entscheidungen – das Verhältnismäßigkeitsprinzip verletzten, ebenso rechtswidrig wie eine Entscheidung, die eine andere als die gesetzlich vorgesehene Rechtsfolge setzte.

Beispiel

Die Formulierung „Bei dieser Entscheidung wurden sämtliche Umstände des Einzelfalls berücksichtigt" erweckt nicht einmal den Anschein einer Ermessensentscheidung. Die Rechtsprechung bezeichnet sie als inhaltsleere Worthülse. Als Bearbeiter einer Klausur – oder Entscheider in der Praxis – müssen Sie dem Leser der Klausur bzw. des Verwaltungsaktes deutlich machen, dass die Entscheidung im Ermessen des Leistungsträgers stand, welchen Zweck der Gesetzgeber mit der Ermächtigungsvorschrift verfolgt und weshalb und auf Grundlage welcher Tatsachen die konkrete Entscheidung den Gesetzeszweck erfüllt.

25. Objektivität

In einer Klausur sollen Sie deutlich machen, dass Sie anhand wissenschaftlicher Methoden einen vorgegebenen Sachverhalt juristisch nachvollziehbar überprüfen können. Persönliche Wertungen haben hierin nichts zu suchen.

Beispiel aus einer Klausur

„Die Kosten für die Rechtsschutzversicherung können leider nicht anerkannt werden."

Ebenso sollten sie auf Wertungen verzichten. Eine Formulierung wie *„All dies macht die Angaben des Sozialamtes ziemlich lächerlich (...)"* (Zitat aus einer Klausur) hat in einer juristischen Arbeit nichts zu suchen.

26. Niemals den Leser denken lassen

Sie haben einen Sachverhalt juristisch zu würdigen.

Nicht selten fehlt nach der Definition eines Tatbestandsmerkmals und der Darstellung des zur Definition passenden Sachverhalts der Vergleich beider und die sich aus dem Vergleich ergebende juristische Schlussfolgerung.

Beispiel

Herbert müsste seinen gewöhnlichen Aufenthalt im Inland haben. Der gewöhnliche Aufenthalt ist dort, wo sich jemand unter Umständen aufhält, die erkennen lassen, dass er an diesem Ort oder in diesem Gebiet nicht nur vorübergehend verweilt. Herbert hat seine Wohnung, seinen Arbeitsplatz und seine Freunde im rheinland-pfälzischen B-Stadt.

Die juristische Schlussfolgerung, dass der Lebensmittelpunkt und somit der gewöhnliche Aufenthalt in B-Stadt, das in Rheinland-Pfalz und somit in der Bundesrepublik Deutschland (Inland) liegt, fehlt.

Fehlt die Schlussfolgerung, so fehlt das Ergebnis. Anders ausgedrückt: Der Bearbeiter überlässt das Denken dem Leser. Die Folgen für die Bewertung der Klausur sind offensichtlich: Der Bearbeiter hat die gestellte Aufgabe nur zum Teil gelöst und erhält nur einen Teil der zur Verfügung stehenden Punkte.

27. Ernsthaftigkeit der Ausführungen

Humor hat in einer Klausurbearbeitung nichts zu suchen.

Eine Studierende fand die im Sachverhalt dargestellte Lebenslage eines 85 kg schweren, 12-jährigen Kindes, das an multiplen, schwersten körperlichen und geistigen Behinderungen litt und nicht in der Lage war, sich aus eigener Kraft fortzubewegen, offenbar witzig. Jedenfalls notierte sie in der Klausurbearbeitung:

> *„Ich würde sie eher auf Abspeckkur schicken, glaub´ da wär´ gut geholfen! Aber gut...*
> *zurück zum Fall. (12 J. → 85 Kilo!)"* Deutlicher konnte die Verfasserin nicht hervorheben,
> dass sie für eine verantwortungsvolle Tätigkeit im öffentlichen Dienst (noch) nicht taugt.

28. Grüße an den Korrektor

Denken Sie bloß nicht, dass es das nicht schon gab. „Hallo Herr Löcher, bitte entschuldigen Sie meine Schrift, ich war in Eile. Ich wünsche Ihnen viel Spaß bei der Korrektur".

Unterlassen Sie so etwas!

Einen Ehrenplatz in meiner Erinnerung erhielt eine Verfasserin, die ihre Laufbahnprüfung mit „Leider ist meine Zeit nun um. Danke für´s Lesen" abschloss." Ich hoffe, sie hat es dennoch überlebt. Eine bessere Bewertung hatten diese Sätze jedenfalls nicht zur Folge.

Auch „Tschüss" mit der Zeichnung eines lächelnden Gesichts wird den Gutachter nicht positiv für den Verfasser einnehmen, sondern ihm bestenfalls ein Kopfschütteln abringen. Gefährlich kann es für den Klausurbearbeiter werden, wenn der Korrektor glaubt, seine Objektivität solle erschüttert werden (siehe oben).

V. Vor der Abgabe

Fertig mit der Klausur? Glückwunsch! Aber Sie müssen noch einmal Luft holen, um Kraft für die letzten wichtigen Handgriffe zu schöpfen.

Zunächst sollten Sie überprüfen, ob die Blätter in der richtigen Reihenfolge liegen. Sie sollten sie – entweder blattweise oder jeweils einen Doppelbogen – nummerieren. Indem Sie prüfen, ob alle Seiten in der richtigen Reihenfolge liegen, überprüfen Sie zugleich, ob alle Seiten vorhanden sind. Immer wieder passiert es, dass Bearbeiter einzelne Blätter bzw. Doppelbögen abzugeben vergessen, sie zusammen mit ihren Gesetzbüchern einpacken und mit nach Hause nehmen. Diese Teile der Klausur können nachträglich nicht mehr berücksichtigt werden.

Vielleicht sieht Ihre Prüfungsordnung vor, dass Sie das Aufgabenblatt und das verwendete Schmier- oder Konzeptpapier zusammen mit der Klausur abzugeben haben. Vergewissern Sie sich im Vorfeld darüber und halten Sie sich daran.

Überprüfen Sie rechtzeitig vor dem Prüfungstermin anhand der jeweils geltenden Prüfungsordnung, ob Ihre Klausur Ihren Namen aufweisen darf. Besteht ein Verbot, dürfen Sie die Arbeit weder unterzeichnen noch andere Hinweise auf Ihren Namen geben. In aller Regel werden Sie eine Kennziffer erhalten, die statt Ihrer Unterschrift auf der Klausur aufzubringen ist. Sicherheitshalber sollten Sie sie auf jeder Seite bzw. auf jedem Doppelbogen aufbringen. Einige Prüfungsordnungen sehen die Ungültigkeit der Prüfungsleistung vor, wenn gegen das Anonymisierungsgebot verstoßen wurde.

Es hat sich bewährt, zur Klausur ein Heftgerät oder Büroklammern mitzubringen, damit Sie die Klausurseiten zusammenheften können. Dies gewährleistet, dass die einzelnen Seiten dauerhaft miteinander verbunden bleiben. Denken Sie immer daran: Der Weg des Papiers vom Prüfungsraum zur Verwaltung, von dort zum Korrektor und von ihm wieder zurück zur Verwaltung und evtl. zu Ihnen ist weit. Da kann schon einmal etwas „auf der Strecke bleiben", was nicht fest verbunden ist. Das BVerwG hat sich mehrfach mit derartigen Fällen beschäftigen müssen und ist stets zum Ergebnis gekommen, dass die Vollständigkeit der Klausur in der Risikosphäre des Bearbeiters liegt.

VI. Nach der Abgabe

Auch wenn es schwerfällt: **Vergessen** Sie die Klausur nach der Abgabe, vergessen Sie den Inhalt Ihrer Ausarbeitungen. Unterhalten Sie sich niemals mit einem Kommilitonen oder einer Kommilitonin über das, was Sie geschrieben haben, hören Sie niemals zu, wenn jemand sagt, er wisse genau, was das Ergebnis der Klausur sei. Brechen Sie das Gespräch ab, wenn jemand erzählen möchte, was er geschrieben hat. Dies ist jedenfalls dann ein guter Ratschlag, wenn Sie am nächsten oder übernächsten Tag eine weitere Klausur zu schreiben haben.

Weder Sie noch die anderen Studierenden kennen das Ergebnis „sicher". Weder Sie noch die anderen Studierenden wissen, ob die Begründungen – auf die es ja ankommt -, die Sie erarbeitet haben, richtig oder zumindest vertretbar gewesen sind.

Viele, viele Beispiele haben gezeigt, dass diejenigen, die davon überzeugt waren, versagt zu haben, anschließend die besten Noten bekamen – und umgekehrt!

Also machen Sie sich nicht verrückt und lassen Sie sich nicht verrückt machen. Sie benötigen Ihre Kraft und Ihre Nerven noch, um (auch) in der nächsten Prüfung zu bestehen.

Viel Erfolg!

Stichwortverzeichnis

Die Zahlen beziehen sich auf Seiten.